Daniela Knor · Torsten Bieder

Rennsteig

Der historische Kammweg durch den Thüringer Wald

9 Etappen, 2 Varianten, 8 ergänzende Rundwanderungen

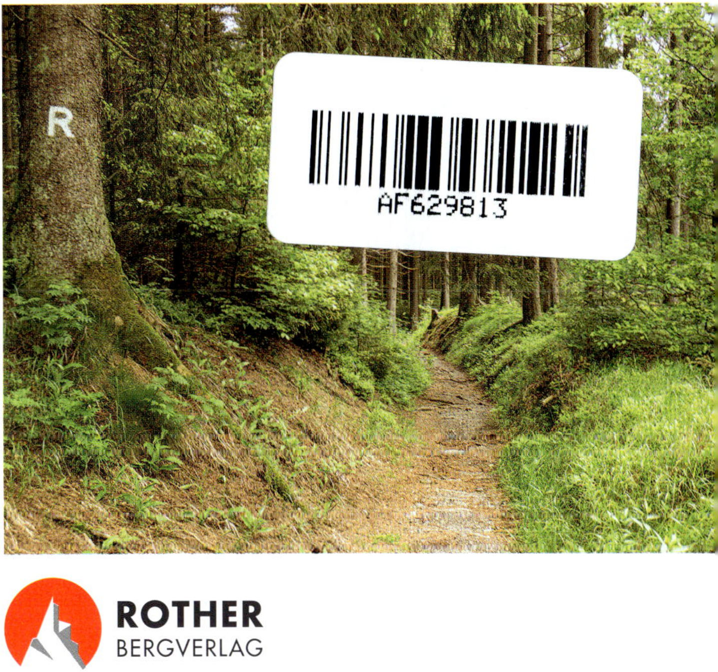

ROTHER
BERGVERLAG

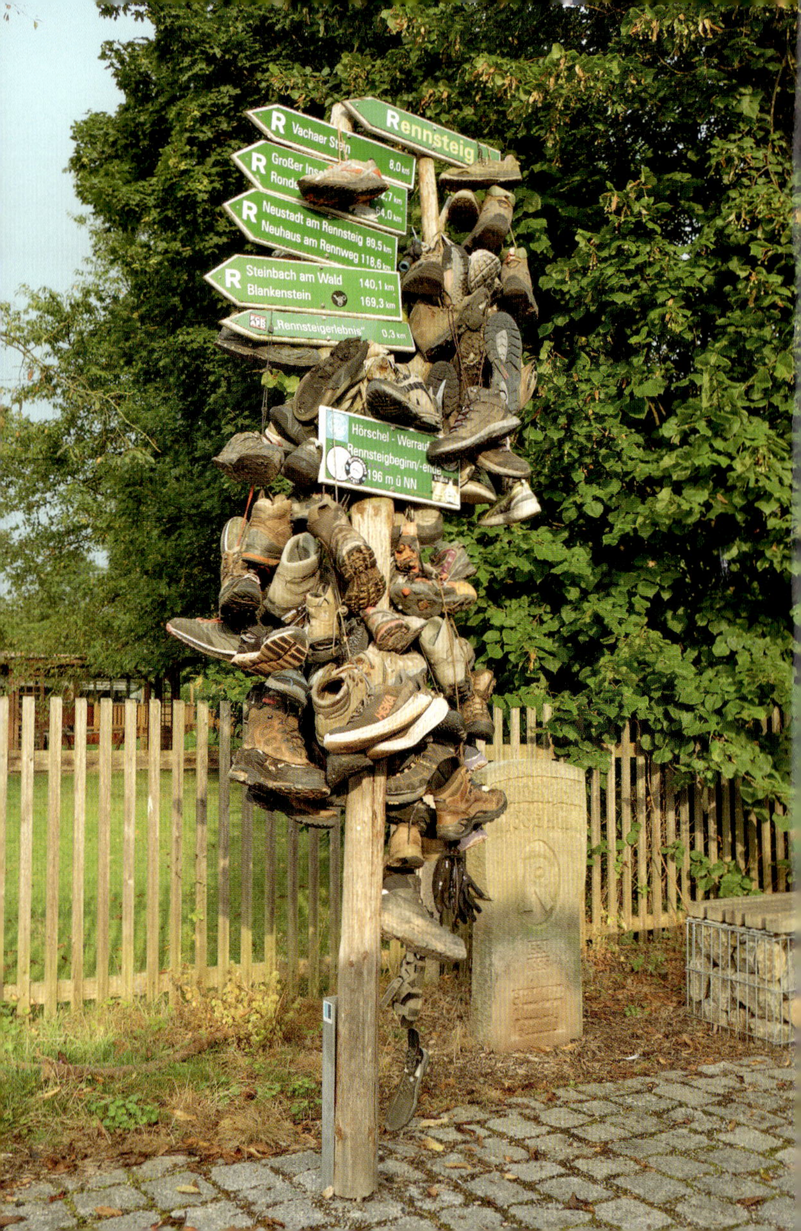
Rennsteig
R Vachaer Stein 8,0 km
R Neustadt am Rennsteig 89,5 km
Neuhaus am Rennweg 118,6 km
R Steinbach am Wald 140,1 km
Blankenstein 169,3 km
„Rennsteigerlebnis" 0,3 km
Rennsteigbeginn/-ende
196 m ü NN

VORWORT

Mythos Rennsteig! Deutschlands ältester und beliebtester Fernwanderweg besitzt Kultstatus – und das seit fast 150 Jahren. Auf den Spuren mittelalterlicher Händler und berittener Boten, verwegener Wilderer und adliger Jäger führt der Rennsteig ins Thüringer Schiefergebirge hinauf, streift den Frankenwald und folgt als Kammweg der gesamten Länge des Thüringer Walds. Dichte Wälder geben unerwartet den Blick auf blühende Bergwiesen frei. Von Aussichtstürmen reicht die Sicht über Werratal und Thüringer Becken in die Ferne. Über 400 Jahre alte Grenzsteine, oftmals aufwendig mit Wappen verziert, säumen den Weg, den wir in neun Etappen vorstellen. Unterwegs erfährt man viel über den historischen Grenzweg: Geschichten von Schmugglern und Glasbläsern, Kräuterfrauen und Köhlern, von geheimen Stasi-Bunkern und passionierten Wanderern, die den Rennsteig Ende des 19. Jahrhunderts wiederentdeckten. Wer ihnen zuhört, wird – so wie wir – bald vom Sog des Rennsteigs erfasst. Immer weiter möchte man wandern und den Spuren dieser Menschen folgen. In Blankenstein haben wir nach alter Tradition einen Kieselstein aus der Selbitz gefischt und 169 km weit getragen. Am Ende durften wir uns etwas wünschen, als wir ihn in die Werra warfen. Wann werden Sie Teil des Mythos und werfen Ihren Wunschstein?

Sommer 2022 — Daniela Knor und Torsten Bieder

Am Rennsteig-Ende in Hörschel.

INHALTSVERZEICHNIS

Rennsteigbeginn am Selbitzufer in Blankenstein.

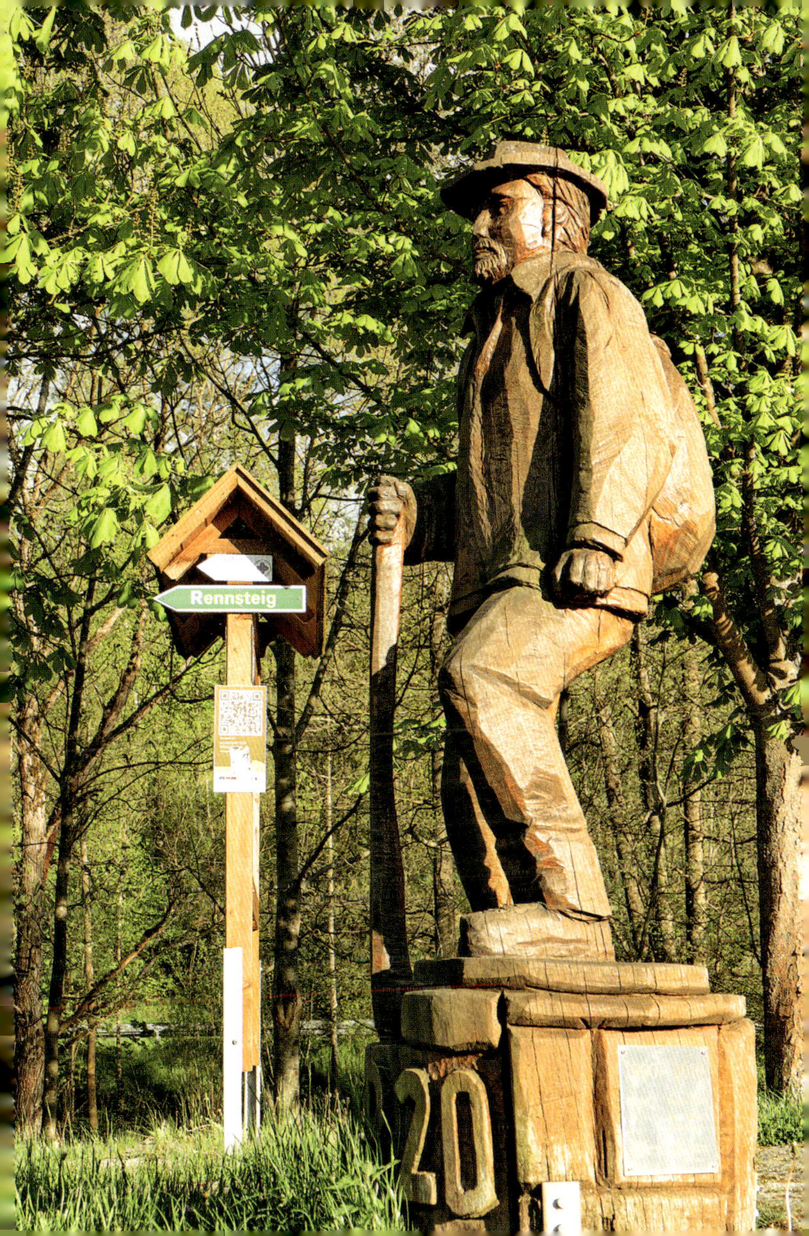
Rennsteig

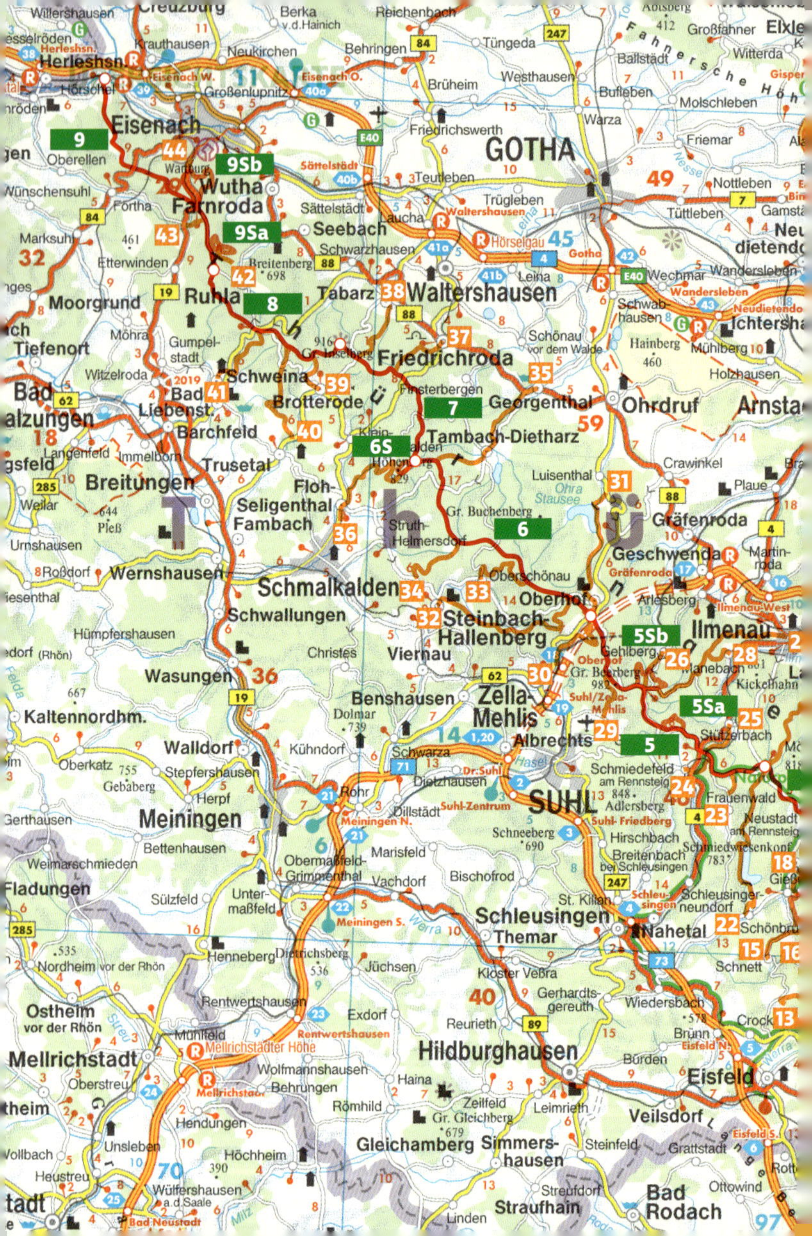

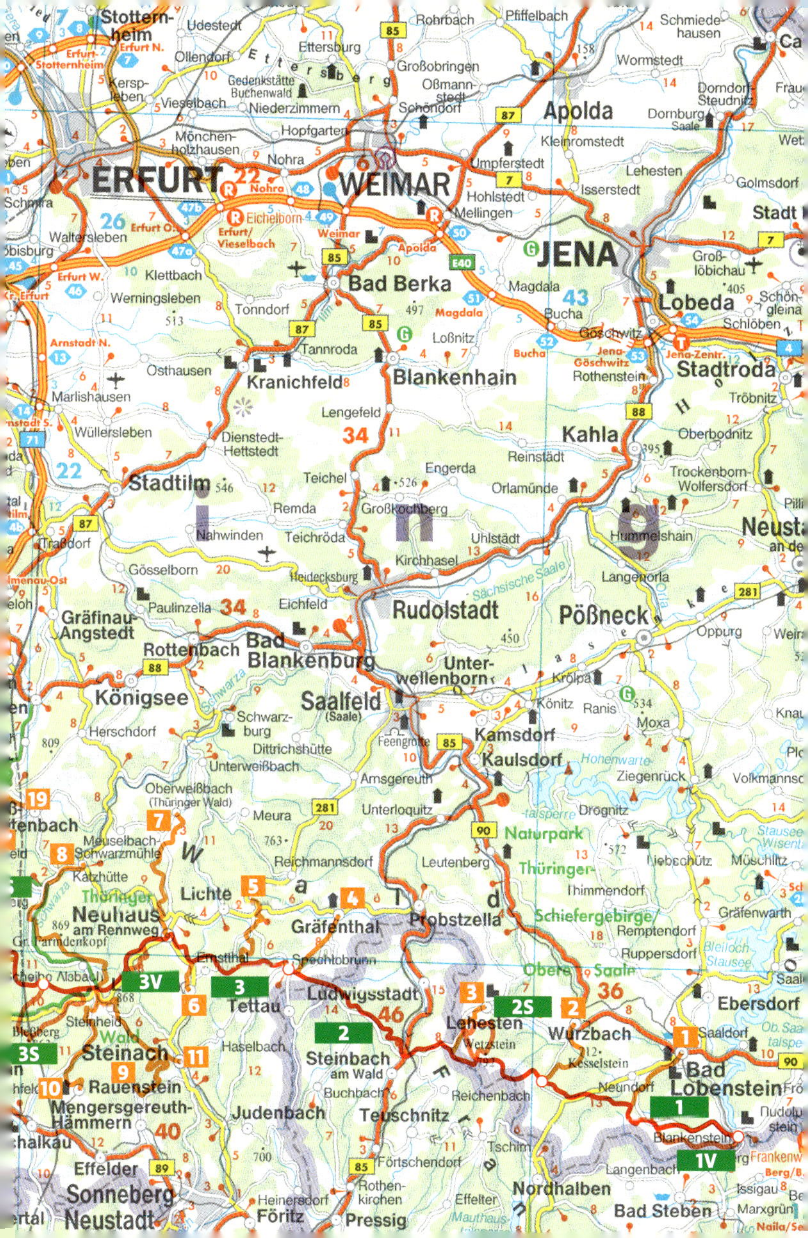
Stotternheim
Udestedt
Ettersburg
Rohrbach
Pfiffelbach
Schmiedehausen
Ollendorf
Ettersberg
Großobringen
Wormstedt
Kerspleben
Gedenkstätte Buchenwald
Oßmannstedt
Dorndorf-Steudnitz
Vieselbach
Niederzimmern
Schöndorf
Apolda
Dornburg Saale
Mönchenholzhausen
Hopfgarten
Kleinromstedt
Nohra
Umpferstedt
Lehesten
ERFURT
WEIMAR
Isserstedt
Golmsdorf
Hohlstedt
Mellingen
Stadt
Eichelborn
Erfurt O.
Erfurt/Vieselbach
Weimar
Apolda
Waltersleben
JENA
Groß-löbichau
Bad Berka
Klettbach
Magdala
Erfurt W.
Werningsleben
Tonndorf
Magdala
Bucha
Lobeda
Schöngleina
Schlöben
Göschwitz
Tannroda
Loßnitz
Bucha
Jena-Göschwitz
Jena-Zentr.
Stadtroda
Arnstadt N.
Osthausen
Kranichfeld
Blankenhain
Rothenstein
Tröbnitz
Marlishausen
Lengefeld
Kahla
Oberbodnitz
Wüllersleben
Dienstedt-Hettstedt
Reinstädt
Engerda
Trockenborn-Wolfersdorf
Stadtilm
Teichel
Orlamünde
Remda
Großkochberg
Nahwinden
Teichröda
Uhlstädt
Hummelshain
Neustadt an der
Traßdorf
Kirchhasel
Gösselborn
Heidecksburg
Langenorla
Sächsische Saale
Paulinzella
Eichfeld
Rudolstadt
Pößneck
Gräfinau-Angstedt
Oppurg
Rottenbach
Bad Blankenburg
Unterwellenborn
Krölpa
Königsee
Saalfeld (Saale)
Könitz
Ranis
Schwarza
Schwarzburg
Moxa
Herschdorf
Dittrichshütte
Feengrotte
Kamsdorf
Kaulsdorf
Unterweißbach
Hohenwarte-Talsperre
Ziegenrück
Arnsgereuth
Volkmannsdorf
Oberweißbach (Thüringer Wald)
Unterloquitz
Drognitz
Meura
Naturpark
Meuselbach-Schwarzmühle
Reichmannsdorf
Leutenberg
Thüringer
Liebschütz
Möschlitz
Katzhütte
Thimmendorf
Lichte
Neuhaus am Rennweg
Gräfenthal
Probstzella
Schiefergebirge/
Gräfenwarth
Remptendorf
Bleiloch Stausee
Ruppersdorf
Ernstthal
Spechtsbrunn
Obere Saale
Ludwigsstadt
Lehesten
Ebersdorf
Tettau
Wurzbach
Saaldorf
Steinheid
Wetzstein
Kesselstein
Bad Lobenstein
Steinach
Haselbach
Steinbach am Wald
Neundorf
Rauenstein
Buchbach
Reichenbach
Mengersgereuth-Hämmern
Judenbach
Teuschnitz
Blankenstein
Frankenwald
Tschirn
Effelder
Förtschendorf
Langenbach
Nordhalben
Sonneberg
Neustadt
Heinersdorf
Rothenkirchen
Effelter
Issigau
Föritz
Pressig
Bad Steben
Marxgrün

ZUM WANDERFÜHRER

Aufbau

Der erste Teil des Buchs ist praktischen Informationen gewidmet, die zu einer gelungenen Wanderung auf dem Rennsteig beitragen. In kurzen Abschnitten geben wir Tipps von der besten Reisezeit bis hin zum Wandern ohne Gepäck. Daran schließen sich Kapitel mit interessanten Hintergründen zur Wanderregion, ihrer Natur und Geschichte an sowie eine Einführung in die historischen Facetten des Rennsteigs. Der dritte Abschnitt stellt die insgesamt 44 Rennsteig-Leitern vor. Sie verbinden den Rennsteig als Zuwege mit Ortschaften der Umgebung.
Danach werden die neun Etappen des Rennsteigs ausführlich beschrieben: Eine Einleitung listet alle wichtigen Informationen auf, u.a. über Einkaufs-, Übernachtungs- und Einkehrmöglichkeiten entlang der Strecke, und neben der eigentlichen Wegbeschreibung finden sich hier auch ein Höhenprofil sowie eine Übersichtskarte, in der sämtliche wichtigen Wegpunkte verzeichnet sind. Zusätzlich gibt es insgesamt vier Stadtpläne der größeren Orte, die wir auf unserer Wanderung passieren. Nach dem gleichen Schema folgen im Anschluss an einige Etappen die sogenannten Schleifen und Varianten. Denn etliche lohnende Ziele liegen nur wenige Kilometer links oder rechts des Rennsteigs, weshalb wir einige mehr oder minder kurze Rundwege zu solchen Naturschönheiten erkundet haben: die Schleifen (Tournummer mit Zusatz S). Sie sind als Ergänzung zum Rennsteig gedacht, während die Varianten jeweils eine aus unserer Sicht reizvollere Alternative zum historischen Rennsteigverlauf darstellen – vor allem dort, wo er längere Zeit an Landstraßen entlangführt. Kurze Varianten werden direkt im Text zur Etappe beschrieben, längere dagegen als eigene Tournummer mit dem Zusatz V aufgeführt.

GPS-TRACKS UND KOORDINATEN DER AUSGANGSPUNKTE

Zu diesem Wanderführer stehen auf www.rother.de GPS-Tracks und Koordinaten der Ausgangspunkte aller Touren sowie der Rennsteig-Leitern zum kostenlosen Download bereit: 1. Auflage, Passwort: **459901nwa**
Sämtliche GPS-Daten wurden von den Autoren auf einer digitalen Karte erfasst. Verlag und Autoren haben die Tracks und Wegpunkte nach bestem Wissen und Gewissen überprüft. Dennoch können wir Fehler oder Abweichungen nicht ausschließen, außerdem können sich die Gegebenheiten vor Ort zwischenzeitlich verändert haben. GPS-Daten sind zwar eine hervorragende Planungs- und Navigationshilfe, erfordern aber nach wie vor sorgfältige Vorbereitung, eigene Orientierungsfähigkeit sowie Sachverstand in der Beurteilung der jeweiligen (Gelände-)Situation. Man sollte sich für die Orientierung auch niemals ausschließlich auf GPS-Gerät und -Daten verlassen.

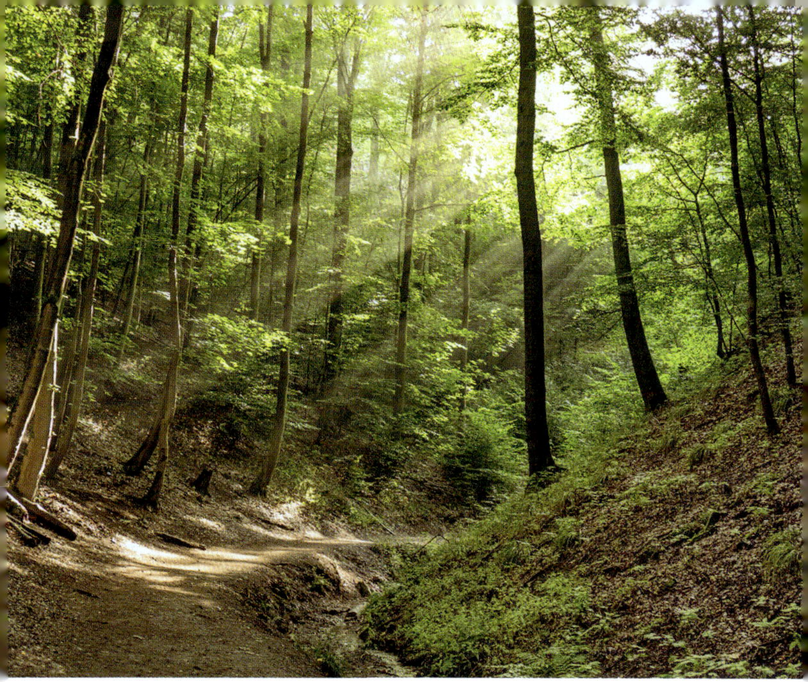

In der Drachenschlucht (Schleife 9Sb).

Ein Stichwortverzeichnis, das alle benötigten Begriffe und Ortsbezeichnungen enthält, rundet den Wanderführer ab.

Wandern mit GPS-Geräten

Obwohl die Orientierung auf dem Rennsteig durch die gute Markierung leichtfällt, ist das Wandern mit einem GPS-Gerät noch entspannter, denn man kann jederzeit auf dem Bildschirm den aktuellen Standort ablesen. Neben robusten Outdoor-Geräten sind Smartphones zusammen mit einer passenden App eine kostengünstige Alternative gepaart mit einfacher Bedienung. Schon Smartphones aus dem mittleren Segment haben meist ausreichend leistungsfähige GPS-Empfänger integriert. Aber auf jeden Fall sollte man sich schon vor der Wanderung mit dem Gerät oder den Apps vertraut machen.

Für diesen Wanderführer liegen zu allen Etappen des Rennsteigs sowie für die beschriebenen Schleifen, Varianten und Rennsteig-Leitern GPS-Dateien vor, die heruntergeladen und auf das GPS-Gerät übertragen werden können.

Der Umwelt zuliebe ...

Auch beim Wandern hinterlassen wir einen ökologischen Fußabdruck, aber im Einklang mit der Natur unterwegs zu sein, ist gar nicht so schwer!

VORBEREITUNG UND ANFAHRT

- Sich vorab informieren, worauf in Bezug auf Natur und Umwelt in der jeweiligen Wanderregion besonders zu achten ist.
- Soweit möglich mit Bahn und Bus anreisen, Wander- und Rufbusse nutzen.
- Ist eine Anfahrt mit dem Auto nötig, Fahrgemeinschaften bilden.
- Bei weiten Anfahrten Mehrtagestouren planen oder von einem Quartier vor Ort aus mehrere Touren absolvieren.
- Flugreisen möglichst reduzieren und durch Beiträge zu Klimaschutzprojekten kompensieren.

KLEIDUNG UND AUSRÜSTUNG

- Beim Kauf von Outdoor-Kleidung auf umweltfreundliche und faire Herstellung achten und Kleidungsstücke möglichst viele Jahre nutzen.
- Ausrüstung kann man eventuell auch gebraucht kaufen oder ausleihen.
- Reparieren statt neu kaufen.

VERPFLEGUNG

- Beim Einkauf Bio-Ware, regionale und saisonale Erzeugnisse bevorzugen.
- Hütten und Gasthäuser auswählen, die regionale Produkte verwenden.
- Auf Einwegflaschen und Plastikverpackungen verzichten, stattdessen wiederverwendbare Trinkflaschen und Brotzeitboxen benutzen.

ÜBERNACHTUNG

- Bei lokalen Anbietern buchen, damit Menschen vor Ort profitieren.
- Auf Hütten und in anderen Unterkünften Strom und Wasser sparen.

UNTERWEGS

- Wege benutzen und Abkürzer vermeiden.
- Sperrungen von Wegen und Schutzgebieten respektieren.
- Keine Blumen pflücken und keine Pflanzen entnehmen.
- Waldbrandgefahr beachten.
- Müll wieder mit nach Hause nehmen und dort entsorgen.
- Toilettengänge in freier Natur möglichst vermeiden.
- Lärm vermeiden.
- Hunde an die Leine nehmen.

ROTHER
BERGVERLAG

WANDERN AUF DEM RENNSTEIG

Klima und Wandersaison

Wie eine Barriere aus Fels liegt der Thüringer Wald im Herzen Deutschlands, an dessen Hängen sich feuchte Südwestwinde abregnen. So gehören die Höhenlagen des Kammgebirges mit dem Rennsteig zu den regenreicheren Regionen des Landes. Auch wenn die Niederschlagsmengen in den letzten Jahren deutlich abgenommen haben und die Temperaturen steigen, gilt das Mittelgebirge mit Höhen bis knapp 1000 Metern immer noch als relativ schneesicher, sodass sich in den Wintermonaten alles um die Wintersportler dreht und der Rennsteig über weite Strecken als Loipe dient. Die besten Wanderzeiten sind ohnehin Frühling und Herbst. Ab Mitte Mai sprießt frisches Grün und die Frühlingsblumen öffnen ihre Blüten, während sich in der ersten Oktoberhälfte das Laub der Bäume in alle Schattierungen von Gelb bis Rot verfärbt. Im Sommer bringen die meist frischen Winde in den Höhenlagen Abkühlung und die weiten Wälder spenden Schatten. Wer jedoch die Ruhe sucht, sollte den beliebten Rennsteig während der Ferienzeit meiden.

Anforderungen

Große Teile des Rennsteigs verlaufen auf gut befestigten, breiten und einfach zu begehenden Wald- und Wirtschaftswegen, die sich mit schmalen Pfaden und ausgewaschenen Hohlwegen abwechseln. Letztere erfordern etwas mehr Aufmerksamkeit, sind aber ebenfalls leicht zu meistern. Lediglich ein Abschnitt bei den Reitsteinen zum Großen Inselsberg hinauf ist etwas herausfordernder, doch für diese kurze Passage gibt es eine einfache Alternative, die im Tourenteil beschrieben wird.
Als historischer Weg führt der Rennsteig nicht mehr ausschließlich durch einsame Wälder, sondern auch entlang von erst später entstandenen Straßen, die heute asphaltiert und zum Teil auch stark befahren sind. Gleich zu Beginn der ersten Etappe, hinter dem Ortsausgang von Blankenstein, verläuft der offizielle Weg eine Weile parallel zur Landstraße. Näher an der Natur und landschaftlich reizvoller ist daher die beschriebene Variante durch das Moschwitztal. Auch auf der zweiten Etappe geht es hinter Steinbach am Wald für knapp 7 km auf einem asphaltierten Rad-/Fußweg direkt neben der Frankenwaldhochstraße her. Hier bietet die markierte Alternative mehr Wandergenuss. Später führt der Rennsteig immer wieder entlang einer Straße, doch stets auf einem Pfad parallel dazu, sodass insgesamt nur selten Asphalt begangen wird. Da sich der gesamte Rennsteig über den Höhenrücken von Franken- und Thüringer Wald erstreckt, gibt es auch in Summe keine extremen Steigungen. Trotzdem wird man vor allem mit schwerem Gepäck den Anstieg nach dem Start in Blankenstein – auch deswegen empfehlen wir die Variante durchs Moschwitztal – und später beim bereits genannten Großen Inselsberg deutlich spüren.

Durch die deutliche Markierung, die einfache Wegbeschaffenheit, die wenigen Steigungen und die relativ gute Infrastruktur ist der Rennsteig insgesamt bestens für Einsteiger geeignet.

Ausrüstung

Der wichtigste Ausrüstungsbestandteil sind bequeme, wenn möglich gut eingelaufene Wanderschuhe. Ob Halbschuhe oder knöchelhoch bleibt der persönlichen Vorliebe überlassen, nur sollten die Sohlen über ein gutes Profil verfügen, um sicheren Halt auf nassem oder steinigem Untergrund zu bieten. Sowohl der Sonnen- als auch der Regenschutz sollten nicht fehlen. Wetterumschwünge verbunden mit starken Niederschlägen und Temperaturstürzen können in den Höhenlagen überraschend auftreten und die Kleidung sollte darauf ausgerichtet sein. Am besten hat sich das Zwiebelprinzip bewährt: mehrere Lagen Kleidung, die der Witterung einfach angepasst werden können. Bei Anstiegen sollte man nicht vergessen, rechtzeitig, also bevor man nass geschwitzt ist, entsprechend viele Kleidungsstücke auszuziehen. Die Mitnahme von Proviant und Getränken muss gut geplant werden, denn vor allem ab der sechsten Etappe werden Einkaufs- und Einkehrmöglichkeiten immer seltener.

Trotz allem gilt es, sich wirklich auf das Nötigste zu beschränken, denn von schlecht passenden Schuhen abgesehen kann kaum etwas mehr die Freude am Wandern verderben als ein zu schwerer Rucksack. Auch deshalb empfehlen wir, den fertig gepackten Rucksack sowie die Wanderschuhe auf einer Tageswanderung in der Nähe zu erproben, bevor man das Projekt Rennsteig unter die Sohlen nimmt.

Kartenmaterial

Zusätzliche Karten zur Orientierung sind für den Rennsteig nicht unbedingt erforderlich, da dieser in der Regel ausreichend markiert ist. Wer sich dennoch mehr Details wünscht, kann zur Wanderkarte Rennsteig von freytag&berndt greifen, die den gesamten Rennsteigverlauf auf einer Karte

SYMBOLE

Ort mit Einkehrmöglichkeit	Denkmal
Einkehrmöglichkeit	Museum
Übernachtungsmöglichkeit	Aussichtsplatz
Parkplatz	Picknickplatz
Bushaltestelle / Bahnhof	markanter Baum
Schutzhütte, Unterstand	Quelle
Gipfel	Wasserfall
Aussichtsturm	Bademöglichkeit

in Leporellofaltung im Maßstab 1:25.000 abbildet und dazu wetterfest beschichtet ist. Darüber hinaus bieten die Verlage Dr. Barthel und grünes herz Wanderkarten in geeigneten Maßstäben für Thüringer Wald und Schiefergebirge ebenso wie für den Frankenwald.

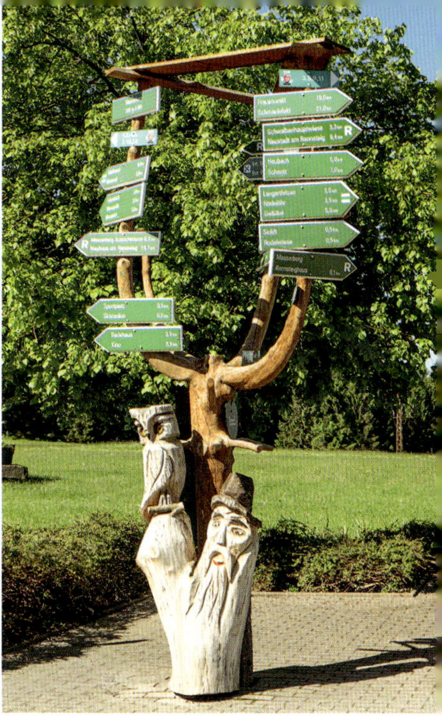

Wegweiser in Masserberg (Etappe 4).

Etappenplanung

Auch wenn es keine fest vorgegebene Richtung gibt, wird der Rennsteig meistens von West nach Ost, also von Hörschel nach Blankenstein, beschrieben. Wir haben uns dagegen für die umgekehrte Richtung entschieden, weil es eine Reihe von Vorzügen mit sich bringt: So sind auf der ersten Etappe knapp 300 Höhenmeter weniger zu bewältigen, was den Einstieg erleichtert. Außerdem wandern wir jeden Morgen mit der Sonne im Rücken. Und nicht zuletzt stellt die Stadt Eisenach an der letzten Etappe zusammen mit dem UNESCO-Weltkulturerbe der Wartburg ein reizvolles Ziel dar, an dem es sich lohnt, den Aufenthalt zu verlängern.
Wir haben den 169 km langen Rennsteig in neun Etappen mit insgesamt 173 km aufgeteilt. Bei dieser Einteilung handelt es sich lediglich um einen Vorschlag, je nach Kondition und Lust können die Etappen an die eigenen Bedürfnisse angepasst werden. Hierbei ist zu beachten, dass sich die bei den Etappen jeweils angegebene Gehzeit auf einen relativ flotten Schritt bezieht und keine Pausen beinhaltet.

Rennsteig-Alternativwege und Schleifen

Der historisch gewachsene Rennsteigverlauf hat sich über Jahrhunderte erhalten, obwohl sich die Ansprüche an diese Route sehr verändert haben. So wurde der naturnahe Waldweg der Jäger, Köhler und Botenreiter des Mittelalters streckenweise in eine stark befahrene Landstraße oder einen breiten geschotterten Forstweg verwandelt. Deshalb entspricht er auf manchen Abschnitten nicht gerade unserer modernen Vorstellung eines

DIE 9 ETAPPEN DES RENNSTEIGS IM ÜBERBLICK

	Start	Ziel	Strecke	Aufstieg	Abstieg	Gehzeit
1	Blankenstein	Grumbach	17,2 km	420 m	120 m	4.15 h
2	Grumbach	Spechtsbrunn	24,9 km	420 m	460 m	6 h
3	Spechtsbrunn	Friedrichshöhe	23,2 km	450 m	330 m	5.45 h
4	Friedrichshöhe	Großer Dreiherrenstein	22,4 km	460 m	450 m	5.30 h
5	Großer Dreiherrenstein	Rondell bei Oberhof	20,4 km	390 m	380 m	5 h
6	Oberhof	Ebertswiese	19,9 km	340 m	430 m	5 h
7	Ebertswiese	Großer Inselsberg	11,6 km	450 m	280 m	3.15 h
8	Großer Inselsberg	Ascherbrück	14,0 km	180 m	530 m	3.30 h
9	Ascherbrück	Hörschel	19,3 km	290 m	640 m	5 h
Σ	**Blankenstein**	**Hörschel**	**173 km**	**3400 m**	**3620 m**	**43 h**

erholsamen Wanderurlaubs. Auch folgt er streng dem Kamm des Gebirges, was einerseits seinen Reiz ausmacht, andererseits aber auch dazu führt, dass er so manchen Berggipfel, Aussichtsfelsen oder andere Naturschönheiten auslässt. Wir stellen daher mit den Schleifen mehrere Rundwanderungen vor, die vom Rennsteig aus zu nahe gelegenen, besonders lohnenden Zielen führen. Außerdem ergänzen wir einige Etappen um Vorschläge für Alternativen zur offiziellen Streckenführung, die zwischen wenigen Hundert Metern und mehreren Kilometern betragen.

Übernachten

Die Etappenplanung hängt auch ganz maßgeblich von der Verfügbarkeit der Unterkünfte ab. Die Einkehr- und Übernachtungsmöglichkeiten, die direkt am Rennsteig oder in unmittelbarer Nähe liegen, haben wir bei der jeweiligen Etappe im Info-Abschnitt zusammengefasst. Weitere Unterkünfte sind über die Rennsteig-Leitern zu erreichen, die den Rennsteig mit angrenzenden Ortschaften verbinden. Bei der Suche der Unterkunft sind dann die ebenfalls in der Kurzinfo aufgeführten Tourist-Informationen behilflich. Auf jeden Fall sollte man die Verfügbarkeit der Unterkunft so früh wie möglich telefonisch klären.

Ausstattung

Als einer der beliebtesten Fernwanderwege Deutschlands bietet der Rennsteig eine sehr gut ausgebaute Infrastruktur. Die vielen Markierungen und

SCHNUPPERWOCHENENDE

Wer nur ein Wochenende Zeit hat, um den Rennsteig und die Region kennenzulernen, dem raten wir, Quartier in Eisenach zu beziehen. Ob mit der Bahn oder dem Auto, die schöne, mittelalterlich geprägte Stadt ist sehr gut angebunden und bietet eine große Auswahl an Unterkünften aller Kategorien.

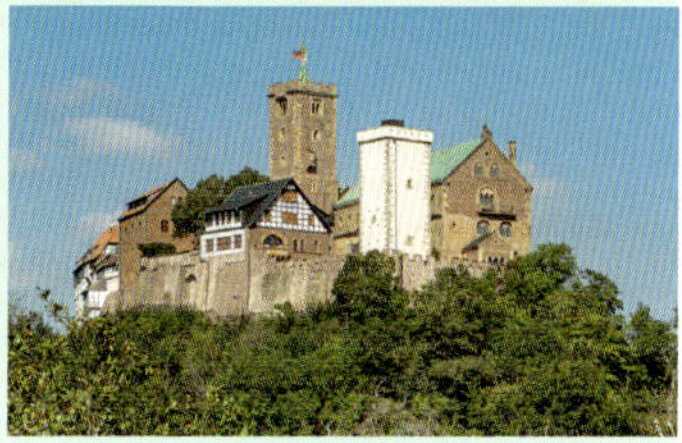

1. Tag: Wir empfehlen, die **9. Etappe** des Rennsteigs ab dem Wegpunkt Hohe Sonne ❹ zu erwandern. Den hoch gelegenen Ausgangspunkt mit gleichnamiger Bushaltestelle erreichen wir mit der Linie 190 der VG Wartburgregion. Die rund 15 km Weg bis zum Rennsteigende verlaufen weitgehend bergab durch abwechslungsreiche Landschaft. Vom kleinen Ort Hörschel aus gelangen wir mit dem Zug bequem nach Eisenach zurück.

2. Tag mit Besichtigung der Wartburg: Nachdem wir die Wartburg nun schon mehrfach aus der Ferne bewundert haben, können wir die prächtige Festung von innen besichtigen. Dort beginnen wir auch unsere Wanderung und folgen der Beschilderung »Sängerwiese« bzw. »Drachenschlucht«, markiert mit einem blauen X. Am Eingang der spektakulären Klamm steigen wir beim Wegpunkt Drachenschlucht ❺ in die Wegbeschreibung der **Schleife 9Sb** ein. Nachdem wir auch die Landgrafenschlucht durchwandert haben, erreichen wir an deren Ende erneut die Landstraße. Aber anstatt sie zu überqueren, um die Runde bei Wegpunkt ❺ zu schließen, folgen wir der Straße nach rechts, auf dem parallel verlaufenden Fußweg zurück nach Eisenach hinein.

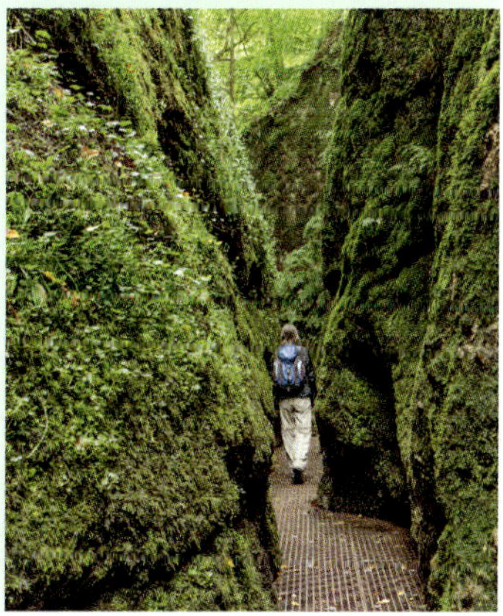

2. Tag: Alternative ohne Wartburg
Wem heute nur nach Wandern ist und der Sinn nicht nach einem Besuch der Wartburg steht, nimmt wieder den von gestern bekannten Bus 190 zur Haltestelle »Hohe Sonne« und beginnt dort direkt mit der **Schleife 9Sb**. Nach dem knapp 10 km langen Rundweg geht es dann mit der gleichen Linie wieder zurück.

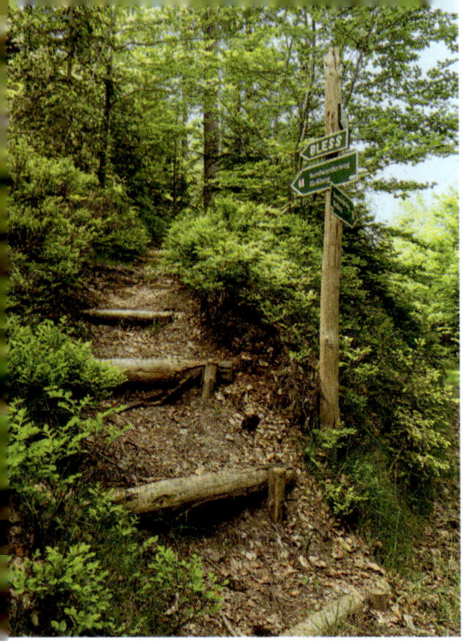

Abstieg vom Bleßberg (Schleife 3S).

Schilder sorgen für eine sichere Orientierung und zahlreiche Infotafeln verraten interessante Details am Wegrand. Leider gibt es direkt am Weg nur wenige offizielle Möglichkeiten zum Campen. Allerdings finden sich ca. alle zwei bis drei Kilometer einfache Schutzhütten, die zwar nur für den Notfall gedacht sind, aber gelegentlich von Wanderern mit Isomatte und Schlafsack als Übernachtungsmöglichkeit genutzt werden. Dabei sollte man zumindest kein Feuer machen und den Platz selbstverständlich absolut sauber hinterlassen. Die Zahl der Schutzhütten wird von der der Picknickbänke noch weit übertroffen, die zum Teil ebenfalls überdacht sind. Zur Ausstattung des Rennsteigs gehören auch die sechs Rennsteighäuser in Brennersgrün, Neuhaus am Rennweg, Masserberg, Schmiedefeld am Rennsteig, Oberhof und an der Neuen Ausspanne. Diese Häuser verfügen über einen Ruheraum, sanitäre Einrichtungen mit Duschen, abschließbare Schränke und eine Ladestation für eBike-Akkus. Im Rennsteighaus von Brennersgrün können auch Übernachtungen gebucht werden.

Markierung

Neben den meistens grün gehaltenen Wegweisern, die mit Orts- und Entfernungsangaben (in Kilometern) an wichtigen Kreuzungen die Richtung weisen, ist der Rennsteig durchgängig mit einem weißen R markiert, das auch vom Rennsteigverein verwendet wird. Mal findet man das Mareile, wie das typische R liebevoll genannt wird, auf eigenen Schildern, mal mit weißer Farbe auf Bäume gemalt. So kommt es leider auch vor, dass durch Rodungen oder Souvenirjäger Markierungen verschwinden, aber in aller Regel werden sie schnell ersetzt. Die Rennsteig-Leitern, die Zubringer zu den Ortschaften links und rechts des Rennsteigs, sind – wenn auch meist etwas spärlicher – mit einem gelben R gekennzeichnet. Daneben stößt man als Rennsteigwanderer immer wieder auf kleine Schilder mit einem grünen R und Fahrradsymbol. Sie markieren den Rennsteig-Radweg, der zwar meistens parallel und fernab verläuft, aber auf befestigten Wegen streckenweise auch direkt auf dem Rennsteig. Diese Schilder eignen sich also nur bedingt zur Orientierung. Nur noch selten findet sich das blaue R.

Es wurde 2008 eingeführt, um Alternativrouten zu markieren, die zu Aussichtpunkten führen oder Hauptverkehrsstraßen meiden. Zum Teil wurden diese Markierungen wieder entfernt bzw. nicht weiter gewartet. Die wichtigste Alternativroute verläuft ab Steinbach am Wald parallel zur Frankenhochwaldstraße.

Informationen

Die Hauptanlaufstelle für Prospektbestellung und Informationen ist die Internetseite des Regionalverbunds Thüringer Wald e. V.: www.thueringer-wald.com. Hinzu kommt eine Vielzahl an regionalen Tourist-Informationen, die im Einleitungsteil der jeweiligen Etappe aufgeführt werden. Darüber hinaus bietet die kommerzielle Seite www.rennsteig.de ergänzende Informationen zu Unterkünften und Einkehrmöglichkeiten sowie zum Rennsteig im Allgemeinen. Eine sehr informative Seite betreibt der Hauptwegewart des Rennsteigvereins 1896 e. V., Ulrich Rüger. Neben vielen Details zum Rennsteig und seiner Geschichte findet man auf www.rennsteig-rueger.de auch eine vollständige Aufzählung aller Schutzhütten und Rennsteighäuser.

Im Notfall

Medizinische Versorgung am Rennsteig erhält man in den Hütten der Thüringer Bergwacht, die aber meist nur an den Wochenenden besetzt sind. Ansonsten gilt die europaweite Notruf-Nummer 112. Der Mobilfunkempfang entlang des Rennsteigs ist im Allgemeinen gut, kann aber z. B. in Senken stellenweise auch komplett ausfallen.

Die Infrastruktur umfasst eine Vielzahl von Schutzhütten.

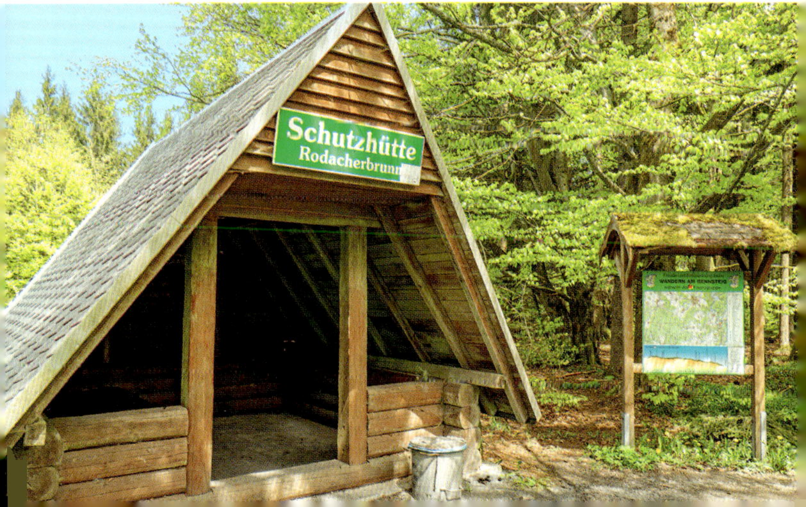

VERKEHRSBETRIEBE

- Deutsche Bahn: Blankenstein, Steinbach, Ernstthal, Neuhaus, Bahnhof Rennsteig, Hörschel, Tel. +49 30 2970, www.bahn.de
- KomBus: Etappen 1 und 2, von Blankenstein bis Brennersgrün, Tel. +49 3671 5251999, www.kombus-online.eu
- Mobilität Kronach: Etappe 2, Steinbach am Wald, Tel. +49 9261 678678, www.landkreis-kronach.de/wirtschaft-und-verkehr/oepnv-fahrplaene-bus-und-bahn/
- OVG Sonneberg: Etappen 3 und 4, von Spechtsbrunn bis Masserberg, Tel. + 49 3675 702550, www.ovg-son.de
- Ilchmann: Etappe 4, Friedrichshöhe, Tel. +49 36704 8333, www.taxi-ilchmann.de
- WerraBus: Etappe 4, Masserberg und Neustadt, Tel. +49 3685 4049274, www.werrabus.de
- IOV Ilmenau: Etappen 4 und 5, Kahlert, Neustadt und Allzunah, Tel. +49 3677 88890, www.iov-ilmenau.de
- SNG Suhl/Zella-Mehlis: Etappe 5, Rennsteigbus von Kreuzung Rennsteig bis Rondell Oberhof, Tel. +49 3681 728266, www.sngonline.de
- MBB Meininger Busbetrieb: Etappen 5 und 6, Oberhof, Tel. +49 3683 604067, www.mbb-mgn.de
- NVG Gotha: Etappe 6, Oberhof, Neue Ausspanne, Heuberg und Grenzwiese, Tel. +49 3621 398270, www.nvg-gotha.info
- VG Wartburgregion: Etappen 7 bis 9, Grenzwiese bis Hörschel, Tel. +49 180 7121314, www.vg-wartburgregion.de

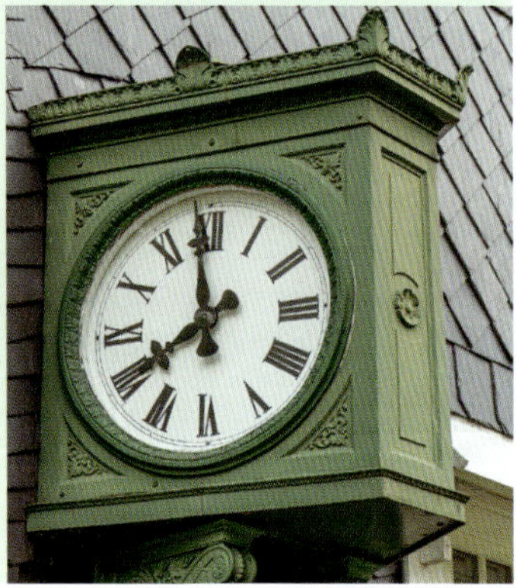

An- und Abreise

Blankenstein, der Ausgangspunkt des Rennsteigs, ist mit dem Zug von Norden aus über Leipzig, von Westen via Erfurt und von Süden aus Richtung Nürnberg zu erreichen. Am Ziel dauert die Bahnfahrt von Hörschel nach Eisenach nur wenige Minuten, wo man Anschluss in alle Richtungen hat. Mit dem Auto ist Blankenstein über die A9 und Hörschel über die A4 gut zu erreichen. Eine Zugfahrt zurück zum Auto führt von Hörschel über Eisenach, Neudietendorf und Saalfeld nach Blankenstein (ca. 4 Std.).

ÖPNV

Wer den Rennsteig nicht am Stück erwandern möchte oder keine Unterkunft mehr direkt am Weg bekommen hat, wird eventuell auf Bus oder Bahn zurückgreifen müssen. Daher ist in der Kurzinfo jeder Etappe angegeben, wie der Ausgangspunkt per ÖPNV zu erreichen ist – soweit über-

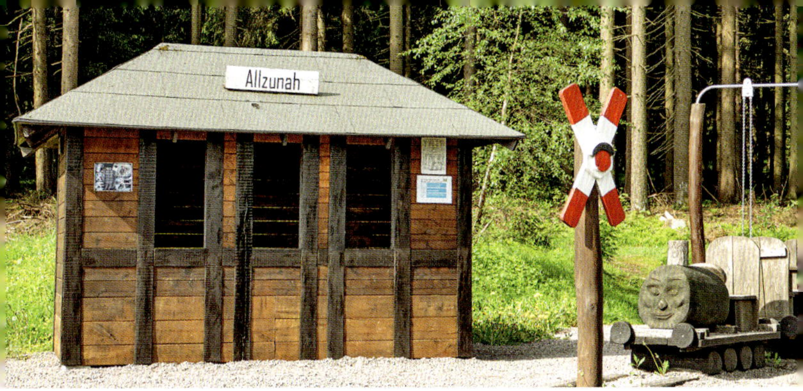

Oben: Den Bahnhof Allzunah gibt es nur noch als Spielplatz (Etappe 5).
Links: Uhr am Bahnhof Rennsteig (Etappe 5).

haupt möglich. Zudem sind Bahnhöfe und Bushaltestellen entlang des Rennsteigs in den Karten vermerkt. Etliche Gemeinden im Thüringer Wald erheben bei einer Übernachtung eine Kurtaxe, für die man im Gegenzug eine Gästekarte erhält. Diese beinhaltet auf den Etappen 4 und 5 zwischen Masserberg und Gehlberg nicht nur die Thüringer Wald Card (www.thueringer-waldcard.de) mit ihren Vergünstigungen, sondern auch das Rennsteig-Ticket (www.rennsteig-ticket.de), das zur kostenlosen Benutzung etlicher Busse und Bahnen berechtigt. Unter www.rennsteig-erfahren.de kann man übersichtliche Liniennetzpläne mit zusätzlichen Informationen für den Bereich der Etappen 4 bis 9 herunterladen.

Wandern organisiert / ohne Gepäck

Taxi-Unternehmen und einige Unterkünfte bieten einen Gepäcktransport zum nächsten Übernachtungsziel an, was mit dem jeweiligen Gastgeber im Vorfeld zu klären ist. Darüber hinaus gibt es eine Reihe von Reiseveranstaltern, die die komplette Wanderung organisieren. Dabei übernachtet man entweder an einem festen Standort und wird am Morgen zum Ausgangspunkt der Wanderung gebracht sowie abends wieder abgeholt, oder man übernachtet jeweils am Ende der Etappe und nur das Gepäck wird täglich zum neuen Quartier transportiert.

ORGANISIERT WANDERN

Eine Auswahl an Anbietern:
www.asi-reisen.de
www.dein-rennsteig.de
www.kleins-wanderreisen.de
www.pures-reisen.de
www.reise-karhu.de
www.rennsteig-wandern.de
www.rennsteigtripp.de
www.taxi-oberhof.de
www.wandern.de
www.wandern-in-thueringen.info
www.tourismus-thueringer-wald.de

DER RENNSTEIG IM LAUF DER GESCHICHTE

Ursprünge

Zum ersten Mal urkundlich erwähnt wird der Rennsteig im Jahr 1330, aber die Wege, auf die sich der Name bezieht, existierten schon lange vorher. Niemand kann sagen, wie weit genau die Nutzung zurückreicht. Archäologische Funde belegen zwar, dass es bereits in der Steinzeit Menschen in der Region gab, aber auf welchen Wegen sie umherzogen, lässt sich ebenso wenig nachweisen wie für die Kelten und Germanen. Zu Beginn des Frühmittelalters befand sich der heutige Rennsteig auf dem Gebiet der Thüringer, deren Reich jedoch bald von den Franken erobert wurde. Um ihre Herrschaft zu festigen, mussten sie abgelegene Orte schneller erreichen können und bauten daher das Wegenetz aus. In dieser Zeit werden Wegabschnitte des späteren Rennsteigs erstmals schriftlich greifbar. Zur Zeit der vom deutschen Kaiser 1130 zu Landgrafen erhobenen Ludowinger gehörten die Wege auf dem Gebirgskamm des Thüringer Waldes zum landgräflichen Herrschaftsbereich und erfüllten keine Grenzfunktion. Stattdessen verbanden sie die Pässe, über die mehrere Handelsstraßen führten.

Der Rennsteig wird Grenzweg

Erst nach dem Tod des letzten Ludowingers 1247 wurde der Rennsteig zum ersten Mal teilweise Grenzweg, weil die Besitzungen des Landgrafengeschlechts zwischen den sächsischen Wettinern und Heinrich von Hessen aufgeteilt wurden. Fast 100 Jahre später erwarb 1330 der Henneberger Graf Berthold VII. die Ländereien der Frankensteiner Grafen zu beiden Seiten des Werratals. In diesem Kaufvertrag wird der Kammweg als Grenze der neuen Besitzungen erstmals bei seinem bis heute erhaltenen Namen genannt: der Rynnestig. Der Name Rennsteig (in der Mundart: Rennstieg) oder Rynnestig leitet sich aus den Wurzeln »rinnen« und »stig« ab, die sich in ihrer Bedeutung über die Jahrtausende kaum gewandelt haben: Noch heute nennen wir einen Bergpfad Stieg oder Steig, was selbstverständlich mit »steigen« und »Stiege« verwandt ist. »Rinnen« verbinden wir heute zwar nur noch mit Flüssigkeiten, entspringt aber derselben germanischen Wurzel (*rennan) wie das Wort »rennen« und bedeutete ursprünglich auch »laufen, zum Laufen antreiben, umherrennen«. Ein Rennsteig war also ein Weg, um schnell voranzukommen, ausgelegt für Fußgänger und Reiter. Das unterscheidet ihn von den mittelalterlichen Heer- und Handelsstraßen, die mit Fuhrwerken genutzt wurden und deshalb überall dort Umwege in Kauf nehmen mussten, wo die Steigung zu groß oder das Gelände zu schwierig war.

Von dieser Zeit an taucht der Name Rennsteig immer öfter in Urkunden auf und bezieht sich zunehmend auf weiter östlich gelegene Abschnitte. Daran, wie sehr der Rennsteig schon im 15. Jahrhundert Grenzweg war, erinnert Stein 16 an einer Kreuzung nahe Oberhof. Er selbst ist ein Dreiherrenstein

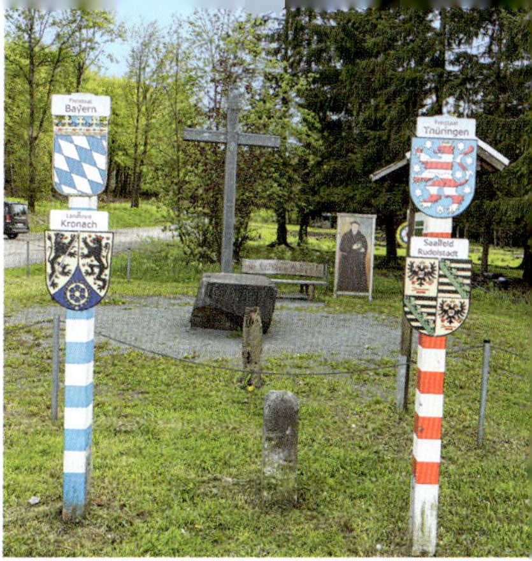

Bayerisch-thüringische Grenze an der Schildwiese (Etappe 2).

aus dem Jahr 1734, aber er hatte an gleicher Stelle einen 1,80 m hohen Vorgänger, den Dietzel-Geba-Stein. Dieser markierte den Platz, an dem Dietzel von Geba 1498 vom Henker mit dem Richtschwert der Kopf abgeschlagen wurde. Der verarmte Adlige hatte einen Weinkarren überfallen und den Fuhrmann getötet. Seiner Hinrichtung ging ein Kompetenzstreit voraus, da alle drei angrenzenden Landesherren für sich beanspruchten, über den Raubmörder zu richten. Schließlich kamen Vertreter aller drei Ämter (Amt Schmalkalden, Amt Hallenburg und Amt Schwarzwald) an der Kreuzung zusammen und überwachten gemeinsam die Vollstreckung des Todesurteils. Anschließend wurde ein sogenannter Sühnestein aufgestellt, auf dem eine Hand und eine Inschrift eingemeißelt waren. Er soll später umgestürzt und danach beim Bau eines Jagdhauses verwendet worden sein. Doch zurück zum Rennsteig: Noch im 16. Jahrhundert, als die Henneberger ausstarben und ihr Herrschaftsbereich im Thüringer Wald an die Landgrafen von Hessen fiel, wurde die Strecke östlich des heutigen Neustadt a. R. nicht Rennsteig, sondern Scheideweg genannt. Sie markierte die Grenze zwischen dem Kurfürstentum Sachsen und den Grafen von Schwarzburg. Aus diesem Jahrhundert stammen auch die ältesten am Rennsteig erhaltenen Wappensteine (→ S. 28). Dennoch wurden die Teilstrecken bereits als althergebrachter, durchgängiger Höhenweg über den Gebirgskamm bis zum Frankenwald und nach Böhmen beschrieben.

Zwischen Kriegen und Kleinstaaterei

Während des Dreißigjährigen Krieges, der auch in den Dörfern rund um den Rennsteig zu Hungersnöten und unmenschlichen Gräueltaten führte, wurde dem späteren Herzog Ernst dem Frommen von Sachsen-Gotha die Bedeutung des Rennsteigs für militärische Zwecke deutlich. Im Gegensatz zu den Handelsrouten über die Pässe war der Kammweg wenig bekannt und bot sich für rasche, heimliche Truppenverlegungen an. Aus diesem Grund ließ der Herzog den Rennsteig 1649 bis 1667 von seinen Forstbeamten erkunden. Ihre Beschreibung stimmt jedoch nur im mittleren Teil mit der heutigen Wegführung überein, da der Herzog einen Weg von Sallmannshausen auf den Gebirgskamm wünschte, was nicht dem vollständigen Verlauf der Kammlinie entspricht.

Im 17. und 18. Jahrhundert wurden im Thüringer Wald zahlreiche Glashütten gegründet, aus denen sich gleich mehrere der wenigen Ortschaften am Rennsteig entwickelten, vom kleinen Allzunah über Grumbach bis zur Stadt Neuhaus. Auch gab es damals in keiner anderen Region Deutschlands so viele durch Erbteilung entstandene Kleinstaaten wie in Thüringen. Rund um den Rennsteig existierten auf engstem Raum die Fürsten- und Herzogtümer Sachsen-Coburg, Sachsen-Meiningen, Schwarzburg-Rudolstadt, Schwarzburg-Sondershausen sowie Sachsen-Hildburghausen und dazwischen das zu Hessen gehörige Schmalkalden. Daran änderten auch die Napoleonischen Kriege zwischen 1799 und 1815 wenig, doch sie haben andere Spuren am Rennsteig hinterlassen, von denen wir manche im Etappenteil aufgreifen werden. Keine Info-Tafel erinnert dagegen an den 17. Oktober 1806. An diesem Tag erreichten zwischen Rennsteiggrotte und Hohem Bruch mehrere Tausend Flüchtlinge den Rennsteig. Es handelte sich um Soldaten, die nach der vernichtenden Niederlage Preußens gegen Napoleon in der Schlacht bei Jena zunächst nach Erfurt geflohen waren. Aber Erfurt wurde kampflos an die französischen Truppen übergeben und ca. 9 000 Preußen gerieten in Gefangenschaft. Die Franzosen trieben die Besiegten Richtung Frankfurt am Main, bis kurz vor Eisenach ein preußisches Husarenkommando aus nur 50 Freiwilligen (andere Quellen sprechen von 25) unter der Führung Leutnant Hellwigs die überraschten Bewacher überfiel und Tausende Landsleute befreite. Ein Teil der Flüchtigen entkam nach Minden, aber der Großteil soll sich über den Rennsteig nach Böhmen durchgeschlagen haben.

Ein Mythos wird geboren

Wirklich bekannt wird der Name Rennsteig im 19. Jahrhundert. 1807 wird er in einer Beschreibung der Region für Reisende genannt und 1830 folgt Julius von Plänckners Buch »Der Thüringer Wald«, in dem Plänckner für den Rennsteig eine Wanderzeit von 43,5 Stunden angab und ihn in fünf Etappen einteilte. Er lässt den Rennsteig erstmals in Hörschel beginnen und in Blankenstein enden, womit er die heutige Wegführung begründete. Ob sein Werk Auftakt oder Begleiterscheinung des aufkommenden Rennsteigtourismus war, lässt sich nicht mit Sicherheit sagen. Unbestreitbar folgten vielgelesene Schriftsteller seinem Vorbild und schrieben eigene Bücher über den Rennsteig. So rühmte der Märchen- und Sagensammler Ludwig Bechstein den Rennsteig als »erhabenes, altdeutsches Epos« und »Pilgerfahrt zum hohen Montserrat Thüringens«, während Victor von Scheffel vom Bergpfad schwärmte, der »die Städte flieht«. Den Höhepunkt der damaligen Begeisterung befeuerte wohl August Trinius' 1889 erschienene Rennsteigbeschreibung (Trinius: → 58). Darin zeigt er sich angetan von ehrwürdigen »Grenzaltertümern«, aber auch dem Forsthaus Waidmannsheil und der Tochter des Försters, Mareile. Die damals 18-jährige Maria Sauer beschreibt er – ohne ihren Namen zu nennen – als »eine untersetzte,

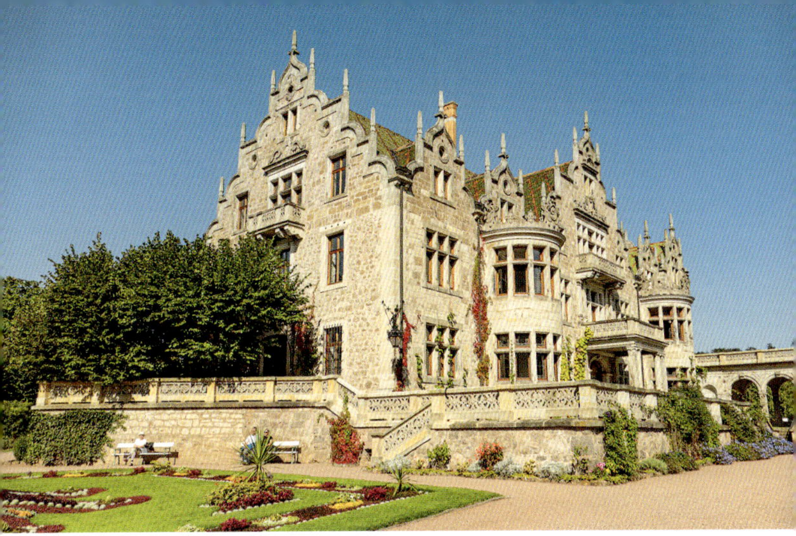

Schloss Altenstein – Sommerresidenz der Meininger Herzöge (RL41).

fast üppige Blondine mit blitzenden, lang bewimperten Augen, Grübchen in den Wangen und den festen kleinen Händen«, die »zuweilen ein paar Töne auf der vor ihr ruhenden Zither« anschlug und sich »allerliebst zwitschernd« mit einer Freundin unterhielt. Damit begründete er die romantische Verehrung der Rennsteigwanderer für »das Mareile«, die sich so sehr verselbstständigte, dass sie auch anhielt, als Maria schon 1891 heiratete und zu ihrem Mann nach München zog. Zuvor hatte sie jedoch den Autor eines weiteren Wanderbuchs dazu inspiriert, das weiße Rennsteig-R nach ihr zu benennen. Denn die Markierungen waren zu jener Zeit noch spärlich und Alfred Roßner berichtet, wie er und ein Freund stundenlang zwischen Spechtsbrunn und Ernstthal herumirrten und sie das weiße R »so vertraut anlächelte«, nur um sich an der entscheidenden Weggabelung wieder »neckisch« zu verstecken. Der Kult um das Mareile wurde später im Rennsteigverein 1896 e. V. weitergepflegt und auch die Vereinszeitschrift nach ihr benannt. Doch zunächst musste der Heimatforscher Prof. Dr. Ludwig Hertel im Gästebuch des Forsthauses zur Gründung eines Vereins aufrufen und bald schlossen sich andere Rennsteigfreunde an. 1896 fand am Pfingstsonntag die Gründungssitzung statt und wurde mit einer mehrtägigen Gruppenwanderung verbunden, der ersten »Pfingstrennfahrt«, aus der die Vereinstradition der »Pfingstrunsten« hervorging. Bis heute finden sie nach einem festgelegten Ablauf statt (→ S. 24f.). So entsteht um die Jahrhundertwende ein regelrechter Rennsteigkult, der Wanderer, Heimatforscher und Denkmalschützer verbindet.

Unter dem Eisernen Vorhang

Die Teilung Deutschlands nach dem Zweiten Weltkrieg schuf für Rennsteigwanderer immer größere Hürden und ab 1961 waren durchgehende Wanderungen nicht mehr möglich. Zwar befand sich fast der gesamte Verlauf auf DDR-Gebiet, doch ca. 40 km davon waren nicht mehr zugänglich, da sie zur Sperrzone entlang der Grenze gehörten; die fränkischen Teilstücke waren unerreichbar und vom Grenzverlauf zerschnitten. Der Rennsteigverein von 1896 wurde – wie viele andere – unter sowjetischer Besatzung verboten. Er fand im oberfränkischen Zapfendorf eine neue Heimat, verlor dadurch jedoch einen Großteil seiner Mitglieder. Dennoch blieben die Thüringer auch zu DDR-Zeiten dem Rennsteig verbunden. 1951 komponierte Herbert Roth das Rennsteiglied, das heute gern als heimliche Nationalhymne Thüringens bezeichnet wird. Fremdenverkehr, Sport und Kultur am Rennsteig wurden ab 1968 offiziell gefördert, woraus u. a. der Rennsteiggarten in Oberhof und der GutsMuths-Lauf hervorgingen, ein Crosslauf, der seit 1973 jeden Mai auf dem Rennsteig ausgetragen wird.

Nachwendezeit

1990 war es endlich so weit: Nach 49 Jahren wurde der Rennsteig feierlich wieder als grenzüberschreitender Wanderweg eröffnet. Die vollen 169 km von Blankenstein bis Hörschel durften erstmals seit Jahrzehnten begangen werden. Der Rennsteigverein 1896 e. V. konnte wieder Mitglieder in Thüringen aufnehmen und gibt seit 1994 erneut die Vereinszeitschrift »Das Mareile« heraus. Er bekam aber auch einen neuen Vereinskollegen, den Thüringer Rennsteigverein e. V., der aus dem Kulturbund in Neustadt a. R. hervorging und dort ein Rennsteigmuseum mit hervorragendem Archiv eingerichtet hat. Seit April 1998 steht der Rennsteig in seiner Gesamtheit als »Plänckner'scher Rennsteig« unter Denkmalschutz und hat unter Wanderern nahtlos an seine Vergangenheit als beliebter Fernwanderweg angeknüpft.

Rennsteigkultur

Beim Stichwort Rennsteigkultur denkt man als Erstes an den seltsamen Gruß, den sich manche Wanderer auf dem Rennsteig zurufen: »Gut Runst!« Er geht auf den Rennsteigverein 1896 e. V. zurück, der seit seiner Gründung Wanderungen veranstaltet, die bald Runsten genannt wurden. Der Name Runst taucht im Jahr 1900 zum ersten Mal auf und wurde wohl im gleichen Sommer von Josef Berta auf einer Rennsteigwanderung eingeführt. Ob er das Wort spontan erfunden oder in unbekannten Quellen gelesen hat, ist nicht bekannt, aber da sich die Vereinsmitglieder als Renner bezeichnen, wünschten sie sich wohl einen davon abgeleiteten Gruß. Sie hätten auch »Gutes Rennen!« wählen können, was jedoch wenig prägnant gewesen wäre. Ludwig Hertel merkte auf einer Rast unter der Teufelsbuche an, dass »Kunst« von »kennen« abgeleitet sei, und da aus »brennen« auch »(Feuers-)

Brunst« wird, schlug Josef Berta »Runst« als Nomen zu »rennen« vor. Zunächst wurde der Begriff etwas ironisch verwendet, aber er setzte sich fest und wird bis heute für die traditionellen Wanderungen der Rennsteigvereine verwendet. Eine Runst ist daher eine nach den etablierten Vereinsregeln durchgeführte Rennsteigwanderung. Die Gesamtstrecke wird dabei in sechs Etappen unterteilt und der Ablauf ist mit Zeremonien wie beispielsweise dem Runstgesang an bestimmten Wegpunkten und der Taufe der neuen Altrenner mit ihrem Rennsteignamen verbunden. Denn wer die Runst absolviert hat, ist vom Jung- zum Altrenner aufgestiegen. Auch das Mittragen eines Steins aus der Selbitz, der am Ende in die Werra geworfen wird, ist eine Vereinstradition, die jedoch weite Verbreitung darüber hinaus gefunden hat. In geraden Jahren führt die Runst von Blankenstein nach Hörschel, in ungeraden verläuft sie in umgekehrter Richtung. Darüber hinaus werden weitere Wanderungen angeboten, z. B. die Ski- oder auch die Kinderrunst. Eine Vereinsmitgliedschaft ist nicht Voraussetzung für die Teilnahme. Mehr Informationen dazu finden sich auf den Seiten des Vereins unter www.rennsteigverein.de. Schon bei seiner Gründung hatte es sich der Rennsteigverein 1896 e. V. auch zur Aufgabe gemacht, den Fernwanderweg zu erhalten und seine Geschichte zu erforschen. Daran wirken heutzutage ebenfalls der Thüringer Rennsteigverein e. V. und der Verein für Schmalkaldische Geschichte und Landeskunde e. V. intensiv mit. Sie widmen sich der Denkmalpflege und dabei insbesondere der Inventur und nötigenfalls Rettung historischer Gedenk-, Grenz- und Wappensteine, von denen heute noch ca. 800 am Rennsteig vorhanden sind.

Auch der Spielplatz in Blankenstein steht im Zeichen des Rennsteigs.

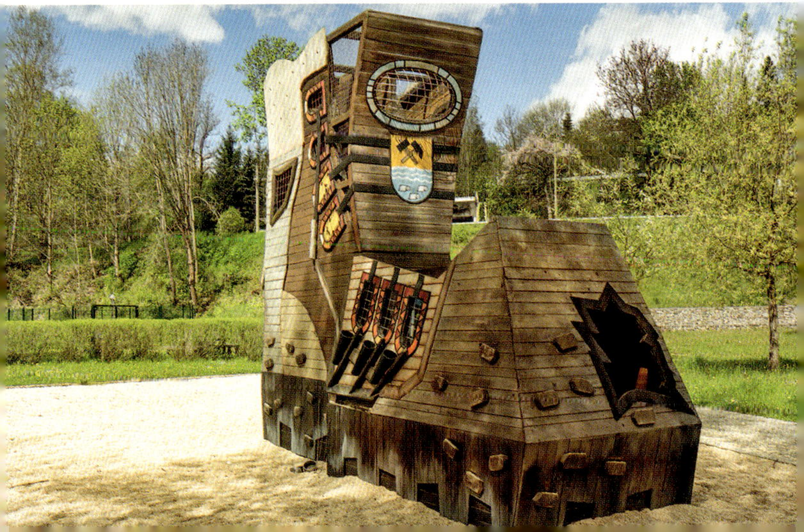

Zur Rennsteigkultur gehört auch der sportliche Aspekt. Neben dem GutsMuths-Rennsteiglauf, der sich zu einem Massen-Event mit Tausenden Teilnehmern aus ganz Europa etabliert hat, gibt es mittlerweile auch Rad- und Skilanglaufrennen. Hinzu kommen athletische Rekorde rennsteigbegeisterter Einzelkämpfer. So bestritt der Musiker und Polarforscher Max Raebel den Rennsteig 1913 in nur 32 Stunden und 45 Minuten, wobei er nur ein Mal übernachtete, doch 1993 unterbot Hans-Joachim Stoyan diese Zeit mit 31 Stunden und 35 Minuten. 1923 gelang dagegen Gustav Räther die erste vollständige Runst auf Skiern, wofür er 28 Stunden und 27 Minuten brauchte.

Grenz- und Wappensteine am Rennsteig

Was den Rennsteig von seinen über 220 Namensvettern im deutschen Sprachraum unterscheidet, ist seine große Bedeutung als Grenzweg. Andere Rennsteige und -wege sind teils älter, teils jünger, aber nur der Thüringer Rennsteig war auf 77 km Länge auch Grenzverlauf. Zwischen 1513 und 1976 wurden – per Katastereintrag nachgewiesene – 1007 Grenzsteine gesetzt, von denen jedoch nur noch knapp 800 vorhanden sind. Es erhöht den Spaß an der Wanderung, nach ihnen Ausschau zu halten und ihre vielfältigen Geschichten kennenzulernen. Vom Dietzel-Geba-Stein war bereits die Rede, andere werden wir im Etappen-Teil beschreiben. Man unterscheidet mehrere Kategorien:

Die unauffälligsten **Grenzsteine** weisen nur die Kürzel der Anrainer, oft auch eine laufende Nummer und vor allem das Jahr auf, in dem sie ge-

GRENZSTEINE

G	Gotha	KH	Kurhessen
S	Sachsen	CSH	Kursächsisch Hessen
SM	Sachsen-Meiningen	SR	Schwarzburg-Rudolstadt
HSM	Herzogtum Sachsen-Meiningen	schw	schwarzburgisch
HM	Herzogtum Meiningen	FSchR	Fürstentum Schwarzburg-Rudolstadt
SG	Sachsen-Gotha	SS	Schwarzburg-Sondershausen
SC	Sachsen-Coburg	FSS	Fürstentum Schwarzburg-Sondershausen
SCG	Sachsen-Coburg-Gotha	KB	Königreich Bayern
co	coburgisch	KP	Königreich Preußen
SHH	Sachsen-Hildburghausen	FR	Fürstentum Reuß
SW	Sachsen-Weimar	AL	Amt Lauenstein
H	Landgrafschaft Hessen		

setzt wurden. Manche sind so verwittert, dass man selbst diese Angaben kaum noch findet, während andere überraschend frisch aussehen. Dass Grenzsteine aus unterschiedlichen Jahren auch unterschiedliche Initialen aufweisen können, obwohl sie direkt nebeneinander stehen, liegt an den wechselnden Namen der Fürstentümer, da sich durch Erbteilung, Übertragung und gelegentlich auch durch Annexion die Besitzverhältnisse veränderten.

Aufwendiger und schöner sind die sogenannten **Wappensteine**, die zusätzlich zu Jahreszahl und Initialen auch das Wappen des Landesherrn zeigen. Sehr oft tauchen die »Schwarzburger Gabeln« auf, die verschieden aussehen können und manchmal einzeln, meistens aber als gekreuztes Paar und seltener in weiteren Variationen dargestellt werden. Es handelt sich dabei nicht um Heugabeln, sondern vermutlich um Werkzeuge aus den Schmelzhütten, denen für die Wirtschaft der Region sehr große Bedeutung zukam. An solchen Wappensteinen lassen sich auch geschichtliche Entwicklungen ablesen. Zum Beispiel sind die Schwarzburger Gabeln meistens ohne eine Krone abgebildet, gelegentlich aber auch mit. Die Wappen mit Krone stammen aus späterer Zeit, denn die schwarzburgischen Grafen durften sie erst verwenden, nachdem ihnen um das Jahr 1700 herum die Fürstenwürde verliehen worden war. Ähnlich häufig ist das sächsische Wappen zu sehen. Es ist sehr leicht am sogenannten Rautenkranz zu erkennen, der schräg über den gestreiften Grund verläuft. Das Ornament heißt Rautenkranz, weil es einem Kranz aus Blättern der Raute ähnelt, aber es erinnert auch an eine Krone.

Die prunkvollsten Wappensteine stehen am Schönwappenweg, den wir auf Etappe 2 besuchen, aber der älteste und zugleich der mit der

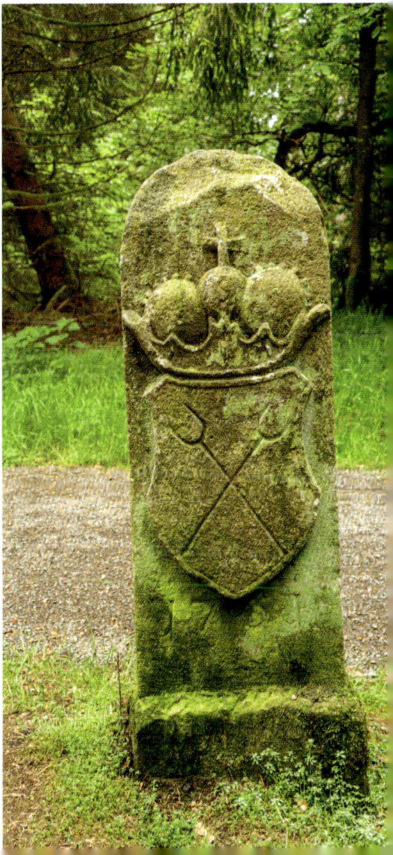

Die Schwarzburger Gabeln mit Fürstenkrone (Etappe 4).

längsten Inschrift ist der Kurfürstenstein. Der 1513 aufgestellte Wappengrenzstein ist sogar der älteste Deutschlands. Er zeigt auf der Thüringer Seite gleich zwei Wappen, das sächsische mit dem Rautenkranz und das kursächsische mit zwei gekreuzten Klingen, sowie die kryptische Inschrift: »von gotts gnade fridri churfürst vn has gbrude herezoche zv sacssen 151«. Vervollständigt bedeutet es wohl: »Von Gottes Gnade Friedrich, Kurfürst, und Hans, sein Bruder, Herzöge zu Sachsen 1513«. Auf der bayerischen Seite sehen wir dagegen das Wappen des Bamberger Fürstbischofs Georg III. Schenk von Limburg, das u. a. zwei Bamberger Löwen zeigt. Hier lautet die Inschrift »g vo gotts gnade 1513«, was für »Georg von Gottes Gnaden 1513« stehen dürfte. Sowohl Bischof Georg als auch vor allem Fürst Friedrich der Weise waren Martin Luther eng verbunden.

Viel seltener sind die **Dreiherrensteine**, die nur dort stehen, wo sich früher gleich drei Herrschaftsbereiche berührten. Es gibt am Rennsteig neun davon:

- Dreiwappenstein am Kießlich: Er wurde 1717 im Bereich des heutigen Schönwappenwegs gesetzt, hatte aber schon zwei Vorgänger 1513 und 1619. Sein Name rührt von den Wappen der drei einstmals angrenzenden Territorien her: Herzogtum Sachsen, Markgrafschaft Bayreuth und Hochstift Bamberg.
- Dreiherrenstein Hoher Lach: Er steht am heutigen Ortsrand von Neuhaus am Rennweg in der Nähe des Rastplatzes an der Landstraße und weist durch Verwitterung nur noch Reste von Zahlen auf. Hier stießen einst die Herrschaftsbereiche der Schwarzburger, Pappenheimer und Sachsen-Coburger aneinander.
- Dreiherrenstein am Saarzipfel: Beim Dreistromstein findet sich dieser mit Wappen verzierte Dreiherrenstein aus dem Jahr 1733, der jedoch – möglicherweise aufgrund der Erbstreitigkeiten unter den sächsischen Herzögen – jahrzehntelang herumlag, bevor er in der zweiten Hälfte des 18. Jahrhunderts tatsächlich aufgestellt wurde. Kurioserweise zeigt er deshalb neben dem Wappen von Schwarzburg-Rudolstadt die von Sachsen-Coburg und Sachsen-Hildburghausen, obwohl die Ländereien auf Coburger Seite schon 1735 an Sachsen-Meiningen gefallen waren.
- Dreiherrenstein Hohe Heide: Dieser schlichte Stein aus dem Jahr 1846 steht an der Kreuzung bei der Schutzhütte Hohe Heide und weist neben seinen laufenden Nummern und der Jahreszahl nur die Kürzel der angrenzenden Herrschaftsbereiche auf.
- Großer Dreiherrenstein: Er ist Ziel unserer Etappe 4 und wird dort beschrieben.
- Stein 16 oder Dietzel-Geba-Stein: In der Nähe von Oberhof wurde dieser Stein 1734 gesetzt und nach seiner Nummerierung benannt. Außer diesen Zahlen trägt er die Initialen der drei benachbarten Fürstentümer (→ S. 21).
- Gustav-Freytag-Stein: Zwischen Oberhof und dem Aussichtsturm Hoher Schorn stand einst ein Dreiherrenstein aus dem Jahr 1586. Er gilt als

Dreiherrenstein, weil an dieser Stelle 1547 bis 1554 das hessische Schmalkalden und zwei sächsische Ämter unterschiedlicher Herren aneinander stießen: Amt Georgenthal und Amt Schwarzwald. 1586 gehörten jedoch beide bereits zum ernestinischen Sachsen. Auf dem Stein fanden sich die entsprechenden Kürzel H, G und S und laufende Nummern, aber er wurde in der ersten Hälfte des 20. Jahrhunderts bei Waldarbeiten zerstört. Heute steht jedoch eine Kopie an gleicher Stelle. Den Originalstein hatte der Rennsteigverein 1896 e. V. dem Schriftsteller Gustav Freytag gewidmet, dessen Romanreihe »Die Ahnen« die Umgebung des Steins als Schauplatz verwendet.

- Dreiherrenstein am Hangweg: Auf dem Stein am Standort ist leider nichts zu erkennen.
- Dreiherrenstein am Großen Weißenberg: Er weist die Kürzel der Herrschaftsbereiche Hessen, Sachsen-Gotha und Sachsen-Meiningen auf sowie Nummern, jedoch keine Jahreszahl.

Daneben gibt es noch **Forststeine**, die Waldgebiete unterschiedlicher Besitzer, aber keine politischen Territorien voneinander abgrenzen. Sie wurden von Revierförstern aufgestellt, stammen meist aus dem 19. Jahrhundert und tragen ebenfalls Kürzel und Nummern.

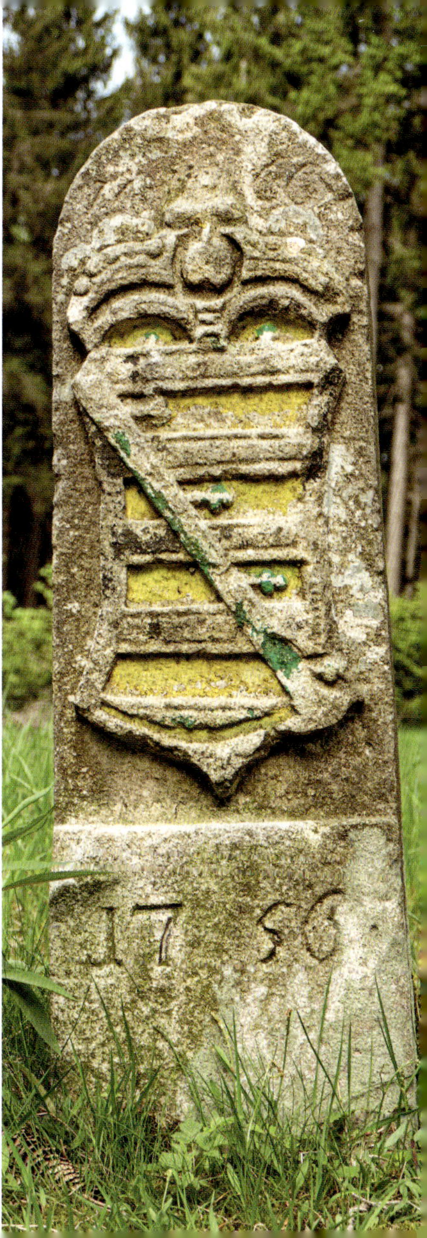

Seltene Farbreste, hier auf dem sächsischen Wappen (Etappe 3).

GEOGRAFIE, GEOLOGIE UND SCHUTZGEBIETE

Geografie

Thüringer Wald und Thüringisch-Fränkisches Schiefergebirge bilden gemeinsam einen Gebirgszug, der sich keilförmig von Nordwesten nach Südosten erstreckt. Im Nordwesten, bei Eisenach, ist er nur ein ca. 5 km breiter Gebirgskamm. Nach Osten hin wird er immer breiter und geht in ein sogenanntes Massen- oder Rumpfgebirge über, das an seinem südöstlichen Rand – einer gedachten Linie zwischen dem bayerischen Kronach und dem thüringischen Greiz – eine Breite von ungefähr 80 km hat. Den Rennsteig kann man sich als Rückgrat dieses Gebirges vorstellen. Er beginnt oder endet – je nach Perspektive – in Blankenstein an der Saale auf 414 m Höhe und verläuft durch das Schiefergebirge gen Westen, wo er bei Neustadt am Rennsteig das Kammgebirge erreicht. Sein höchster Punkt, 973 m, befindet sich an den Hängen des Großen Beerbergs, 982 m, des höchsten Berges Thüringens. Aber erst ab dem 916 m hohen Gipfel des Großen Inselsbergs geht es fast kontinuierlich abwärts, dem Ende des Kamms entgegen. Hinunter auf nur 196 Höhenmeter führt der Rennsteig schließlich ans Werraufer in Hörschel, einem Ortsteil der Stadt Eisenach. Neuesten Vermessungen nach hat er nicht die vielfach noch angegebene Länge von 168 km, sondern ist offiziell 169,3 km lang.

Zu Beginn überquert der Rennsteig mehrmals die Grenze zwischen den heutigen Bundesländern Thüringen und Bayern. Zwei Teilstrecken führen daher durch den Frankenwald, bevor sich der Rennsteig von der einstigen innerdeutschen Grenze entfernt. Obwohl wir bei der letzten Grenzquerung bereits den Naturpark Thüringer Wald betreten, befinden wir uns geografisch betrachtet noch immer im Thüringer Schiefergebirge und erreichen das Gebirge Thüringer Wald erst bei Neustadt a. R. Zu den Besonderheiten des Rennsteigs gehört, dass er nur ein einziges Gewässer quert, die Spitter, da er ansonsten stets auf der Wasserscheide entlangführt.

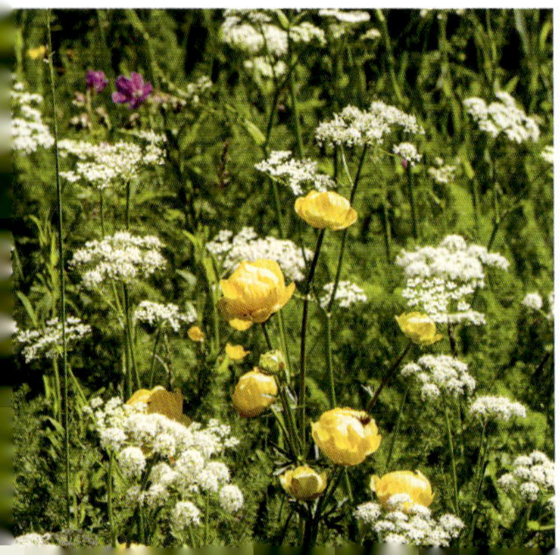

Geologie

Das Thüringer Schiefergebirge ist der nordwestliche Teil des Thüringisch-Fränkisch-Vogtländischen Schiefergebirges, zu dem auch der Frankenwald gehört. Im Osten endet das Thüringer Schiefergebirge mit dem Bergaer Sattel, der etwa von Greiz bis über die bayerische Grenze südlich von Blankenstein reicht,

Die Trollblume wächst auf der Ebertswiese, im Quellbereich der Spitter (Etappen 6 u. 7).

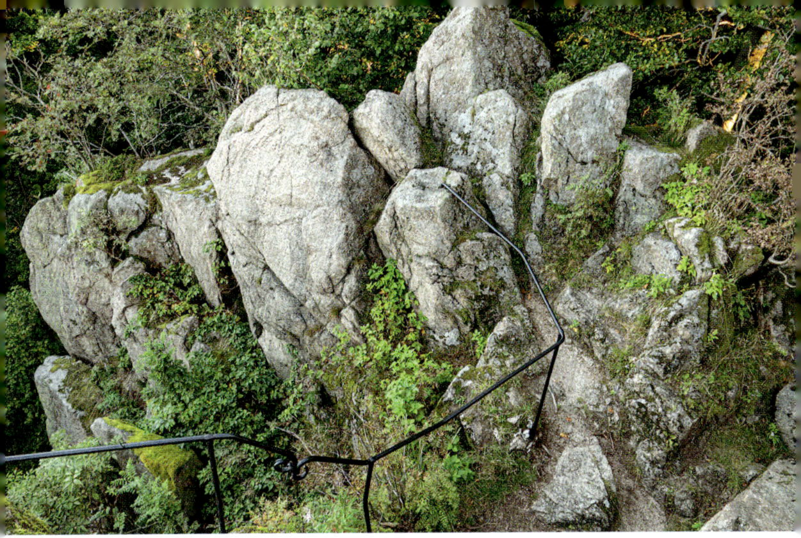

Granitfelsen auf dem Gipfel des Gerbersteins (Etappe 8).

während es im Nordwesten mit dem Schwarzburger Sattel – ungefähr entlang einer gedachten Linie zwischen Schönbrunn und Gehren – an den Thüringer Wald grenzt. Bei Bewegungen der Erdkruste wurde der südliche Teil dieses Sattels höher herausgehoben als der nördliche. Steile Täler wie das Schwarzatal haben sich in die zwischen 600 m und 800 m Höhe liegende Landschaft gegraben, deren höchste Erhebung der Große Farmdenkopf, 869 m, ist. Das Gebirge besteht aus Meeresablagerungen, bei denen es sich hauptsächlich um die namensgebenden Schiefergesteine handelt. Sie liegen überwiegend als Tonschiefer vor. Es gibt auch nennenswerte Vorkommen an Grauwacken und Sandstein, während Vulkangesteine wie Diabase eine seltene Ausnahme bleiben.

Daran schließt sich im Nordwesten der Thüringer Wald an, der sich aus zwei Bereichen zusammensetzt: dem Mittleren Thüringer Wald, der den Großteil des Gebirges umfasst, und dem niedrigeren Ausläufer bei Eisenach, dem Nordwestlichen Thüringer Wald.

Der Mittlere Thüringer Wald ist ein Kammrückengebirge und durch Bewegungen der Erdkruste ab der Kreidezeit entstanden, als auch die Alpen durch das Aneinanderstoßen kleinerer Kontinentalplatten aufgefaltet wurden. Hier finden sich etliche tief eingeschnittene Täler, woraus sich große Höhenunterschiede auf engem Raum ergeben. Sie machen den besonderen Charakter dieses Mittelgebirges aus. Hinzu kommen Felskanzeln und freistehende Formationen. Im Gegensatz zum Schiefergebirge treten hier ungefaltete Deckschichten des Grundgebirges zutage, das sogenann-

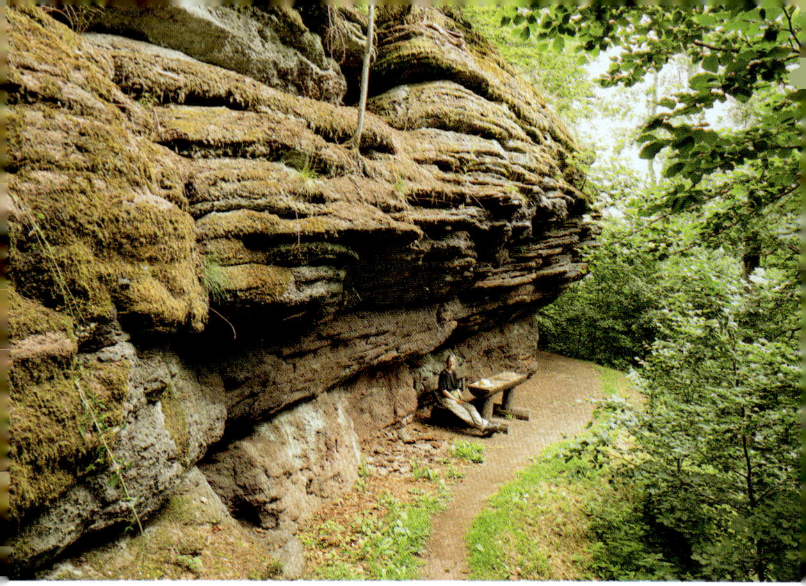

An der Rennsteiggrotte treten Rotliegend-Konglomerate zutage (Etappe 9).

te Rotliegende. Diese Sandsteine sind durch Beimengungen von Hämatit (Roteisenstein) tatsächlich auffallend rot gefärbt, was am Rennsteig immer wieder sichtbar wird. An anderen Stellen sind Granit, Gneis und Glimmerschiefer an die Oberfläche gekommen, wie wir beispielsweise am Glöckner und am Gerberstein sehen (→ Bild S.31). Im Bereich des Hauptkamms bilden widerstandsfähige Vulkanite die höchsten Berge des Thüringer Waldes: Großer Beerberg, 983 m, Schneekopf, 978 m, Großer Finsterberg, 944 m, und Großer Inselsberg, 916 m. In den Hohlräumen dieser Vulkangesteine haben sich Drusen gebildet, die Achat und andere Quarzkristalle enthalten. Unter dem Namen Schneekopfkugeln sind sie recht bekannt, obwohl sie am Schneekopf selbst kaum gefunden werden.

Im Gegensatz zu den Bergen des Mittleren Thüringer Waldes erreichen die Erhebungen des nordwestlichen Ausläufers maximal 470 m. Wir betreten ihn ungefähr am Wegpunkt Hohe Sonne auf der letzten Etappe. Hier dominieren Sandsteine und Rotliegend-Konglomerate. Letztere sind sehr einfach an ihrer roten Grundfarbe und den vielen hineingemischten, abgerundeten Gesteinsbrocken anderer Art und Farbe zu erkennen. Es handelt sich dabei um abgelagerten Schutt aus dem benachbarten höheren Teil des Gebirges, der sich über die Jahrmillionen zu neuem Gestein verbunden hat. Durch Erosion entstanden darin enge Schluchten wie die Drachen- oder die Landgrafenschlucht.

Schutzgebiete

Der Rennsteig beginnt im Naturpark Obere Saale / Thüringer Schiefergebirge, wechselt in den Naturpark Frankenwald hinüber und führt weiter in den direkt angrenzenden Naturpark Thüringer Wald, den er im weiteren Verlauf nicht mehr verlässt. Aber was ist ein Naturpark? Es handelt sich um großflächige Gebiete, die ausgewiesen werden, um sie einheitlich pflegen und entwickeln zu können. Sie weisen einen hohen Anteil an Natur- und Landschaftsschutzgebieten und eine große Vielfalt an Tier- und Pflanzenarten auf. Das Ziel ist, sie durch eine umweltschonende Nutzung zu erhalten, wozu auch nachhaltiger Tourismus gehört.

In der Tat durchquert der Rennsteig etliche nicht nur ökologisch wertvolle, sondern auch landschaftlich schöne Naturschutzgebiete, in denen wir uns als Wanderer besonders rücksichtsvoll verhalten sollten, auch wenn es ohnehin selbstverständlich ist, keinen Müll zu hinterlassen, keine Pflanzen und Tiere zu schädigen und in der Natur nicht zu lärmen. In Naturschutzgebieten dürfen darüber hinaus die Wege nicht verlassen werden, womit wir die letzten Rückzugsräume seltener Tiere und Pflanzen respektieren.

Eine Besonderheit ist das UNESCO-Biosphärenreservat Thüringer Wald. Es besteht seit 1979, wurde jedoch später erweitert und umfasst heute eine ca. 337 km² große Fläche. Etwa 84 % davon sind mit Wald und 12 % mit Wiesen bedeckt, was sich entlang des Rennsteigs sehr gut nachvollziehen lässt. Biosphärenreservate dienen ähnlichen Zielen wie Naturparke, werden jedoch den Vorgaben der UNESCO entsprechend in drei Zonen unterteilt: Die Entwicklungszonen, die den größten Anteil ausmachen, die Pflegezonen,

Wasser formte die Landgrafenschlucht (Schleife 9Sb).

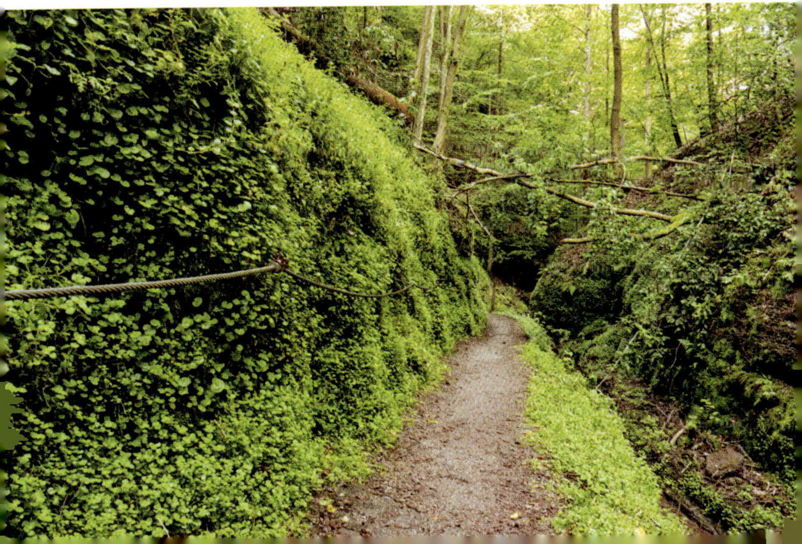

in denen strengere Naturschutzvorgaben gelten, und die Kernzonen, in denen der Mensch nicht mehr in die Natur eingreifen darf. Letztere umfassen nur ca. 3 % der Biosphärenreservatsfläche, sind aber umso wichtiger für den Artenschutz. Der Rennsteig durchquert das Reservat zwischen Neustadt am Rennsteig und der Suhler Ausspanne. Er führt beispielsweise am Großen Beerberg auch an einer Kernzone vorbei, die auf 34 ha eines der letzten verbliebenen Hochmoore im Thüringer Wald schützt.

Wo sich der Rennsteig der einstigen innerdeutschen Grenze nähert oder sie überquert, befinden wir uns zudem auf dem Grünen Band, einem 50 m bis 200 m breiten Streifen zwischen der eigentlichen Grenzlinie und dem auf ehemaligem DDR-Gebiet parallel verlaufenden Kolonnenweg, der den Grenztruppen vorbehalten war. In Thüringen ist das Grüne Band als Nationales Naturmonument ausgewiesen, um die Erinnerung an die Vorgänge entlang der Grenze ebenso wachzuhalten wie die Lebensräume zu schützen, die sich durch das jahrzehntelange Betretungsverbot entwickeln konnten. Weite Teile des Grünen Bands sind auch Bestandteil größerer Naturschutzgebiete, Biosphärenreservate oder Nationalparks.

Die Wurzeln des Hain-Wachtelweizens bohren sich in die der benachbarten Gräser.

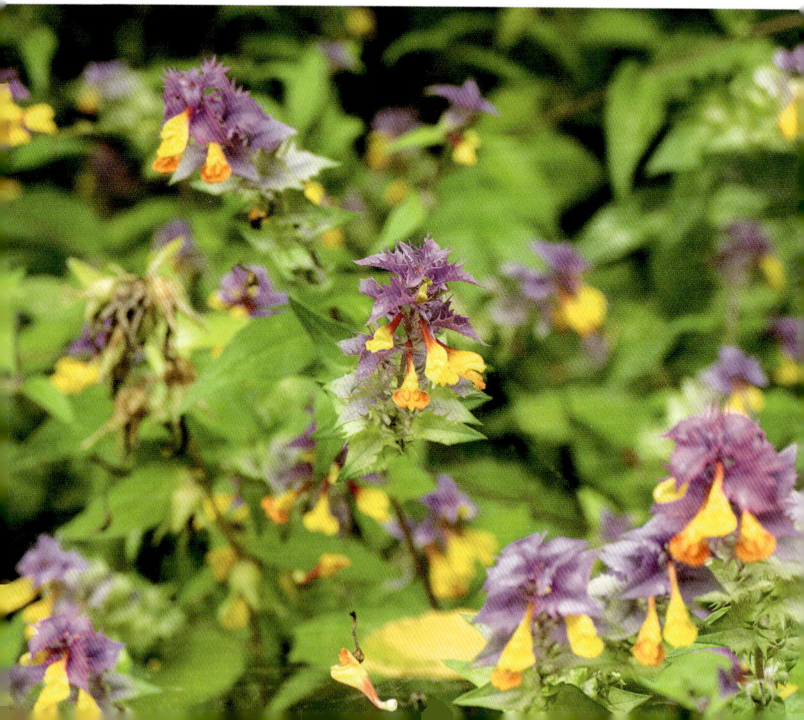

FLORA UND FAUNA

Flora

Wie alle deutschen Mittelgebirge war auch die Region entlang des Rennsteigs ursprünglich mit ausgedehntem Laubwald bedeckt. Größere Fichtenbestände gab es wohl nur in den höchsten Kammlagen über 850 m, aber selbst auf dem Großen Inselsberg, 916 m, wächst bis heute Buchenwald. Wo sich der Laubwald erhalten hat, finden wir im Thüringer Wald und im Schiefergebirge Rotbuche, Bergahorn, Eiche, Esche und zahlreiche weitere Arten, ebenso die selten gewordene Weißtanne. Bereits im Mittelalter wurde jedoch viel gerodet, um Bergwiesen als Weideland zu gewinnen, Dörfer zu gründen und vor allem, um Holzkohle sowie Bauholz für den Bergbau, die Metall- und die Glasproduktion zu erhalten. Als Bäume sogar knapp wurden, ordneten die Landesherren an, Flächen mit der schnell wachsenden Fichte aufzuforsten. So wurde aus der einstigen Wildnis der gleichförmige Nadelwald, der heute ungefähr 80 % des Gebiets einnimmt. Wo die Fichten gedeihen, weil sie nicht zu eng gepflanzt wurden und genügend Wasser zur Verfügung haben, wachsen sie zu beeindruckenden Bäumen heran und verleihen so manchem wildromantischen Bachtal ein alpines Flair. Allerdings kommen beim Thema Fichten sogleich die Fernsehbilder von großen Kahlschlagflächen in den Sinn. Wir wollen nicht verhehlen, dass es diesen Anblick auch am Rennsteig gibt. Die noch vorhandenen Waldflächen überwiegen jedoch bei Weitem und auf vielen Schadflächen wachsen bereits neue Bäume auf!

Ältere Einheimische wissen zu berichten, dass es auch schon in früheren Zeiten Probleme mit den Fichten gab. Sie erinnern sich an die Sturmfront, die im Sommer 1946 große Flächen entlang des Rennsteigs um Oberhof herum verwüstete, und an die darauf folgende Borkenkäferplage 1947 bis 1949. Durch warmes, trockenes Wetter konnten sich die Käfer in den geschädigten Bäumen massenhaft vermehren. 21 000 ha Kahlfläche waren die Folge, die mithilfe Tausender Freiwilliger und Sowjetsoldaten geräumt und aufgeforstet wurden. Aus historischen Aufzeichnungen geht hervor, dass Fichtenmonokulturen bereits im 18. Jahrhundert anfällig für Windbruch und anschließende Borkenkäferplagen waren. Man bezeichnete die Tiere damals als Schwarzen oder auch Fliegenden Wurm und das Absterben der befallenen Bäume als Wurmtrocknis. Der Unterschied zu den heutigen Phänomenen besteht darin, dass es sich um lokal begrenzte, nur selten auftretende Ereignisse handelte, während wir in den letzten Jahrzehnten ein immer gehäufteres Auftreten von Extremwetterlagen, Dürre und in der Folge Borkenkäferplagen im ganzen Land erleben.

In den Fichtenwäldern entdecken wir am Wegrand überwiegend Moose und Farne, Gräser wie die Drahtschmiele und das Wollige Reitgras, außerdem Waldsauerklee, Zwergsträucher wie Heidel- und Preiselbeere, manchmal auch Fingerhut, Waldwachtelweizen und Besenheide. Generell können

wir am Rennsteig Tollkirschen, Himbeeren und viele Distelarten sehen, die ganz unterschiedlich geformte Blütenstände hervorbringen: kugelige, eiförmige, sehr kleine und sehr große, farblose ebenso wie solche in leuchtendem Lila. In den Buchenwäldern wachsen Mondviole, Adlerfarn und der wie Knoblauch riechende Bärlauch, zarter Waldmeister, Leberblümchen und Buschwindröschen. Auf nährstoffarmen Standorten wie im Nordwestlichen Thüringer Wald kommt vielfach die Hainsimse vor. Der Nordwestliche Thüringer Wald ist auch deshalb eine Besonderheit, weil wir hier neben Rotbuchen sehr viele Traubeneichen finden, die mit Wärme und Trockenheit gut zurechtkommen.
Zwar sind Pilze keine Pflanzen, aber zumindest der Zunderschwamm soll hier dennoch Erwähnung finden. Denn dieser große Baumpilz, den man am Rennsteig häufig entdecken kann, spielte für die Menschen der Region eine wichtige Rolle: Schon in der Steinzeit diente der Zunderschwamm als Hilfsmittel zum Feuermachen, aber im 19. Jahrhundert bildete er in Neustadt am Rennsteig für einen Teil der Bevölkerung die Lebensgrundlage. Nachdem die Glashütte 1819 geschlossen worden war, gehörte die Herstellung von Zunder aus den Pilzen zu den wenigen verbliebenen Verdienstmöglichkeiten. Bald wurden aus halb Europa Zunderschwämme angeliefert, um am Rennsteig verarbeitet zu werden, bis schließlich das Streichholz den Zunder als einfachste Art, Feuer zu machen, ersetzte.
Eine wahre Augenweide sind die Bergwiesen, die in mehreren Typen oberhalb von 600 Höhenmetern vorkommen. An schwer zugänglichen Hängen ist der Borstgrasrasen beheimatet, in dem die gelben Blüten der Arnika besonders auffallen. Auch wilder Thymian, Glockenblumen und Blutwurz finden sich hier. Daneben stoßen wir auf Bärwurzwiesen, die an den weißen Blütendolden des Bärwurzes und dessen würzigem Duft zu erkennen sind. Sie müssen extensiv bewirtschaftet und dürfen nicht gedüngt werden, dann gedeihen dort auch Teufelskralle und Habichtskraut. Etwas wärmer und feuchter braucht es die Goldhaferwiese, in der neben dem rosa blühenden Wiesenknöterich und den weißen Margeriten vor allem der violette Waldstorchschnabel auffällt. Auf nasseren Standorten, z. B. der Ebertswiese, finden wir die besonders artenreichen Feuchtwiesen vor. Für sie sind die seltenen Trollblumen und die Sumpfdotterblume typisch. Auch Orchideen, etwa verschiedene Knabenkrautarten, sind auf diesen Lebensraum angewiesen. In besonders nassen Bereichen, beispielsweise direkt um Quellen herum, wachsen Wollgras, Moose, Binsen und Seggen, während Bachläufe häufig von der Gemeinen Pestwurz gesäumt oder gar völlig überwuchert werden. Sie tritt aber auch auf feuchten Waldwiesen auf und ist als Frühblüherin eine der ersten Nahrungsquellen für Bienen und andere Insekten.

Fauna

Im UNESCO-Biosphärenreservat Thüringer Wald wurden über 2600 Tierarten nachgewiesen – davon fast 250, die in Deutschland oder Thüringen auf

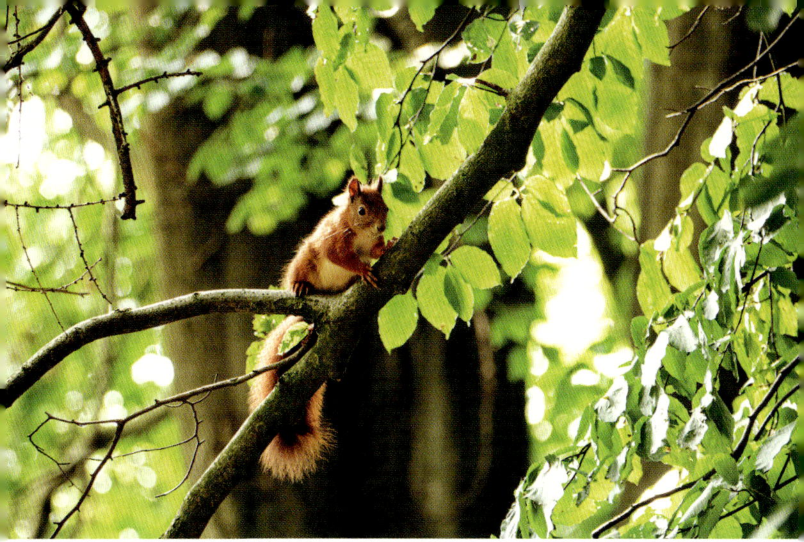

Die Fellfarbe des Eichhörnchens variiert von rötlich bis dunkelbraun.

der Roten Liste stehen. Aber auch außerhalb des Biosphärenreservats ist der Rennsteig immer für eine überraschende Tierbegegnung gut: Auf einer Wiese nahe Schlegel (Etappe 1) konnten wir herumtollende junge Füchse beobachten, bei der Triniusbaude (Etappe 4) flatterte direkt neben uns eine Waldschnepfe auf und am Waldhaus Auerhahn (Etappe 8) hoppelten mitten im Wald zwei Feldhasen herum.

Obwohl sie manchmal an unerwarteten Stellen auftauchen, sind die Tiere auf arttypische Lebensräume angewiesen und dort entsprechend öfter zu sehen. Der Feuersalamander zum Beispiel findet in der Landschaft entlang des Rennsteigs die kühlen Quelltümpel und fischfreien Oberläufe der Bäche, die er für seine Larven braucht. Er fühlt sich in feuchten Laubmischwäldern am wohlsten, kommt aber auch in Fichtenwäldern vor. Obwohl er im Thüringer Wald und im Schiefergebirge noch weit verbreitet und auf Hinweistafeln allgegenwärtig ist, bekommt man ihn nur mit etwas Glück zu Gesicht. Als nachtaktives Tier zeigt er sich tagsüber lediglich bei düsterem Regenwetter. Dank der vielen Kleingewässer gibt es hier generell noch zahlreiche Amphibien, auch wenn ihnen die trockenen Sommer 2018 bis 2020 zugesetzt haben. In Tümpeln kann man den Nördlichen Kammmolch, den Fadenmolch und mehrere Froscharten entdecken, beispielsweise in Fredis Quell (Etappe 8). Feuchtwiesen bieten Kröten, aber auch Reptilien wie der Ringelnatter eine Heimat. Neben der sehr versteckt lebenden Glattnatter finden sich am Rennsteig auch Blindschleiche, Kreuzotter und Waldeidechse.

Wo es genügend Amphibien gibt, sind auch ihre Fressfeinde nicht weit. Zu ihnen gehört einer der seltensten Bewohner deutscher Wälder: der Schwarzstorch. Er braucht nicht nur die Feuchtwiesen und Kleingewässer, um satt zu werden, sondern auch die Abgeschiedenheit der ausgedehnten Wälder, denn im Gegensatz zum Weißstorch, der auch mitten in Dörfern nistet, ist er sehr scheu. In den letzten Jahren hat sein Bestand in Thüringen erfreulicherweise zugenommen.

Weite Wälder sind auch das Revier des Schwarzspechts. Die Höhlen, die er sich zum Brüten in Rotbuchen oder Fichten zimmert, sind bei zahlreichen »Nachmietern« heiß begehrt: von Hohltaube, Wald- und Raufußkauz über Baummarder, Siebenschläfer und Fledermausarten bis hin zu Hornissen und anderen Insekten. So hören wir am Rennsteig nicht nur die gellenden Rufe des Schwarzspechts, sondern auch das dumpfe Tuten der Hohltauben und der Käuze in der Dämmerung. Überhaupt machen sich verschiedenste Vögel durch Rufe und Gesang bemerkbar, selbst wenn wir sie nicht sehen. Sozusagen exklusiv im Laubwald sind der Waldlaubsänger und der Pirol zu hören, der Fichtenkreuzschnabel und der Tannenhäher dagegen im Nadelwald. In der Stille der Fichtenbestände kommt das Piepen der Baumläufer und der Sommer- und Wintergoldhähnchen zur Geltung, weil dort, wo sich die Baumarten mischen oder an Waldrändern auch noch Sträucher hinzukommen, ein vielstimmiger Chor die leiseren Arten übertönt: Buchfink, Amsel und Zaunkönig, Rotkehlchen, Mistel-, Sing- und Wacholderdrossel, mehrere Meisenarten, Dompfaff, Feldsperling, Kleiber, Kuckuck und Bluthänfling zwitschern und trällern hier durcheinander. Elstern und Eichelhäher krächzen dazwischen, und der Buntspecht trommelt dazu. Wer den Blick nach oben richtet, kann über den Baumwipfeln und Wiesen auch Schwalben und Raubvögel wie Rotmilan, Mäuse- und Wespenbussard entdecken. Neben Turmfalken brüten wieder Wanderfalken in der Region. Raben und Uhus, die in den Felswänden ehemaliger Steinbrüche nisten, haben sich ebenfalls wieder vermehrt. Sorgen bereitet dagegen die seltene Bekassine, die auf Feuchtwiesen als Lebensraum angewiesen ist. Noch rarer sind Auerhahn und Haselhuhn, denen außer dem Verlust ihrer Habitate auch die steigende Anzahl an Füchsen, Mardern und Waschbären zusetzt. Um ihnen zu helfen, werden Land-

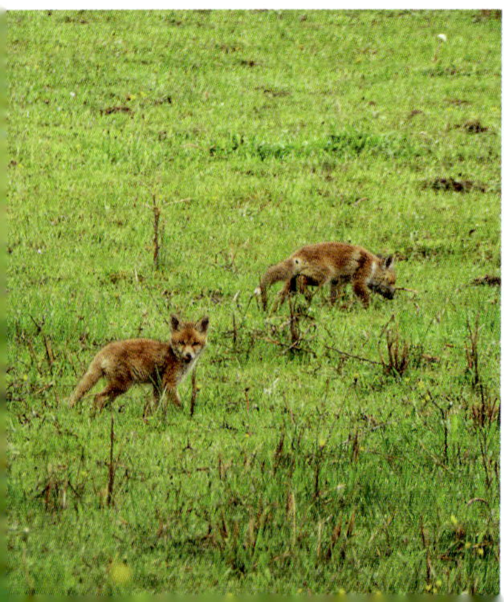

Mitte Mai machen die jungen Füchse einen Ausflug.

schaftspflegemaßnahmen durchgeführt und Tiere aus Schweden und Österreich ausgewildert. Neben Eichhörnchen, Dachsen, Wildschweinen und Rehen können wir am Rennsteig dem sogenannten König der Wälder, dem Rothirsch, begegnen. Eigentlich bewohnt er lieber halboffene Landschaften als dunklen Forst, aber durch Zersiedelung und Jagd zieht er sich immer tiefer in den Wald zurück. Selbst wenn wir ihn nicht sehen, können wir oft seine großen Hufabdrücke auf dem Weg entdecken. Im September ist er in den Abendstunden nicht zu überhören, denn in der Brunftzeit, die zwei bis drei Wochen dauert, hallt sein Röhren kilometerweit. Noch mehr Glück braucht man, um einem der wenigen Luchse über den Weg zu laufen, die in den letzten Jahren in den Thüringer Wald eingewandert sind. Mindestens ein Wolfsrudel gibt es seit 2020 in der Region. Aber da die Wölfe sehr scheu und vorsichtig sind, kommt es nur selten zu einer Sichtung.

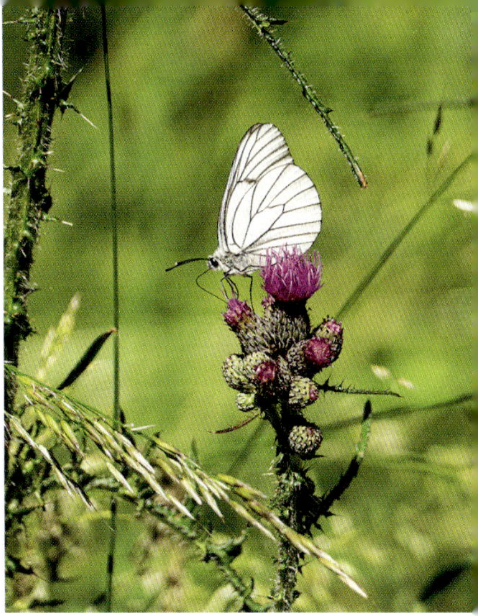

Der Baumweißling bevorzugt den Nektar von Disteln.

Auch an viel kleineren Tieren können wir uns am Rennsteig erfreuen. Vor allem auf den Bergwiesen sowie an sonnigen Wegrändern finden Insekten reichlich Nahrung. Leicht übersieht man dabei Raritäten wie die Bergwaldhummel, während andere, zum Beispiel die Prachtlibellen, in bunten Farben auf sich aufmerksam machen. Mehrere Bläulingsarten ziehen mit schillernd blauen Flügeln die Blicke auf sich und stehlen den unscheinbareren Ochsenaugen, Mohrenfaltern und Kleinen Wiesenvögelchen die Schau. Im Frühling eröffnen die Zitronenfalter den Reigen, Aurorafalter und der vielerorts selten gewordene Trauermantel folgen. Ab dem Frühsommer zeigt die Schmetterlingswelt dann ihre ganze Pracht: Am Wegrand im Wald finden wir Admiral und Waldbrettspiel, den orangefarbenen Kaisermantel, Tagpfauenauge, Baumweißling und das kleine Landkärtchen, das im Frühjahr anders aussieht als die Sommergeneration. Auf den unterschiedlichen Wiesentypen gesellen sich C-Falter, Kleiner Fuchs und das schwarz-weiße Schachbrett hinzu, ebenso wie Mauerfuchs und mehrere Perlmutt- und Zipfelfalterarten. Auch der beeindruckend große Schwalbenschwanz ist hier noch erfreulich oft vertreten. Die schwarzen Widderchen mit den roten Flecken ziehen dagegen felsigere Hänge vor.

RENNSTEIG-LEITERN

Die Rennsteig-Leitern sind die offiziellen Zuwege zum Rennsteig, weshalb sie auch mit dem Mareile, dem Rennsteig-R markiert werden, allerdings in Gelb, um Verwechslungen zu vermeiden.
Meistens stellen sie die kürzeste, bequem zu begehende Verbindung zwischen dem Fernwanderweg und den umliegenden Ortschaften dar. Das ist vor allem dann praktisch, wenn man keine Unterkunft direkt am Weg mehr bekommen hat oder abseits des Rennsteigs etwas besichtigen möchte. Auch beim Erwandern einzelner Etappen anstelle des gesamten Fernwanderwegs können sie nützlich sein. In den Karten sind sie orange gestrichelt eingezeichnet und lassen sich anhand der entsprechenden Abkürzung zuordnen. Zusätzlich haben wir angegeben, an welchem Wegpunkt die Rennsteig-Leiter RL zur jeweiligen Etappe stößt.
Die Infrastruktur besteht aus Einstiegsportalen und Picknickbänken, manchmal kommen auch Info-Tafeln und einfachere Bänke hinzu. Ausgeschildert sind sie nach dem Schema »zum Rennsteig xx km«, sodass man vor allem bei längeren Zuwegen weiß, wie gut man vorankommt.
Wir bieten hier einen Überblick über alle Rennsteig-Leitern und geben einige Tipps, was die jeweilige Strecke attraktiv macht. Außerdem weisen wir darauf hin, falls es beim Anschluss an den Rennsteig etwas zu beachten gibt. Da sich Routen und Telefonnummern ändern können, empfehlen wir jedoch, auf den Webseiten des Regionalverbunds Thüringer Wald e. V. eventuelle aktuelle Informationen nachzulesen, bevor es mit der Wanderung losgeht.
Auch die GPS-Daten zu den Rennsteig-Leitern werden von uns zum Download angeboten (→ S. 8).

Etappe 1:

RL01 Rennsteig-Leiter Bad Lobenstein (5,9 km)
Bad Lobenstein – Rennsteig (**Am Kulmberg 6**)
In Bad Lobenstein führt der Weg von der Ardesia-Therme am Kurpark mit dem Barockschloss und am Marktplatz vorbei, bevor es überwiegend durch Wald zum Rennsteig geht. Tourist-Info Bad Lobenstein: Tel. +49 36651 2543.

Etappe 2:

RL02 Rennsteig-Leiter Wurzbach (6,8 km)
Wurzbach – Rennsteig (**Grumbach 1**)
Von Wurzbach geht es u. a. auf dem Humboldt Erlebnispfad zum Einstiegspunkt unserer 2. Etappe auf dem Rennsteig. Für eine Rast mit schöner Aussicht können wir dabei die überdachte Picknickbank am Vogelsberg empfehlen. Stadtverwaltung Wurzbach: Tel. +49 36652 3040.

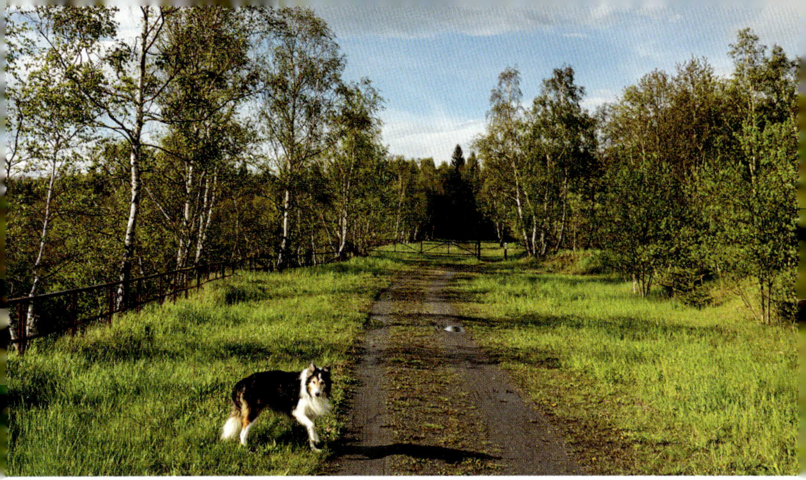

Die Rennsteig-Leiter Lehesten führt durch den Schieferpark (RL03).

RL03 Rennsteig-Leiter Lehesten (5,2 km)
Lehesten – Technisches Denkmal Historischer Schieferbergbau – Grünes Band – Rennsteig (Schönwappenweg)
Lehesten ist vom jahrhundertelangen Schieferabbau geprägt und so führt dieser Weg durch das landschaftlich reizvolle Gelände des einstigen Schiefersteinbruchs, das wir auch auf unserer Schleife 2S Altvaterturm und Schieferpark Lehesten erkunden. Dann geht es über das Grüne Band an der einstigen deutsch-deutschen Grenze und auf dem Schönwappenweg zum Rennsteig. Stadt Lehesten, Bürgerbüro: Tel. +49 36735 461211.

RL04 Rennsteig-Leiter Gräfenthal (5,4 km)
Gräfenthal – Buchbach – Rennsteig (Naturpark-Informationszentrum / Imbiss **Kalte Küche** ⑩)
Vom historischen Marktplatz der Stadt Gräfenthal führt der Weg auf der Alten Heeres- und Handelstraße, die Leipzig mit Nürnberg verband, durch abwechslungsreiche Landschaft in das Dorf Buchbach und weiter zum Naturpark-Infozentrum Frankenwald am Rennsteig. Stadtverwaltung Gräfenthal: Tel. +49 36703 8890.

Etappe 3:

RL05 Rennsteig-Leiter Schmiedefeld/Lichte (8,5 km)
Schmiedefeld – Piesau – Kulmbach – Rennsteig (**Triniuskreuzung** ❷)
Von Schmiedefeld geht es im Lichtetal mal über die offene Flur, mal durch Wald zum Kulmbach und ins Glasmacherdorf Piesau. Schöne Wiesenwege

wechseln sich mit längeren Passagen entlang von Straßen ab, bis wir nach ca. der Hälfte der Strecke in den Wald eintauchen und schließlich den Rennsteig an der Triniuskreuzung erreichen, wo sich der kurze Abstecher zur Picknickbank am Aussichtspunkt Triniusblick anbietet. Tourismusbüro Lichtetal am Rennsteig: Tel. +49 36701 20690.

RL06 Rennsteig-Leiter Lauscha (2,5 km)

Lauscha – Rennsteig (Bahnübergang in Ernstthal)

Dieser Zuweg erschließt vor allem die Glasmacherstadt Lauscha mit ihrem sehenswerten Museum für Glaskunst. Auch die teils liebevoll renovierten Häuser, die traditionell mit Schiefer gedeckt und verkleidet sind, lohnen einen genaueren Blick. Der Weg stößt am Bahnübergang in Ernstthal auf den Rennsteig und verläuft offiziell noch ein Stück weiter Richtung Blankenstein, weshalb wir ihn bereits am Bahnübergang nach links (über die Gleise) verlassen, wenn wir den Rennsteig Richtung Hörschel gehen wollen. Tourist-Information Lauscha: Tel. +49 36702 22944.

RL07 Rennsteig-Leiter Oberweißbach (11,6 km)

Oberweißbach – Fröbelturm – Drei Lärchen – Neuhaus – Rennsteig (Bahnhof **Neuhaus am Rennweg 4**)

Von Oberweißbach, dem Geburtsort Friedrich Fröbels (Erfinder des Kindergartens), steigen wir auf dem Panoramaweg mit schöner Aussicht zum Fröbelturm hinauf. Auch der Weg abwärts bietet weiten Blick und führt zunächst über blütenreiche Bergwiesen, denn von Oberweißbach aus zogen einst die Kräuterfrauen und Buckelapotheker mit ihren Kräuterölen bis nach Italien. Dann geht es durch den Wald nach Neuhaus am Rennweg, wo wir am Bahnhof auf den Rennsteig stoßen. Tourist-Information Neuhaus am Rennweg: Tel. +49 3679 7890438.

RL08 Rennsteig-Leiter Katzhütte (16,9 km)

Katzhütte – Oerze – Goldisthal – Scheibe-Alsbach – Talsperre – Rennsteig (**Limbach 7**)

Vom Herrenhaus in Katzhütte führt dieser Weg im Schwarzatal zunächst via Oerze nach Goldisthal, wo sich das sehenswerte Haus der Natur befindet. Das moderne Museum ist der Fauna, Flora und Geologie der Region gewidmet. Auf dem Weg zur Talsperre wird der 870 m hoch gelegene Damm um das Farmdenkopfbecken passiert, der herrliche Fernsicht über das Thüringer Schiefergebirge bietet. Am tiefblauen Wasser der Talsperre Scheibe-Alsbach vorbei gelangen wir schließlich am Ortsrand von Limbach auf den Rennsteig. Fremdenverkehrsverein Katzhütte: Tel. +49 36781 37388.

RL09 Rennsteig-Leiter Mengersgereuth-Hämmern (15 km)

Augustenthal – Geopark Schieferland – Steinheid – Rennsteig (**Limbach 7**)

Das Forsthaus Augustenthal liegt in Mengersgereuth-Hämmern, wo wir

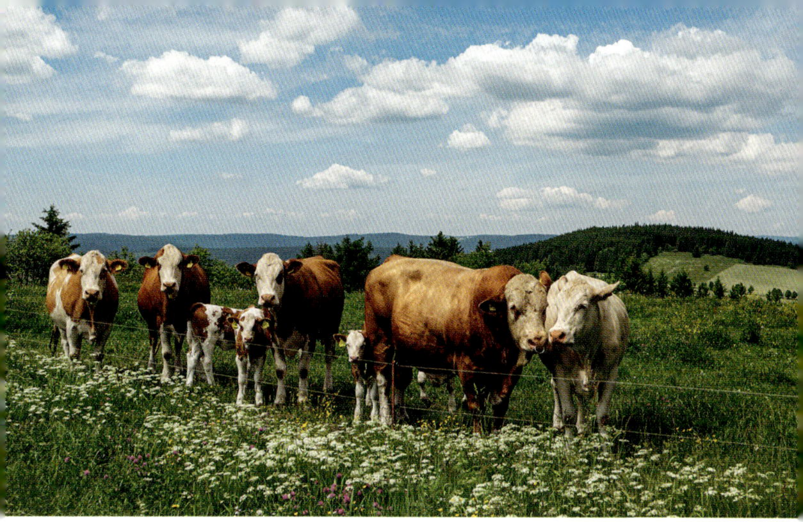

Die herrlichen Weiden von Oberweißbach (RL07).

in der frei zugänglichen Schauköhlerei Einblick in die einstige Arbeit der Köhler erhalten. Die schöne Landschaft ist zunächst durch Wald geprägt, später nähern wir uns über Wiesen dem Ort Steinheid und stoßen am Ortsrand von Limbach auf den Rennsteig. Mengersgereuth-Hämmern gehört zur Gemeinde Frankenblick: Tel. +49 36766 2930.

RL10 Rennsteig-Leiter Rauenstein (11,6 km)
Rauenstein – Museumsmühle Steinersmühle – Goldwaschplatz – Rennsteig (**Limbach 7**)
Unterhalb der Burgruine Rauenstein führt uns dieser Zuweg durch schönen Wald am Deutschen Goldmuseum vorüber, wo wir uns über die Goldwäsche informieren können, bevor wir dem Flüsschen Grümpen an der Steinersmühle vorbei zum Waschplatz folgen und selbst unser Glück versuchen. Den Rennsteig erreichen wir am Ortsrand von Limbach.
Rauenstein gehört zur Gemeinde Frankenblick: Tel. +49 36766 2930.

RL11 Rennsteig-Leiter Steinach (14,1 km)
Steinach – Fellbergstein – Steinheid – Rennsteig (**Limbach 7**)
Dieser Zuweg startet in Steinach, wo das Deutsche Schiefermuseum die interessante Geschichte der Griffelproduktion zeigt. Von hier wurden Griffel für ABC-Schützen in die ganze Welt verkauft. Am Fellberg stößt der Weg auf die Rennsteig-Leiter Mengersgereuth-Hämmern RL09 und verläuft auf gleicher Route zum Rennsteig. Tourist-Information Steinach: Tel. +49 36762 34813.

Etappe 4:

RL12 Rennsteig-Leiter Sachsenbrunn (6,4 km)

Sachsenbrunn – Sophienau – Werrateich – Rennsteig (**Eisfelder Ausspanne 2**)

Dieser Weg folgt der Werra flussaufwärts durch Sophienau und die weitläufigen Wälder des Thüringer Schiefergebirges zum idyllischen Werrateich hinauf. Hier sollte man auf jeden Fall eine Rast einplanen, bevor es zum Rennsteig weitergeht, den wir an der Kreuzung Eisfelder Ausspanne mitten im Wald erreichen. Gemeindeverwaltung Sachsenbrunn: Tel. +49 3686 61360.

RL13 Rennsteig-Leiter Waffenrod (10,1 km)

Waffenrod – Werraquelle – Rennsteig (**Eisfelder Ausspanne 2**)

Vom Freizeitpark Waffenrod (mit Sommerrodelbahn und Abenteuerspielplatz) geht es durch den Wald zum Masserberger Höhenweg hinauf und zur Werraquelle, wo uns die schöne Werraquell-Hütte zur Einkehr einlädt. Offiziell führt der Weg zur Eisfelder Ausspanne weiter, was sich jedoch nur empfiehlt, wenn man den Rennsteig von West nach Ost erwandert. Wer Richtung Masserberg will – oder ein schönes Stück Rennsteig nicht verpassen möchte –, nimmt lieber den Pfad, der nach der Hütte am Ende des Asphalts nach links abzweigt (Schild: Rennsteig 1 km). Er kreuzt nach einer Weile einen breiten Querweg und führt leicht nach rechts versetzt geradeaus weiter (Schild: Heidehütte 0,5 km) zum Rennsteig, den wir bei der Heidehütte erreichen. Waffenrod gehört zur Stadt Eisfeld. Tourist-Information: Tel. +49 3686 300308.

RL14 Rennsteig-Leiter Fehrenbach (4,4 km)

Fehrenbach – Meisenanger – Werraquelle – Rennsteig (**Heidehütte 3**)

Aus Fehrenbach, das für das malerische Wandergebiet Fehrenbacher Schweiz bekannt ist, steigt dieser Zuweg stramm bergan, weshalb der Rastplatz Meisenanger mit seiner schönen Aussicht gelegen kommt. Von hier geht es zur Werraquelle und auf dem bei der Rennsteig-Leiter Waffenrod RL13 beschriebenen Pfad weiter zur Heidehütte am Rennsteig. Fehrenbach gehört zur Gemeinde Masserberg. Tourist-Information: Tel. +49 36870 57015.

RL15 Rennsteig-Leiter Schnett (5,4 km)

Schnett – Heubach – Rennsteig (Nähe Skilift Masserberg)

Dieser Weg führt aus Schnett hinauf zum Sportplatz, an dem wir unbedingt einen ca. 500 m langen Abstecher nach links zur herrlichen Aussicht vom Gipfel des Simmersbergs unternehmen sollten. Hier bietet sich ein Panoramablick zum Großen und Kleinen Gleichberg, auf die fernen Haßberge und bis weit nach Franken hinein, bevor wir über die Bergwiesen und durch Wald an Heubach vorbei zum Rennsteig wandern, den wir bei einer Pick-

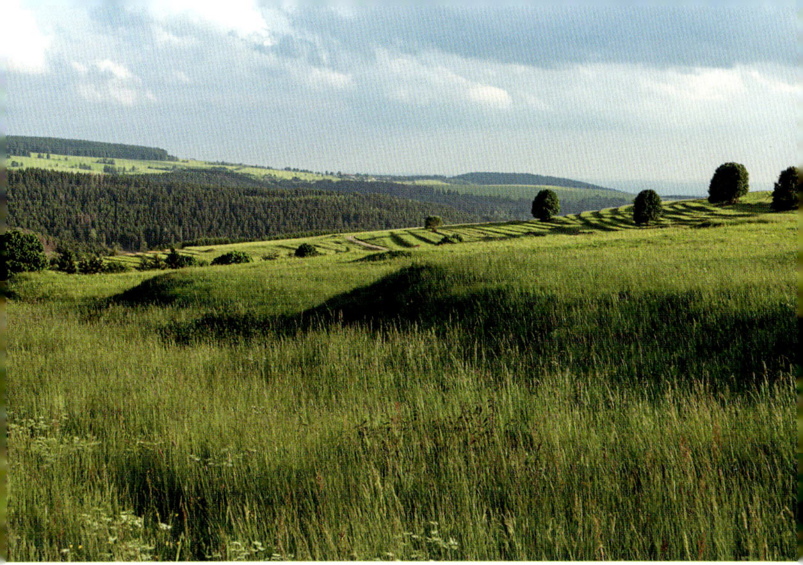

Wiesen oberhalb von Heubach (RL15 und RL16).

nickbank mit Blick auf den Skilift von Masserberg erreichen. Schnett gehört zur Gemeinde Masserberg. Tourist-Information: Tel. +49 36870 57015.

RL16 Rennsteig-Leiter Heubach (2,7 km)
Heubach – RL15 – Rennsteig (Nähe Skilift Masserberg)
Über die blütenreichen Bergwiesen rund um Heubach geht es zur Rennsteig-Leiter Schnett RL15, der wir weiter zum Rennsteig folgen. Heubach gehört zur Gemeinde Masserberg. Tourist-Information: Tel. +49 36870 57015.

RL17 Rennsteig-Leiter Altenfeld (2,6 km)
Altenfeld – Panoramaweg – Rennsteig (**Hoher Stock 7**)
Von Altenfeld, wo das originelle Musikautomatenmuseum bis in die Zeit der Leierkästen zurückgreift, führt diese Route zum Rastplatz am Panoramaweg, wo uns ein schöner Blick über die Umgebung erwartet. Dann verläuft sie durch Fichtenwald zum Wegweiser Hoher Stock am Rennsteig. Tourist-Information Altenfeld: Tel. +49 36781 42318.

RL18 Rennsteig-Leiter Gießübel (3,3 km)
Gießübel – Neubrunnquelle – Rennsteig (**Hoher Stock 7**)
Auf dem Weg von Gießübel aus, das vor allem für die schöne Gießübler Schwelz bekannt ist, geht es recht steil zum Rennsteig hinauf. Obwohl er überwiegend durch Wald führt, kommen wir an zwei Aussichtspunkten

vorbei, bevor wir den Rennsteig erreichen. Offizieller Endpunkt ist der Wegweiser Hoher Stock, wofür man jedoch, am Rennsteig angekommen, nach rechts gehen muss. Dies ist nur sinnvoll, wenn man Richtung Blankenstein unterwegs ist. Wer mit uns Richtung Hörschel will, folgt dem Rennsteig nach links. Gießübel gehört zur Gemeinde Schleusegrund. Tourist-Information: Tel. +49 36874 38255.

RL19 Rennsteig-Leiter Großbreitenbach (5,5 km)
Großbreitenbach – Hößrichwiese – Zigeunerquelle – Rennsteig (Neustadt am Rennsteig)
Vorbei am Waldschwimmbad führt der Weg von Großbreitenbach in den Wald und passiert den Aussichtspunkt Hohe Tanne sowie die Zigeunerquelle, aus der wir unsere Flaschen auffüllen können. Er endet in Neustadt a. R. am Kreisel direkt beim Rennsteigmuseum. Tourist-Information Großbreitenbach: Tel. +49 36781 41750.

Etappe 5:

RL20 Rennsteig-Leiter Langewiesen (11 km)
Langewiesen – Sachsenpfütze – Erhardtstanne – Rennsteig (**Großer Dreiherrenstein ❶**)
Aus dem von Wiesen umgebenen Ort verläuft der Weg in die ausgedehnten Wälder des Gebirgskamms hinauf. Es geht an der Wüstung Sachsenpfütze und der Schutzhütte Erhardtstanne vorbei, dann führt uns die Alte Langewieser Straße zum Großen Dreiherrenstein am Rennsteig. Tourist-Information Langewiesen: Tel. +49 3677 600813.

RL21 Rennsteig-Leiter Oehrenstock (8 km)
Oehrenstock – Erhardtstanne – Rennsteig (**Großer Dreiherrenstein ❶**)
Bei Oehrenstock lädt das Schaubergwerk Volle Rose, in dem einst Flussspat abgebaut wurde, dazu ein, mit der Grubenbahn in den Stollen zu fahren. Die Rennsteig-Leiter führt über Wiesen zum Wald, wo sie in die Rennsteig-Leiter Langewiesen RL20 mündet. Oehrenstock gehört zu Langewiesen. Tourist-Information: Tel. +49 3677 807720.

RL22 Rennsteig-Leiter Schönbrunn (13,5 km)
Schönbrunn – Gewürzmuseum – Talsperre – Rennsteig (**Großer Dreiherrenstein ❶**)
In Schönbrunn kommen wir nah am Gewürzmuseum vorbei, das von der Gewürzherstellung hier im Ort erzählt. Der Weg zum Rennsteig passiert auch die Talsperre Schönbrunn, an der wir mehrmals eine sehr schöne Aussicht haben, bevor wir dem Schleusetal zum Großen Dreiherrenstein hinauf folgen. Schönbrunn gehört zur Gemeinde Schleusegrund. Tourist-Information: Tel. +49 36874 38255.

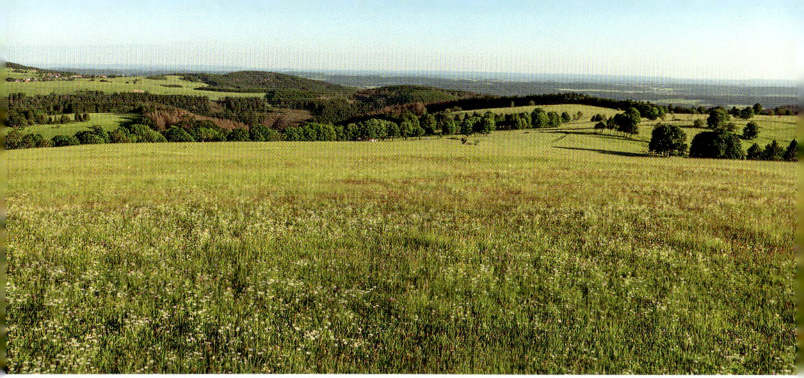

Ausblick vom Simmersberg (RL15).

RL23 Rennsteig-Leiter Frauenwald (1,4 km)

Frauenwald – Rennsteig (Miniaturbahnhof Allzunah)
Vom in malerischer Landschaft gelegenen Ort Frauenwald geht es auf dem Erlebnisweg Laurabahn an der früheren Strecke der Kleinbahn Laura entlang nach Allzunah, wo wir beim Miniaturbahnhof am Rastplatz auf den Rennsteig stoßen. Tourist-Information Frauenwald: Tel. +49 36782 61925.

RL24 Rennsteig-Leiter Schmiedefeld am Rennsteig (2,4 km)

Schmiedefeld a. R. – Rennsteig (Nähe **Bahnhof Rennsteig 3**)
Als Zielort des alljährlichen GutsMuths-Rennsteiglaufs mit Tausenden Teilnehmern ist Schmiedefeld dem Rennsteig besonders sportlich verbunden. Von hier führt uns der Weg ganz überwiegend durch Wald und endet kurz vor einer Landstraße an der Wegkreuzung mit der Laurabahn-Schaffner-Figur. Hier folgen wir dem Rennsteig nach links zum Bahnhof Rennsteig. Tourist-Information Schmiedefeld a. R.: Tel. +49 36782 61324.

RL25 Rennsteig-Leiter Stützerbach (3,6 km)

Stützerbach – Massenmühle – Göpfersbach – Rennsteig (Nähe **Bahnhof Rennsteig 3**)
In Stützerbach können wir Goethes Arbeitszimmer besichtigen, bevor wir der Lengwitz und dem Göpfersbach zum Rennsteig folgen. Dabei kommen wir am Abstecher zur Glasbläserei in der Massenmühle vorüber, in der die reiche Glasmachertradition Stützerbachs hochgehalten wird. Haus des Gastes Stützerbach: Tel. +49 36784 50211.

RL26 Rennsteig-Leiter Gehlberg (3,5 km)

Gehlberg – Güldene Brücke – Rennsteig (**Schmücke 6**)
Der Weg führt in Gehlberg an der Bergkirche vorbei und über blühende Wiesen hinauf in den Wald. Wir passieren den Rastplatz und die Schutz-

hütte Güldene Brücke, an der auch unsere Schleife 7S Schneekopf vorbeikommt, und erreichen den Rennsteig beim Waldhotel in Schmücke. Gehlberg gehört zur Stadt Suhl. Tourist-Information: Tel. +49 36845 50500.

RL27 Rennsteig-Leiter Ilmenau (13,8 km)
Ilmenau – Schöffenhaus – Marienquelle – Mönchhof – Rennsteig (**Schmücke 6**)
Die enge Verbundenheit der Universitätsstadt Ilmenau mit Goethe wird nicht nur im GoetheStadtMuseum deutlich. Auch die Rennsteig-Leiter folgt eine Weile dem Goethewanderweg, an der Einkehr Schöffenhaus und der Marienquelle vorbei, an der wir einen fantastischen Blick auf den Berg Kickelhahn haben. Durch ausgedehnte Wälder geht es nach Schmücke hinauf, wo wir den Rennsteig erreichen. Tourist-Information Ilmenau: Tel. +49 3677 600300.

RL28 Rennsteig-Leiter Manebach (10 km)
Manebach – Baders Blick – Mönchhof – Rennsteig (**Schmücke 6**)
In Manebach folgt die Leiter zunächst dem Goethewanderweg, an der Kirche vorbei, auf die Bergwiesen hinauf, die einen schönen Blick über den Ort und zum Kickelhahn hinüber bieten. Anschließend geht es durch Wald zum Mönchhof, wo der Weg in die Rennsteig-Leiter Ilmenau RL27 mündet. Haus des Gastes Manebach: Tel. +49 3677 842768.

RL29 Rennsteig-Leiter Suhl – Goldlauter/Heidersbach (3,7 km)
Heidersbach – Sandwurf – Großer Brunnen – Rennsteig (**Suhler Ausspanne 8**)
In Suhl sollte man das Waffenmuseum nicht verpassen, denn die Suhler Waffenmachertradition reicht bis ins Mittelalter zurück. Die Rennsteig-Leiter startet im Ortsteil Heidersbach und führt uns an mehreren Aussichtspunkten wie dem Rastplatz Sandwurf vorbei zur Suhler Ausspanne hinauf, wo der Rennsteig gleich mehrere Wege kreuzt. Tourist-Information Goldlauter-Heidersbach: Tel. +49 3681 461522.

Etappe 6:

RL30 Rennsteig-Leiter Zella-Mehlis (6,8 km)
Zella-Mehlis – Technisches Museum Gesenkschmiede – Bärenstein – Rennsteig (**Rondell 1**)
Gleich zu Beginn verläuft der Weg an der historischen Gesenkschmiede mit riesigen, tonnenschweren Hämmern vorbei und das Lubenbachtal hinauf. Ein Höhepunkt ist der mit Geländer gesicherte Aussichtsfelsen Bärenstein, bevor wir den Rennsteig am Rondell in Oberhof erreichen, gleich neben dem Rennsteiggarten mit seinen Gebirgspflanzen aus aller Welt. Tourist-Information Zella-Mehlis: Tel. +49 3682 482840.

RL31 Rennsteig-Leiter Luisenthal (9,5 km)

Luisenthal – Ohratalsperre – Oberhof
In Luisenthal beginnt der Weg zu Füßen des Bergfrieds der Käfernburg und führt zur Ohratalsperre, an der wir immer wieder schöne Aussichtspunkte passieren. Entlang von Silbergraben und Eimersbach geht es durch Fichtenwald nach Oberhof, wo der Weg leider im Ort endet. Um zum Rennsteig zu gelangen, müssen wir den Bus zum **Rondell** ❶ nehmen oder ca. 1,5 km weiter wandern, zum Stein 16, auch Dietzel-Geba-Stein genannt. Luisenthal gehört zur Gemeinde Ohrdruf. Tourist-Information: Tel. +49 3624 317949.

RL32 Rennsteig-Leiter Steinbach–Hallenberg (13,6 km)

Steinbach-Hallenberg – Knüllfeld – Rupprasen – Jungfernborn – Rennsteig (**Grenzadler Oberhof** ❷)
Dieser Zuweg startet unterhalb der Burgruine Hallenburg und führt durch abwechslungsreiche Landschaft zum Knüllfeld hinauf, wo wir einen Abstecher zum schönen Aussichtspunkt auf dem Dicken Berg machen können. Danach geht es am Ruppberg und am Gebrannten Stein vorüber, wobei ein Abstecher auf den Aussichtsfelsen Gebrannter Stein mit einem fantastischen Panoramablick belohnt wird. Den Rennsteig erreichen wir in Oberhof am Grenzadler bei der Thüringer Hütte. Tourist-Information Steinbach-Hallenberg: Tel. +49 36847 41065.

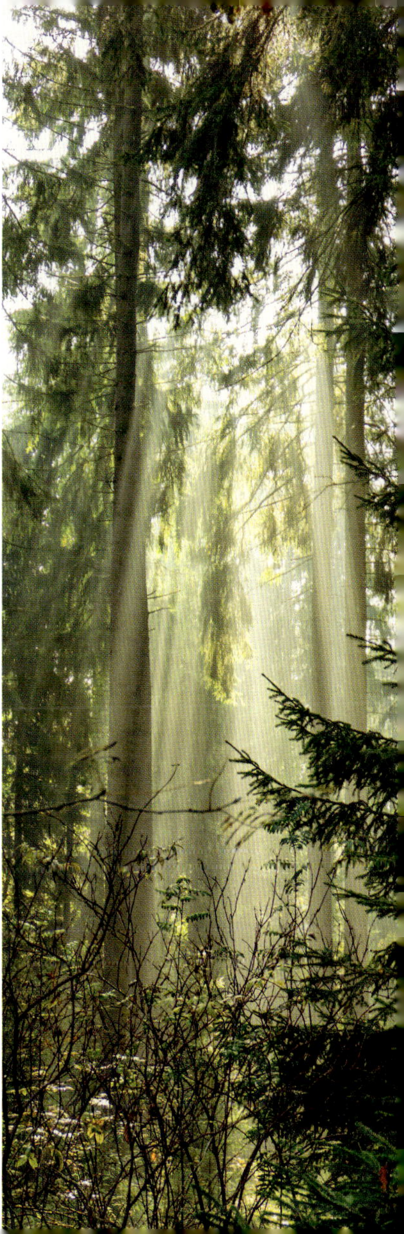

Morgenlicht am Goethewanderweg (RL27).

RL33 Rennsteig-Leiter Oberschönau (6 km)
Oberschönau – Kachelofen – Rennsteig (**Gustav-Freytag-Stein 3**)
Von Oberschönau führt der Weg überwiegend durch Fichtenwald zum Aussichtspunkt beim Felsen namens Kachelofen hinauf und oben am Rennsteig haben wir noch einmal Blick über eines der schönsten Wandergebiete im Thüringer Wald. Tourist-Information: Tel. +49 36847 30425.

RL34 Rennsteig-Leiter Rotterode (5,2 km)
Rotteroder Höhe – Silberwiese – Neuhöfer Wiese – Rennsteig (**Ausspanne an der Neuhöfer Wiese 5**)
Mit herrlicher Aussicht beginnt der Weg auf der Rotteroder Höhe und verläuft überwiegend durch Fichtenwald, aber auch an schönen Bergwiesen vorüber. An der Neuhöfer Wiese können wir einen sehr lohnenden kleinen Abstecher nach links zur Hütte der Bergwacht machen, wo wir ebenfalls Fernsicht haben, bevor wir kurz darauf den Rennsteig erreichen. Rotterode gehört zu Steinbach-Hallenberg. Tourist-Information: Tel. +49 36847 41065.

RL35 Rennsteig-Leiter Georgenthal (11,2 km)
Georgenthal – Saurier-Erlebnispfad – Tambach-Dietharz – Rennsteig (**Alte Ausspanne 8**)
Vom Schlossplatz führt der Weg an den sehenswerten Ruinen des Klosters Georgenthal vorbei und durch den Kurpark zum Saurier-Erlebnispfad, auf dem es an lebensgroßen Saurierfiguren vorüber zum Wildgehege in Tambach-Dietharz geht. Hinter Tambach-Dietharz folgen wir dem schönen Tal des Rechten Tambachs und wandern durch Fichtenwald zum Rennsteig hinauf. Tourist-Information Georgenthal: Tel. +49 36253 469755.

Etappe 7:

RL36 Rennsteig-Leiter Floh-Seligenthal - Schmalkalden (11,2 km)
Schmalkalden – Seligenthal – Töpfenbankquelle – Falkenburgstein – Rennsteig (**Ebertswiese 1**)
Dieser abwechslungsreiche Zuweg beginnt am Technischen Museum Neue Hütte und verläuft durch Seligenthal in den Haderholzgrund, wo wir dem Lauf der Silge und später des Tambacher Wassers folgen. Zum Falkenburgstein ist es nur ein Abstecher von ca. 50 m. Bald darauf sollten wir den Abzweig zum malerischen Bergsee nicht verpassen, bevor wir die schöne Ebertswiese am Einstieg unserer Rennsteig-Etappe erreichen. Tourist-Information Floh-Seligenthal: Tel. +49 3683 408848.

RL37 Rennsteig-Leiter Friedrichroda (4,9 km)
Friedrichroda – Tanzbuche – Rennsteig (Prinz-Andreas-Eck)
Vom Kurpark in Friedrichroda, wo wir das Heilwasser der Ludowingerquelle probieren können, geht es die Straße Herzogweg hinauf in den Wald und

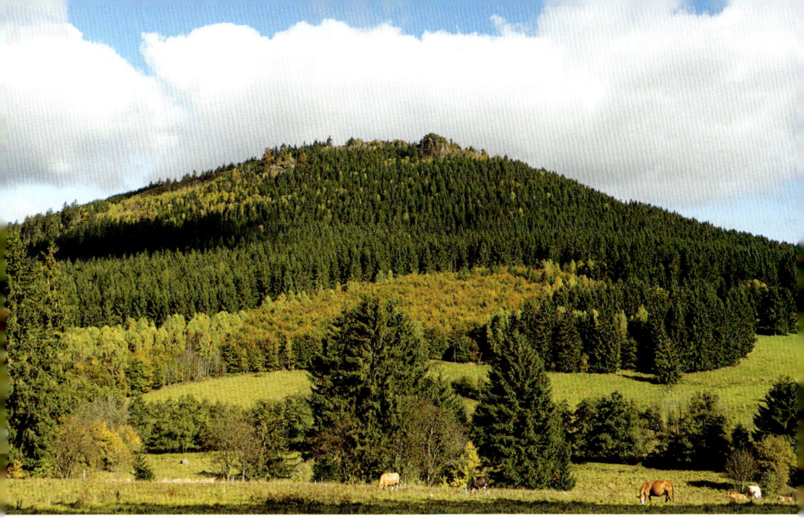

Blick auf den Hermannsberg (RL32).

auf dem Burgweg bald weiter bergan. Lohnend ist ein kurzer Abstecher zur Schutzhütte an der Mariaquelle. Danach führt uns der Weg am Berggasthof Tanzbuche vorbei zum Rennsteig. Kur- und Tourismusamt Friedrichroda: Tel. +49 3623 33200.

RL38 Rennsteig-Leiter Tabarz (5,2 km)

Bad Tabarz – Lauchagrund – Wilder Graben – Rennsteig (**Grenzwiese 7**)
In Bad Tabarz lohnt ein Abstecher zum Rhododendrongarten, bevor wir der Rennsteig-Leiter in den wildromantischen Lauchagrund und den Wilden Graben hinauf folgen. Hier können wir kurze Abstecher zur Höhle Backofenloch und zum Felsentor Torstein samt schönem Aussichtspunkt machen und erreichen schließlich den großen Parkplatz Kleiner Inselsberg, hinter dem wir auf den Rennsteig stoßen. Tourist-Information Bad Tabarz: Tel. +49 36259 5600.

Etappe 8:

RL39 Rennsteig-Leiter Brotterode (3,2 km)

Brotterode – Rastplatz Axdorf – Rennsteig (**Brotteroder Hütte 3**)
Brotterode ist vor allem für seine Skisprungschanze und seine Nähe zum beliebten Großen Inselsberg bekannt. Außerorts verläuft der Weg zunächst eine Weile parallel zur Landstraße, dann aussichtsreich über die schönen Bergwiesen zum Rennsteig im Wald auf dem Kamm hinauf. Gästeinformation Brotterode: Tel. +49 36840 3333.

RL40 Rennsteig-Leiter Trusetal (9,1 km)
Trusetaler Wasserfall – Laudenbach – Rennsteig (**Dreiherrenstein am Großen Weißenberg ❹**)
Dieser Zuweg führt uns vom herrlichen Wasserfall ein Stück durch Wald nach Laudenbach und über Wiesen mit schönem Fernblick am Berggasthof Hohe Klinge vorbei, bis wir in ausgedehnte Laub- und Fichtenwälder eintauchen. Über Judenkopf und Rennwegskopf erreichen wir den Rennsteig am Dreiherrenstein, wo uns mit der Waldschänke eine weitere Einkehrmöglichkeit erwartet. Tourist-Information Trusetal: Tel. +49 36840 81578.

RL41 Rennsteig-Leiter Bad Liebenstein (6,7 km)
Schweina – Schloss & Park Altenstein – Lutherdenkmal – Rennsteig (**Schillerbuche ❻**)
Von der Altensteiner Höhle verläuft der Weg zunächst durch den kunstvoll angelegten Landschaftspark am märchenhaften Schloss Altenstein vorbei. Anschließend geht es bald das Tal des Kailenbachs hinauf und zum Rastplatz am Lutherdenkmal, bevor wir mal durch Wald, mal über Lichtungen zum Rennsteig gelangen. Tourist-Information Bad Liebenstein: Tel. +49 36961 69320.

Etappe 9:

RL42 Rennsteig-Leiter Ruhla (2,3 km)
Ruhla – Hubertuswiese – Rennsteig (Am Jubelhain)
Beim Miniaturen- und Freizeitpark mini-a-thür beginnt diese Rennsteig-Leiter und führt im Lappengrund zur Hubertuswiese hinauf. Von dort können wir nach rechts einen längeren oder auf direktem Weg recht steilen Abstecher zum Carl-Alexander-Turm machen, der uns rundum einen weiten Panoramablick bietet. Zum Rennsteig führt der Weg jedoch nach links und endet am Rastplatz Am Jubelhain. Tourist-Information Ruhla: Tel. +49 36929 89013.

RL43 Rennsteig-Leiter Wilhelmsthal (1,6 km)
Wilhelmsthal – Prinzessinnensteig – Rennsteig (**Hoher Bruch ❸**)
Vom Wilhelmsthaler See, der zum sehr sehenswerten Barockschloss Wilhelmsthal gehört, führt uns der Weg am historischen Jägerhof vorbei auf den Prinzessinnensteig. Durch Buchenwald und an Felswänden entlang geht es malerisch zum Rennsteig hinauf, den wir in der Nähe des Wegweisers Hoher Bruch erreichen. Tourist-Information Eisenach: Tel. +49 3691 79230.

RL44 Rennsteig-Leiter Eisenach (3,6 km)
Eisenach – Drachenschlucht – Rennsteig (**Hohe Sonne ❹**)
Dieser Zuweg startet am Parkplatz Wartburg P3 in Mariental am Stadtrand

von Eisenach und verläuft durch die Drachenschlucht, eine absolut sehenswerte Klamm, zum einstigen Schlosshotel Hohe Sonne am Rennsteig hinauf. Hinweis: Um die Drachenschlucht zu erwandern, muss man nicht auf die finale Rennsteigstrecke nach Hörschel verzichten. Eine reizvolle Alternative ist unsere Schleife 9Sb Landgrafen- und Drachenschlucht. Tourist-Information Eisenach: Tel. +49 3691 79230.

Unten: Der Trusetaler Wasserfall führt nur im Sommerhalbjahr Wasser.
Nächste Doppelseite: Ab Kahlert verläuft der Rennsteig über weite Bergwiesen (Etappe 4).

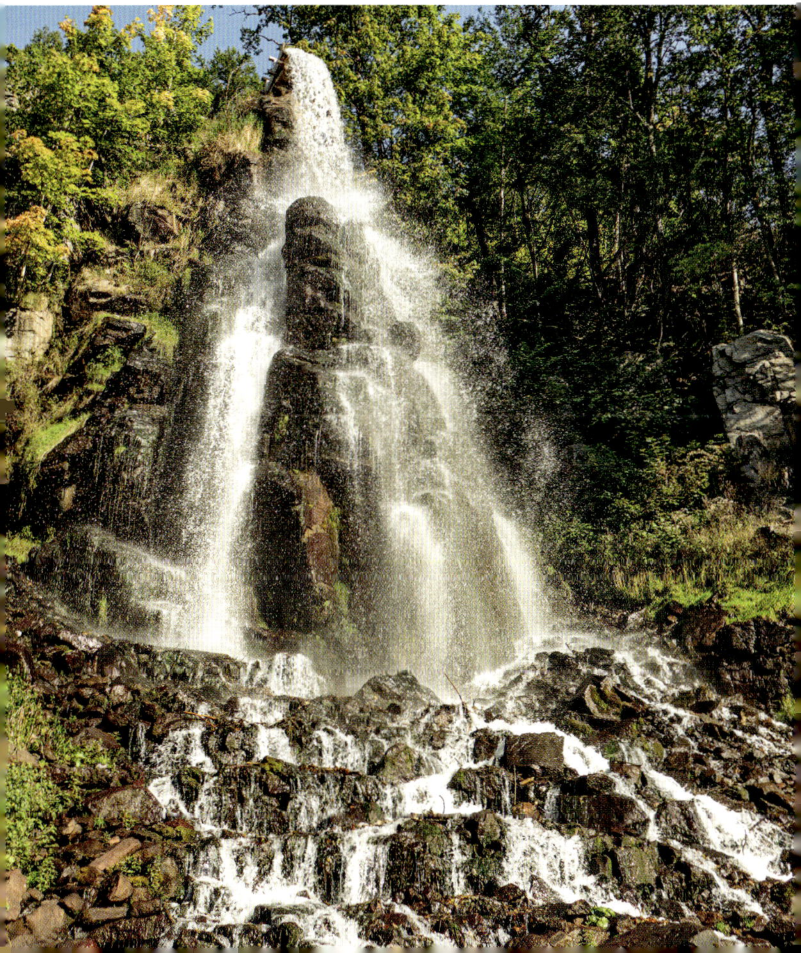

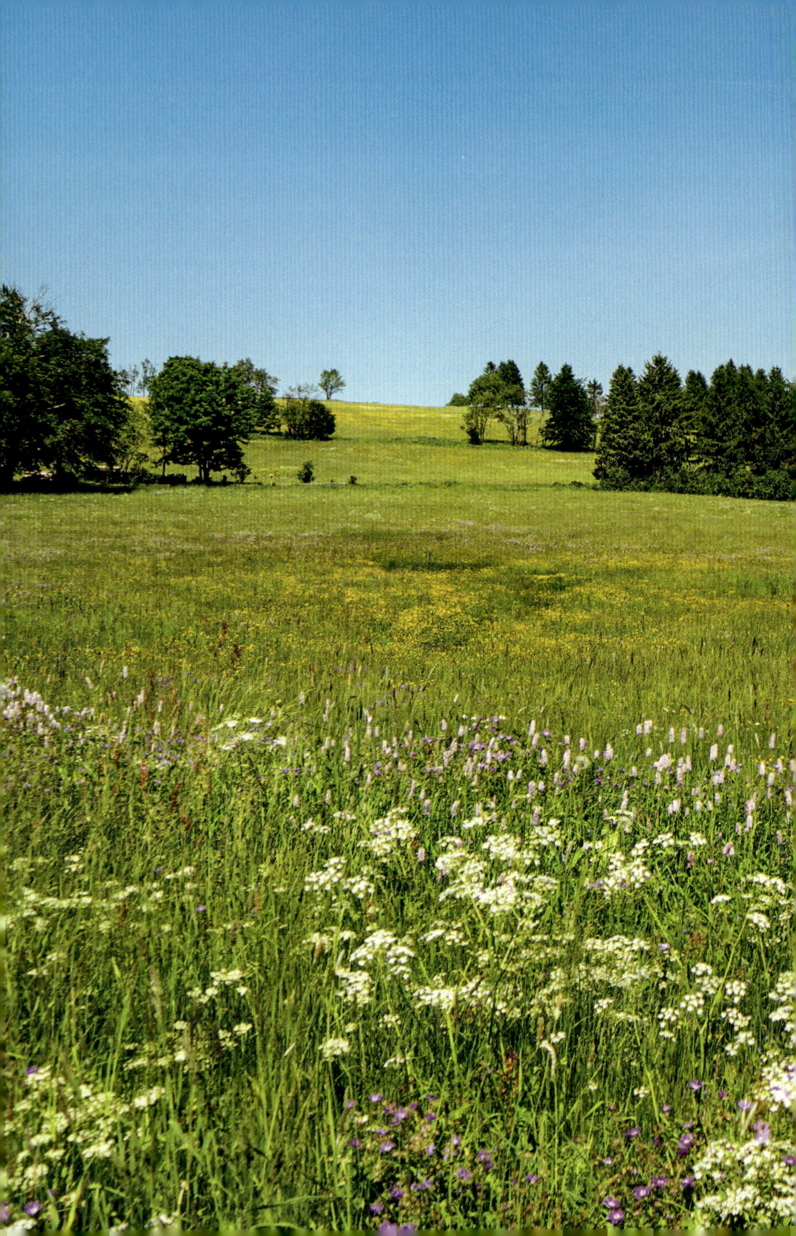

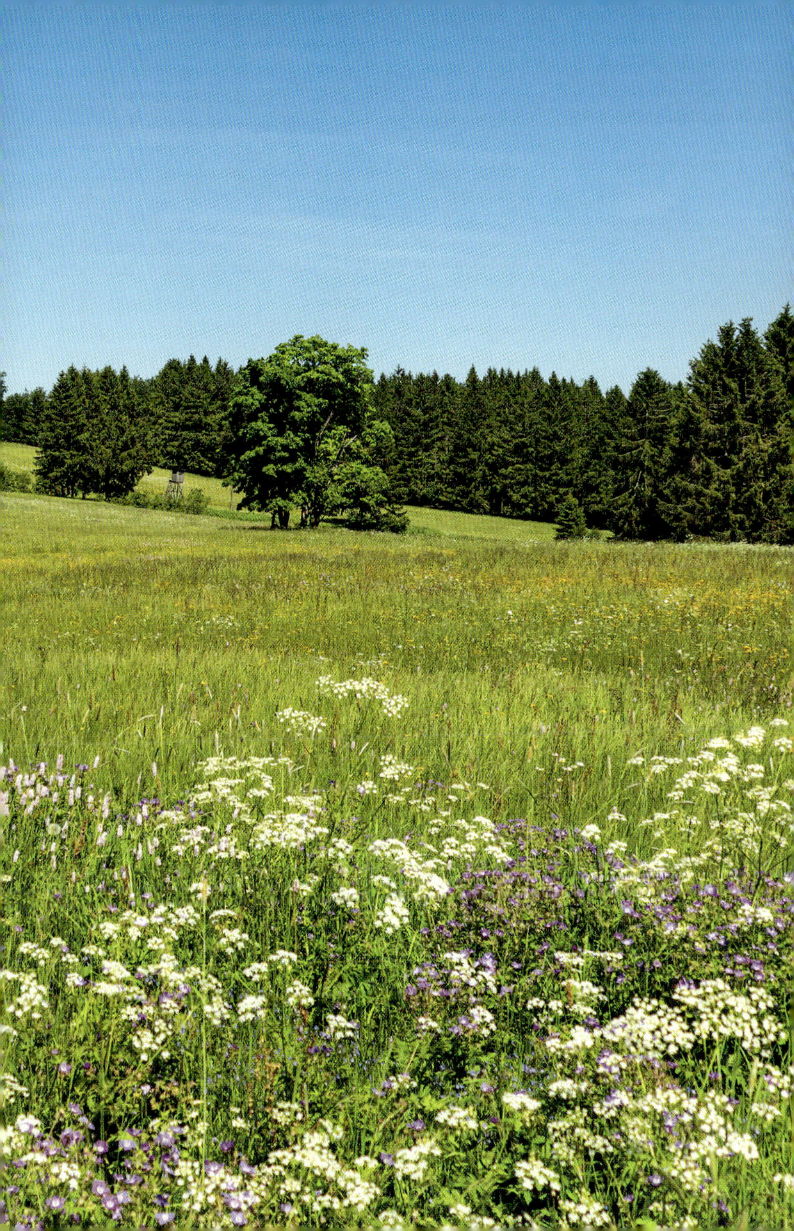

1 Von Blankenstein nach Grumbach

4.15 h | 17,2 km | ↗420 m | ↘120 m

Weite Blicke über den Krähenhügel in die Wälder des Schiefergebirges

Aus dem tief eingeschnittenen Tal der Selbitz geht es auf die ersten Anhöhen hinauf, wo wir in der offenen Feldflur freie Sicht auf den Frankenwald haben. In Schlegel können wir einen 400-jährigen Apfelbaum bestaunen, bevor wir in den naturbelassenen Wald am Kulmberg eintauchen. Mal auf breiten Waldwegen, mal auf Pfaden geht es allmählich ins Thüringer Schiefergebirge hinauf.

*i Mit etwa 700 Einwohnern ist **Blankenstein** zwar ein kleiner Ort, bietet dem Rennsteigwanderer aber alles, was er für den Start auf dem Rennsteig braucht: Bahnanschluss, Einkaufs- und Übernachtungsmöglichkeiten, eine auf Wanderer spezialisierte Tourist-Information und zur Einstimmung eine Menge Rennsteig-Flair am Wegesrand. Blankenstein liegt landschaftlich reizvoll am Zusammenfluss von Saale und Selbitz und man sollte sich von der großen Zellstofffabrik nicht abschrecken lassen, denn z. B. im Höllental kann man durch Wälder entlang der rauschenden Selbitz wandern und zu schönen Aussichtsfelsen hinaufsteigen.*

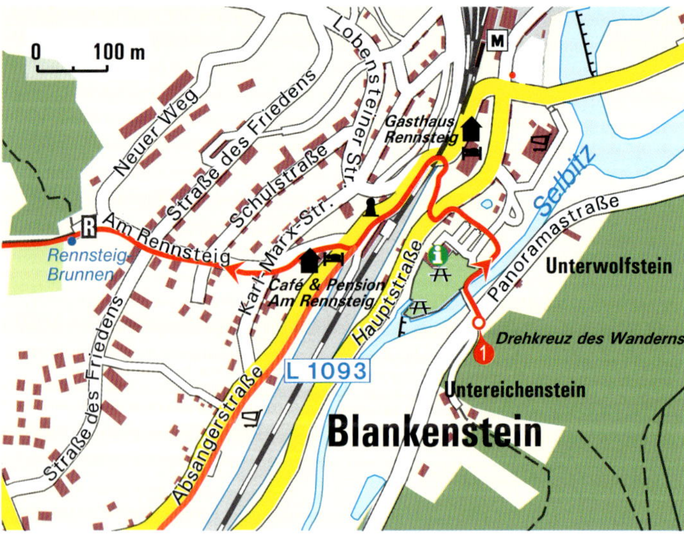

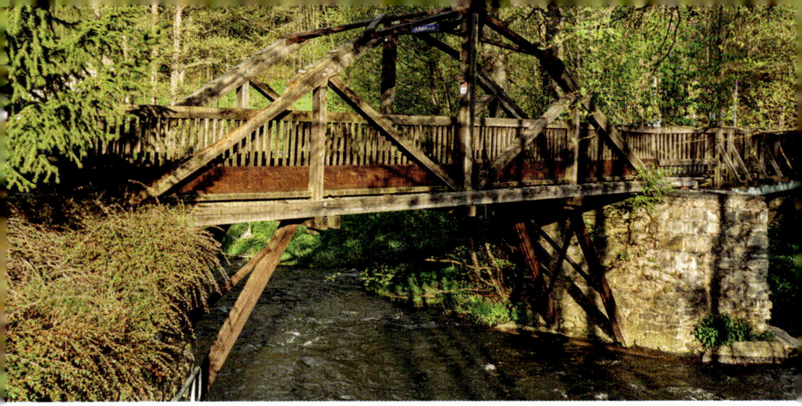

Am Fuß der Selbitzbrücke suchen wir im Wasser einen Kieselstein.

Ausgangspunkt: Drehkreuz des Wanderns am Selbitzufer in Blankenstein, 419 m; Navi: Selbitzplatz 1, 07366 Rosenthal am Rennsteig.
ÖPNV: Bahnhof Blankenstein; hier direkt in die Tour einsteigen oder – stimmungsvoller – vom traditionellen Platz aus starten: Mit dem Bahnhof im Rücken gehen wir nach rechts und über den Bahnübergang. Direkt hinter den Gleisen biegen wir rechts hinunter ab, kreuzen eine Straße und steigen die Stufen hinab, am Wanderstützpunkt vorbei. Unten auf dem gepflasterten Fußweg geradeaus und dann rechts zum Selbitzplatz.
Zuweg: RL01.
Anforderungen: Etwa zu gleichen Teilen Pfade und befestigte Forst- und Feldwege. Wenn man nicht die Variante wählt, geht es gleich zu Anfang sehr steil durch den Ort hinauf.
Einkehr: **Blankenstein:** Raststätte an der Tourist-Information Selbitzplatz 1, www.blankenstein-am-rennsteig.de, Tel. +49 160 96275635; Gasthaus Rennsteig, Mo. Ruhetag, Harraer Str. 3, www.gasthaus-rennsteig.de, Tel. +49 036642 22230; Café & Pension am Rennsteig, Rennsteig 3, www.cafe-pension-am-rennsteig.de, Tel. +49 36642 23207 o. +49 176 12109005; **Rodacherbrunn**: Imbiss maReile, Rodacherbrunn 5, Tel. +49 36652 22012; **Grumbach:** Trattoria & Pizzeria La Famiglia, Di. u. Mi. Ruhetag, Grumbach 27, www.rennsteig-pizzeria.de, Tel. +49 36652 169816 o. +49 152 53572544; Gasthaus Zum Frankenwald, Grumbach 40, Do. Ruhetag, www.gasthaus-grumbach.de, Tel. +49 36652 22832.
Unterkünfte: **Blankenstein:** Gasthaus Rennsteig, Harraer Str. 3, www.gasthaus-rennsteig.de, Tel. +49 036642 22230; Café & Pension Am Rennsteig, Rennsteig 3, www.cafe-pension-am-rennsteig.de, Tel. +49 36642 23207 o. +49 176 12109005; **Grumbach:** Trattoria & Pizzeria LaFamiglia, Grumbach 27, www.rennsteig-pizzeria.de, Tel. +49 36652 169816 o. +49 152 53572544; Gasthaus Zum Frankenwald, Grumbach 40, www.gasthaus-grumbach.de, Tel. +49 36652 22832.
Einkauf: **Blankenstein:** Diska Markt, Mo. bis Sa. 7–20 Uhr, Hauptstr. 17; Bäckerei Brothaus, Mi. bis Fr. 6–14 Uhr, Sa. 6–9.30 Uhr, Absangerstr. 9.
Informationen: Blankenstein (Kießling, Schlegel) Tel. +49 36642 29533; Wurzbach (Rodacherbrunn, Grumbach) Tel. +49 36652 3040.
Tipp: Auf dem ersten Abschnitt bis Schlegel führt die Etappe über weite Strecken an der Landstraße entlang, weshalb wir stattdessen unsere Variante 1V Moschwitztal empfehlen.

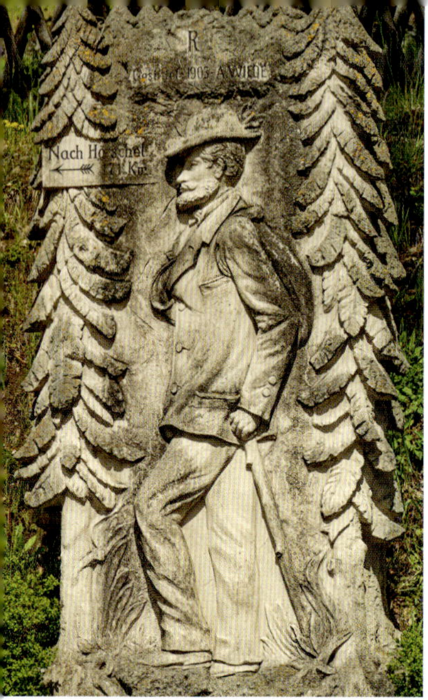

Rennsteigwanderer am Bahnhof Blankenstein.

In Blankenstein gehen wir vom **Drehkreuz des Wanderns** **1**, an dem sich viele Wanderwege treffen und tatsächlich ein Drehkreuz aufgestellt wurde, über die Straße und überqueren die Selbitz. Gleich hinter der Brücke führen zur Linken Stufen ans Ufer hinab, damit wir uns einen Stein aus dem Wasser fischen können, um ihn am Ziel in die Werra zu werfen und einen Wunsch freizuhaben. Dann stehen wir auf dem Selbitzplatz, an dem uns von sämtlichen Wegweisern und sogar den Bäumen herab die abgelaufenen Wanderstiefel unserer Vorgänger aufmunternd grüßen. Bei der Statue eines Wanderers nehmen wir den gepflasterten Fußweg an der Selbitz entlang. Er ist mit dem klassischen weißen R markiert, das uns am gesamten offiziellen Rennsteig begleiten wird. Wir folgen ihm nach links (Schild: Hörschel 168,3 km) und kommen an öffentlichen Toiletten auf der rechten Wegseite vorbei. Biegen wir noch vor den Toiletten rechts ab, gelangen wir direkt zum Diska-Markt, wo wir uns mit Proviant eindecken können. Unser Weg führt jedoch geradeaus und beim Renn-

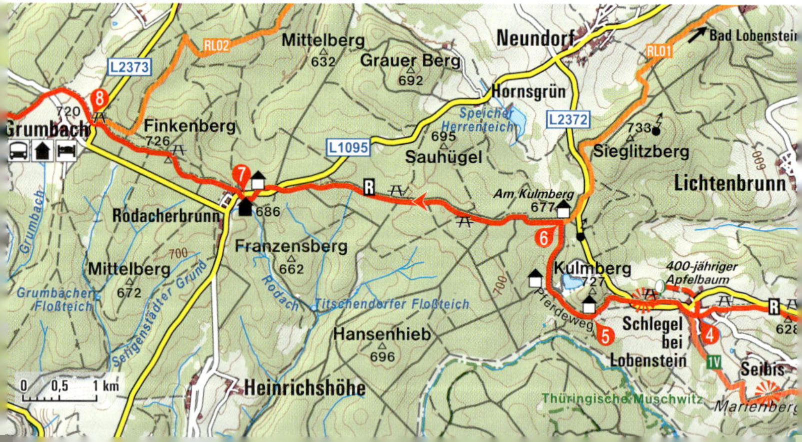

Triniusstein, Triniusblick, Triniusrast, ... Kaum ein Name ist so eng mit dem Rennsteig verbunden wie der des Schriftstellers August ***Trinius****. 1851 wurde er als uneheliches Kind im sächsischen Schkeuditz geboren und verbrachte seine Jugend in Erfurt, wo eine tiefe Verbundenheit zu Thüringen entstand. Obwohl er sich für Literatur und Kunstgeschichte interessierte, arbeitete er zunächst als Buchhalter in Berlin und schrieb für mehrere Zeitungen über seine Ausflüge in die Umgebung. 1883 hängte er die Buchhalterei an den Nagel und widmete sich ganz dem Schreiben. Auf langen Reisen erkundete er auch Mosel und Rhein sowie die Vogesen, aber seine große Liebe waren Landschaft und Kultur des Thüringer Waldes. Daraus entstanden über 30 Werke, darunter das 1890 erschienene Buch »Der Rennsteig des Thüringer Waldes«, das einen wahren Ansturm wanderfreudiger Bildungsbürger auf den bis dahin kaum bekannten Weg auslöste. Bis heute stellt es die Grundlage der vom Rennsteigverein durchgeführten Runsten dar. Trinius selbst zog 1890 mit seiner Frau von Berlin nach Waltershausen im Thüringer Wald und hatte Freunde und Kontakte bis in die regionalen Fürstenhäuser. Der Herzog von Sachsen-Coburg verlieh ihm sogar den Titel Hofrat. Mit seinen Theaterstücken war ihm dagegen kein Erfolg beschieden. Für das Publikum blieb er der »Thüringer Wandersmann«, wie er auf dem Denkmal in Blankenstein dargestellt ist. Er starb 1919 und an seinem Grab gründete sich 1921 ein Verbund Thüringer Heimatvereine, der jedoch die Umwälzungen des 20. Jh. nicht überstand. Auch Trinius selbst geriet beinahe in Vergessenheit, doch gleich nach der Wende wurde die frisch eingeweihte Triniusbaude nach ihm benannt. Seit Sommer 1991 wird an seinem Geburtstag in Gießübel das Triniusfest gefeiert und zu seinem 150. Geburtstag gründete sich an seinem Grab der Bund der Thüringer Vereine neu. Selbst der Slogan »Thüringen – das grüne Herz Deutschlands« ist ein Buchtitel aus Trinius' Feder.*

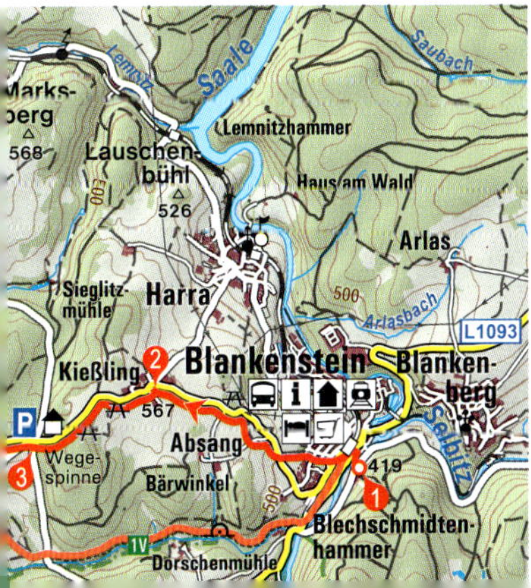

steigkeller links die Stufen hoch, am Wanderstützpunkt vorbei, über die schmale Straße und weiter den gepflasterten Weg hinauf. Oben gehen wir links über den Bahnübergang und dahinter scharf links an der Straße entlang, am Rennsteig-Denkmal Der Wanderer, das August Trinius darstellt, und am Bahnhof vorbei.

Wer die **Variante 1V Moschwitztal** wählt, hält sich hier weiter geradeaus. Der Rennsteig führt dagegen gleich hinter dem Bahnhof rechts, die steile Straße hinauf, die sogar den Namen Am Rennsteig trägt. Beim Aufstieg kreuzen wir drei Querstraßen, bevor wir uns oben an der Gabelung links halten und diesem Weg am Rennsteig-Brunnen und vielen Gärten vorbei folgen. Er endet beim Wegweiser »Drei Eichen« an einer Landstraße, an der wir nach rechts hinauf gehen, um bei der ersten Gelegenheit links auf den Asphaltweg abzubiegen (Schild: Rastplatz Wegespinne 2,8 km). Wir nehmen den ersten Abzweig nach rechts und der Asphaltbelag geht in Schotter über. Erneut stoßen wir auf die Landstraße und folgen ihr auf dem Pfad auf der anderen Straßenseite nach links (Schild: Rastplatz Wegespinne 2,5 km). Sie bringt uns nach **Kießling** ❷, wo uns die Hauptstraße in einer Linkskurve durch den Ort führt. Erst am Ortsrand gibt es wieder einen Fußpfad auf der linken Straßenseite, auf dem wir weiterhin an der Landstraße entlanggehen. Wir passieren eine Picknickbank und kreuzen schließlich am Waldrand einen geschotterten Abzweig, um geradeaus an einer überdachten Picknickbank vorbei den Wald zu betreten. Nach ca. 200 m wenden wir uns an der Gabelung nach rechts (Schild: Rastplatz Wegespinne 0,5 km) zur Landstraße, gehen an ihr nach links und erreichen eine große Kreuzung. Der **Rastplatz Wegespinne** ❸ befindet sich auf der rechten Straßenseite und umfasst Picknickbänke sowie eine nicht bewirtschaftete Hütte mit großem Schutzraum. Unser Pfad verläuft jedoch auf der linken Straßenseite weiter geradeaus, daher überqueren wir die nach links und halb links ab-

Oft säumen Heidelbeersträucher den Rennsteig.

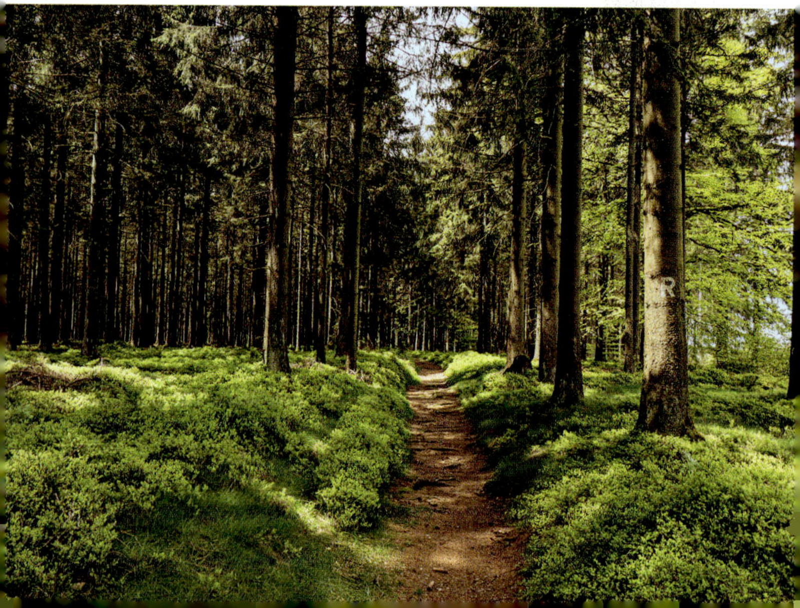

zweigenden Straßen (Schild: Schlegel 3,1 km). Bald darauf kommen wir an einer weiteren Picknickbank vorbei und endlich verlässt der Pfad die Straße, um uns mit schöner Aussicht auf den Frankenwald an einer Baumreihe entlangzuführen (Schild: Krähenhügel). Wir kreuzen eine schmale Straße, passieren eine Picknickbank und folgen dem Pfad in den Ort hinein, wo er in eine Asphaltstraße mündet, auf der wir nach rechts gehen und an eine Kreuzung in der Ortsmitte von **Schlegel** ❹ gelangen. Hier stößt von links die **Variante 1V Moschwitztal** wieder zu uns und zur Rechten steht das einstige Gasthaus Am Rennsteig. Direkt dahinter können wir rechts einen Abstecher von ca. 300 m einfacher Strecke zu einem beeindruckend alten Apfelbaum machen (Schild: 400-jähriger Apfelbaum). Der Rennsteig verläuft jedoch weiter geradeaus. Auch an der nächsten Kreuzung halten wir uns geradeaus und nehmen sogleich am Ortsausgang den Pfad rechts hinauf (Schild: Am Kulmberg Schutzhütte 3,1 km). Er führt uns an zwei Picknickbänken (die zweite ist überdacht) und einem Aussichtspunkt vorbei. Dann überqueren wir eine Landstraße und tauchen in den schönen Wald des Naturschutzgebiets Kulm ein.

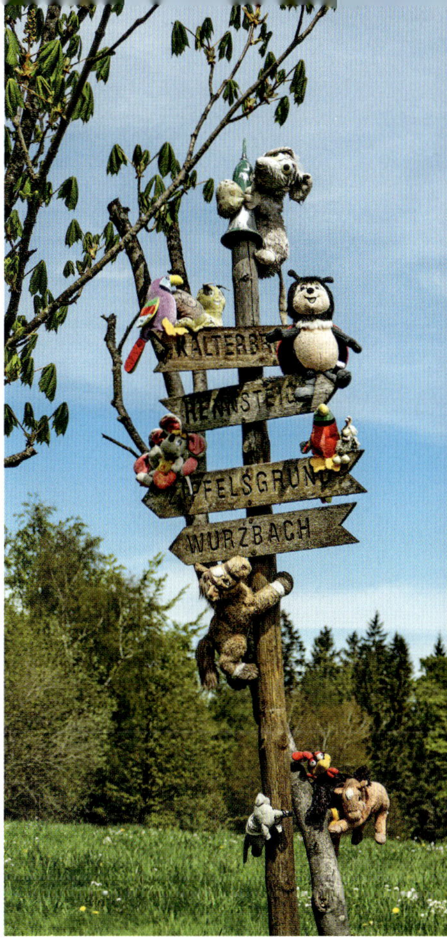

Wegweiser der Kuscheltiere.

An der Gabelung halten wir uns links und erreichen die **Schutzhütte am Pferdeweg** ❺, wo uns Info-Tafeln die umgebenden Naturschutzgebiete ausführlich erläutern. Hier biegen wir rechts ab (Schild: Am Kulmberg Schutzhütte 1,6 km) und folgen dem Wegverlauf bis zur nächsten Kreuzung, an der wir ebenfalls nach rechts gehen (Schild: Am Kulmberg Schutz-

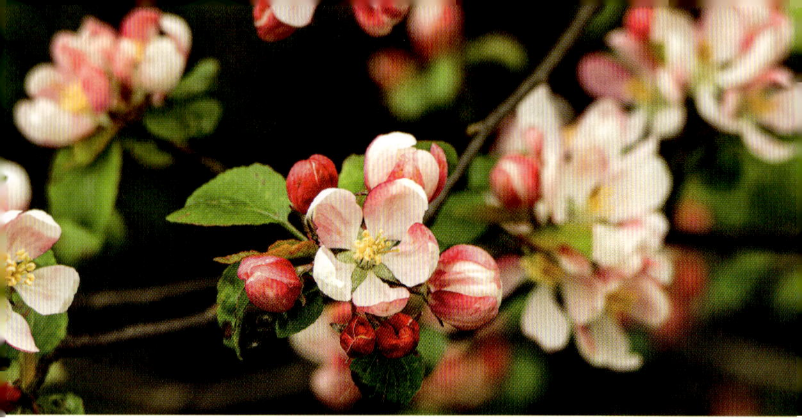

Abstecher zum 400-jährigen Apfelbaum, der Mitte Mai blüht.

i **Kulmberg:** *Während die ursprüngliche Vegetation auch im nördlichen Frankenwald fast überall durch Fichtenmonokulturen ersetzt wurde, findet sich am Kulmberg noch ein artenreicher Rest von Wald aus Buche, Bergahorn, Esche, Weißtanne und Fichte. Um ihn zu erhalten, wurde das 14 ha große Naturschutzgebiet bereits 1961 gegründet. Trotzdem wurde auf der Nordseite des Berges noch vor wenigen Jahren ein Steinbruch betrieben, denn der Berg überragt das Umland, weil er aus hartem Diabas besteht, der langsamer verwittert als das sonst hier vorherrschende Tonschiefergestein. Vom Rennsteig aus sehen wir nur die verbliebenen Zäune, doch der halbe Berg ist abgetragen und an seine Stelle sind eine Felswand und ein See getreten. Heute gehört das Naturschutzgebiet Kulm zu einem Verbund mit den angrenzenden Schutzgebieten Jägersruh-Gemäßgrund-Mulschwitzen (1300 ha) und Fränkische Muschwitz (45,5 ha), die am Grünen Band liegen und seltenen Tieren und Pflanzen passende Lebensräume bieten. So brüten zum Beispiel in den aufgelassenen Steinbrüchen Uhus, Schwarzstörche finden auf Feuchtwiesen Nahrung und Fischotter jagen in den Bächen. Viele dieser Arten sind sehr scheu, weshalb im Naturschutzgebiet die Wege nicht verlassen werden sollen.*

hütte 0,9 km). An der Kreuzung bei der **Schutzhütte am Kulmberg** **6**, wo auch die uns entgegenkommende **Rennsteig-Leiter Bad Lobenstein RL01** endet, wenden wir uns nach links (Schild: Rodacherbrunn Imbiss Mareile 4,5 km). Nach ca. 500 m biegen wir beim Wegweiser auf den Pfad nach rechts ab. Wir könnten auch auf dem breiten Schotterweg weiter geradeaus gehen, da der Pfad nach einigen Hundert Metern zurück auf den Hauptweg führt, aber wir freuen uns über die Abwechslung. Wo der Pfad wieder in den Schotterweg mündet, halten wir uns rechts und geradeaus über die nächste Kreuzung. An einer überdachten Picknickbank vorbei folgen wir dem markierten Wegverlauf, gehen geradeaus über die Kreuzung bei der Picknickbank und erst ca. 1 km hinter dieser Kreuzung biegen wir links auf den Pfad ab (Schild: Rodacherbrunn Imbiss Mareile 1,4 km). Er führt uns zu einer Landstraße, vor der wir den Pfad nach links nehmen (Rodacherbrunn 0,8 km). Schließlich kreuzen wir die Straße und folgen dem Pfad halb links weiter, vorbei an der Schutzhütte Rodacherbrunn. Dahinter kommen wir wieder an die Landstraße, an der wir kurz nach rechts gehen. Am Ortsrand von **Rodacherbrunn** 7 erwartet uns auf der linken Straßenseite der Imbiss Mareile, bevor wir der Straße weiter folgen, um bei erster Gelegenheit rechts auf den Schotterweg abzubiegen (Schild: Grumbach 2,5 km). Dabei kommen wir auch an der Napoleonslinde vorbei.

i *In **Rodacherbrunn** entspringt die Rodach, deren Quelle bereits im Jahr 1017 erwähnt wird. Der Ort selbst taucht erst 1570 in der Chronik von Bartolomäus Groh auf, als in der Nähe drei schottische Kaufleute erschlagen wurden. Bekannter ist jedoch, dass Napoleon 1806 auf dem Weg zur Schlacht von Jena und Auerstedt mit seinem Heer hier gelagert und im damaligen Wirtshaus Rennsteigkasino übernachtet hat. Dabei soll er auch die nach ihm benannte Linde gepflanzt haben. Obwohl das preußische Heer in der Schlacht eine vernichtende Niederlage erlitt, wurde Rodacherbrunn auf dem Rückzug von Napoleons Truppen geplündert und weitgehend niedergebrannt. Auch das Wirtshaus ging in Flammen auf und wurde erst 1845 wieder aufgebaut.*

An der gleich folgenden Gabelung halten wir uns links und beim geschotterten Querweg nehmen wir den Wiesenpfad geradeaus. Auch bei einer Picknickbank gehen wir geradeaus über einen Querweg und kreuzen zwei weitere, bevor wir am Waldrand auf eine überdachte Picknickbank und eine Landstraße stoßen. Wir befinden uns am Abzweig **Grumbach** 8, denn geradeaus können wir an der Nebenstraße entlang zu den Einkehr- und Übernachtungsmöglichkeiten in Grumbach gehen (Schild: Gasthaus zum Frankenwald 0,8 km). Die nächste Rennsteigetappe führt dagegen rechts auf dem Wiesenweg weiter (Schild: Dürrenbach 2,3 km).

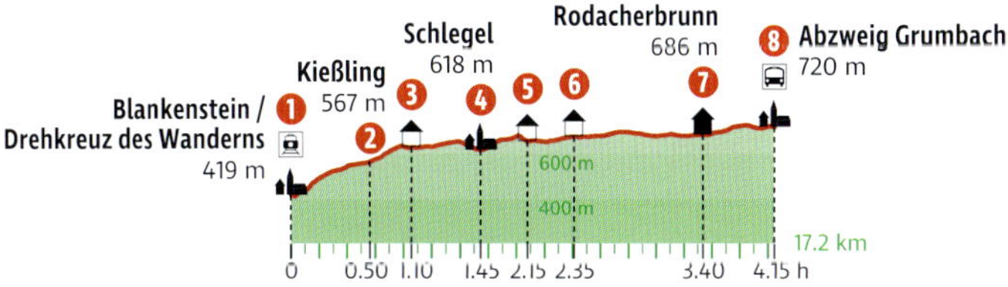

1V Variante Moschwitztal

2.00 h	7,3 km
↗ 230 m	↘ 50 m

Auf dem Grünen Band durch Auwald und Wiesen

Mit dieser Variante bieten wir einen bequemeren Einstieg fernab der Straßen an, denn vom Bahnhof in Blankenstein verläuft der Rennsteig sehr steil durch den Ort hinauf und bald danach eine ganze Weile an der Landstraße entlang. Diese Variante führt uns zunächst entlang der einstigen innerdeutschen Grenze durch den Auwald an der Moschwitz, die auch Thüringische Muschwitz genannt wird, und anschließend auf Wiesenwegen über den Marienberg, der uns schönen Blick nach Franken hinein bietet.

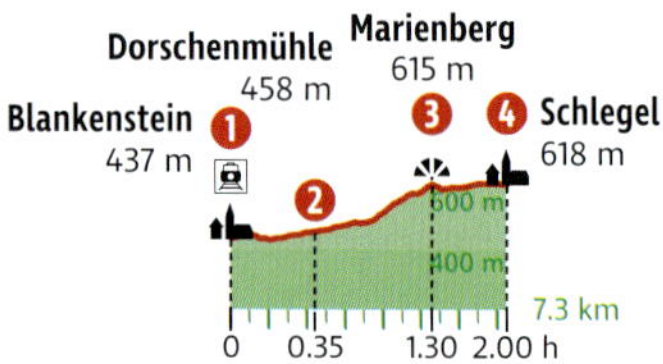

Ausgangspunkt: Bahnhof Blankenstein auf Etappe 1 an der Ecke Absangstraße / Am Rennsteig, 437 m.
Endpunkt: Etappe 1, Schlegel ❹, 618 m.
Anforderungen: Überwiegend Wurzelpfade und Wiesenwege, die oft nicht markiert sind und daher etwas Orientierungssinn erfordern, ansonsten befestigte Wirtschaftswege.
Einkehr: Lichtenberg: Gasthof Blechschmiedenhammer, Mo. Ruhetag, Blechschmidtenhammer 2, www.blechschmiedenhammer.de, Tel. +49 9288 487.
Einkauf: Blankenstein: Bäckerei Brothaus, Mi. bis Fr. 6–14 Uhr, Sa. 6–9.30 Uhr, Absangerstr. 9.
Tipp: Im nahen Besucherbergwerk Friedrich Wilhelm Stollen kann man gegen einen kleinen Aufpreis selbst nach Fluoritkristallen suchen und auch einkehren. Führungen vom 1.4. bis 31.10. Sa./So., zusätzlich Di., an Feiertagen und in den bayrischen Schulferien 13 u. 15 Uhr, www.friedrich-wilhelm-stollen.de.

Auf Höhe des Bahnhofs **Blankenstein** ❶ biegt der offizielle Rennsteig rechts ab, die Straße Am Rennsteig hinauf. Wir gehen jedoch weiter geradeaus an einer Apotheke und einer Bäckerei vorbei, wenden uns schließlich nach links in die Lichtenberger Straße und verlassen den Ort. Bevor die Lichtenberger Straße in eine andere Straße mündet, nehmen wir bei der Bank und der Info-Tafel den Asphaltweg nach rechts (ohne Markierung: Moschwitztal/Höllental 1 km). Der Asphaltbelag verliert sich; geradeaus über die Brücke können wir einen Abstecher zum Gasthof Blechschmie-

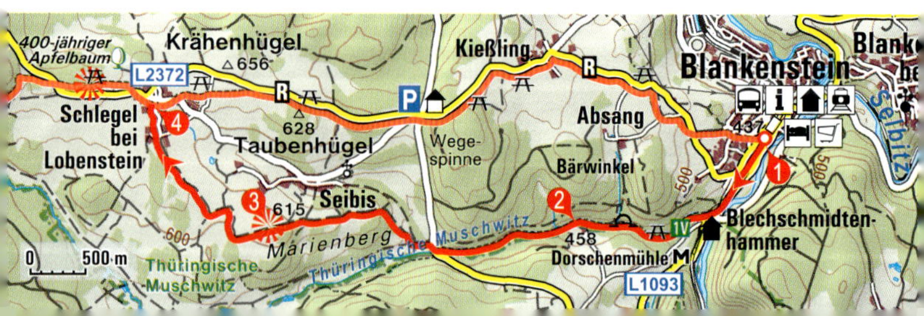

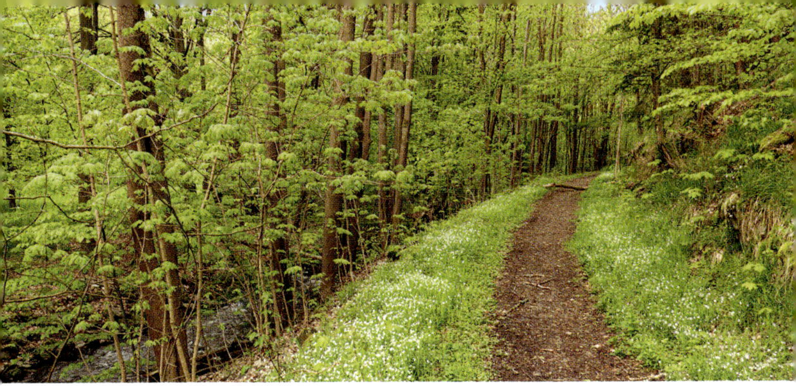

Im Auwald an der Moschwitz.

denhammer und weiter zum Schaubergwerk Friedrich-Wilhelm-Stollen machen oder gleich noch vor der Brücke rechts hinunter unserer Variante folgen (Schild: Krötenmühle 4,5 km). Der unmarkierte Weg führt uns an der Moschwitz entlang, passiert eine überdachte Picknickbank und entfernt sich vom Bach, der sich in immer weiteren Bögen durch den Auwald schlängelt. Da die Moschwitz zu DDR-Zeiten den Grenzverlauf markierte, wurden auf dieser Seite des Bachs sämtliche Gebäude geschliffen. Seit der Wende lässt man der Natur hier freien Lauf; wir wandern also auf dem Grünen Band, wo zur Rechten eine Weile Felswände unseren Weg säumen. An der Gabelung bei der Höhle halten wir uns links (rotes X: Dorschenmühle 0,4 km), überqueren einen schmalen Bach und entscheiden uns auch an der Gabelung bei der **Dorschenmühle** ❷ für den linken Weg (ohne Markierung). Erneut queren wir einen Bach. Der Pfad führt immer geradeaus und schließlich vor der Landstraße rechts hinauf. Hier stoßen wir auf einen mit Lochbetonplatten gepflasterten Querweg, den Kolonnenweg der einstigen Grenztruppen, auf dem wir nach links und jenseits der Landstraße bergan gehen (Schild: Krötenmühle 2 km). Oben biegen wir bei erster Gelegenheit rechts ab und nehmen dann den ersten geschotterten Abzweig nach links – ohne Markierung. Er geht sogleich in einen Wiesenweg über, dessen Verlauf wir für ca. 1 km folgen, bis wir bei einem von Bäumen und Büschen überwucherten Graben eine Kreuzung erreichen. Hier folgen wir dem Weg weiter aufwärts (Schlegel 2 km) über den **Marienberg** ❸, der uns einen weiten Blick bietet, und durch die offene Feldflur immer weiter Richtung Schlegel, wobei wir Abzweige ignorieren. An der Gabelung halten wir uns rechts (Schild: Schlegel 1 km) und am Ortsrand geradeaus (Schild: Schlegel Ortsmitte 0,3 km). Wo sich die Straße vor einem Teich gabelt, wenden wir uns nach rechts und erreichen eine große Kreuzung in **Schlegel** ❹. Hier stoßen wir auf das ehemalige Gasthaus Am Rennsteig und den offiziellen Rennsteigverlauf, in den wir nach links einschwenken.

2 Von Grumbach nach Spechtsbrunn

6.00 h	24,9 km
↗ 420 m	↘ 460 m

Die schönsten Wappensteine am Rennsteig

Auf dieser Etappe wandern wir nicht nur im Schiefergebirge, sondern streckenweise auch im Frankenwald und kreuzen dabei mehrfach die einstige deutsch-deutsche Grenze. Noch wird der Wald immer wieder von größeren Wiesen unterbrochen, aber die offene Flur wird seltener. Bei Brennersgrün, dessen Häuser in Schiefer gehüllt sind wie in die Schuppenhaut eines Drachen, kommen wir am liebevoll gestalteten Moosdorf vorbei. Am Schönwappenweg erwarten uns besonders aufwendig gefertigte Grenzsteine, mit denen sich die Fürstenhäuser kleine Denkmäler setzten.

Ausgangspunkt: Wegpunkt Grumbach, 720 m, nordöstlich von Grumbach an der Landstraße nach Wurzbach; Navi: N50.43016, E11.50444.
ÖPNV: Bushaltestelle Grumbach, KomBus Linie 612 Grumbach–Wurzbach, Mo. bis Fr. ca. 3-mal täglich.
Zuwege: RL02 bis RL04.
Anforderungen: Überwiegend befestigte Wald- und Feldwege, aber auch steinigere Abschnitte und einige Pfade. Wenn man zwischendurch nicht den alternativen Rennsteig wählt (s. Wegbeschreibung), geht es 6,5 km am Stück auf Asphalt an einer Landstraße entlang.
Einkehr: **Steinbach am Wald:** Sirin's Imbiss-Cafe, Rennsteigstr. 15, Tel. +49 9263 237; Rennsteig Hotel, Rennsteigstr. 33, hotelrennsteig.de, Tel. +49 9263 9480; FichtenStube, Mo. Ruhetag, Badstr. 2, www.fichtenstube.de, Tel. +49 9263 9929684 o. +49 151 55875372; Franken-

i **Köhler:** *Allein um Neustadt am Rennsteig herum zeugen Hunderte einstige Meilerstätten von der großen Bedeutung, die das Köhlerhandwerk im Thüringer Wald über Jahrhunderte besaß. Als im ausgehenden Mittelalter durch den Bergbau auch die Eisenproduktion immer weiter zunahm, wuchs der Bedarf an Holzkohle so beträchtlich, dass sich die Köhlerei zu einem eigenen Berufsstand entwickelte. Ein einziger Hochofen verbrauchte das Holz einer Waldfläche von ca. 40 bis 50 ha pro Jahr, was riesige Kahlschläge zur Folge hatte, auf denen die Köhler ihre mit Grassoden und Erde abgedeckten Meiler errichteten. Auch die Glashütten waren auf Holzkohle angewiesen. Rauch und Hitze sowie mögliche Verbrennungen machten die Arbeit hart und gefährlich. Das Aufschichten, korrekte Abbrennen und Löschen, um gute Kohle zu erzielen, erforderte große Erfahrung und Geschick. Dennoch blieben die Köhler arm und fristeten ein hartes Leben in provisorischen Hütten nah bei ihren Meilern, die drei Wochen lang beaufsichtigt werden mussten. Mit der steigenden Förderung von Steinkohle wurde die Holzkohle weitgehend verdrängt und die meisten Köhler verloren ihre Arbeit. Heutzutage wird Holzkohle meist in Metall- oder Betonkesseln erzeugt, was nur noch drei bis vier Tage dauert.*

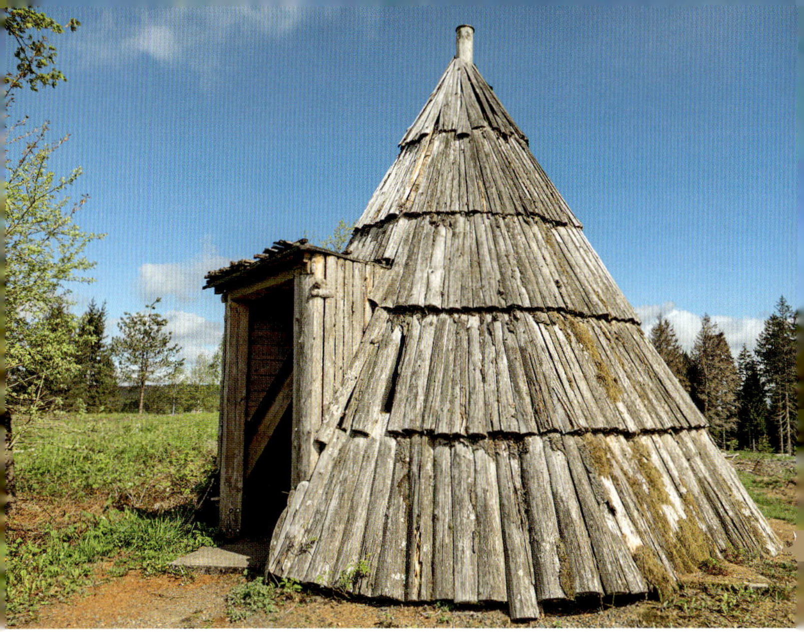

Die Meilerhütte ist einem Holzkohlemeiler nachempfunden.

waldhütte, Wochenende geöffnet; **Kalte Küche:** Imbiss, Mo. Ruhetag, Tel. +49 36703 70812.
Unterkünfte: Brennersgrün: Rennsteighaus, Brennersgrün 55, www.rennsteig-pizzeria.de, Tel. +49 36652 169816 o. +49 152 53572544; Ferienhäuser FEWO 48, Brennersgrün 48, www.fewo-rennsteig48.de, Tel. +49 36652 22835 o. +49 172 3465445; **Steinbach am Wald:** Rennsteig Hotel, Rennsteigstr. 33, hotelrennsteig.de, Tel. +49 9263 9480; Gästezimmer Herrmann, An der Wasserscheide 8, www.fam-herrmann.com, Tel. +49 9263 7482 o. +49 170 5842741; Rennsteig-scheune, Flurstr. 3, www.rennsteigscheune-frankenappartements.de, Tel. +49 177 1975153; **Spechtsbrunn:** Gasthaus & Pension Am Rennsteig, Obere Sonneberger Str. 2, www.gasthaus-am-rennsteig.de, Tel. +49 36703 80389; Gasthaus & Pension Peterhänsel, Obere Sonneberger Str. 21, www.gasthaus-peterhaensel.de, Tel. +49 173 6113737.
Einkauf: Steinbach am Wald: Edeka Markt, Mo. bis Fr. 8–19 Uhr, Sa. 8–18 Uhr, Am Bromenhieb 3; Café & Bäckerei Fiedler-Hildebrandt, Di. bis So. 5–17 Uhr, Rennsteigstr. 14.
Informationen: Lehesten (Brennersgrün) Tel. +49 36735 461211 o. 461212; Steinbach am Wald Tel. +49 9263 386; Naturparkinformationscenter Kalte Küche (Spechtsbrunn) Tel. +49 36703 70812 o. +49 3675 702711.
Tipps: 1. Mehr Zeit einplanen, um die landschaftlich und historisch sehr reizvolle Schleife 2S Altvaterturm und Schieferpark Lehesten zu erwandern. 2. In Spechtsbrunn lohnt die kleine, im Stil des sogenannten Bauernbarock ausgemalte Matthäuskirche einen Besuch.

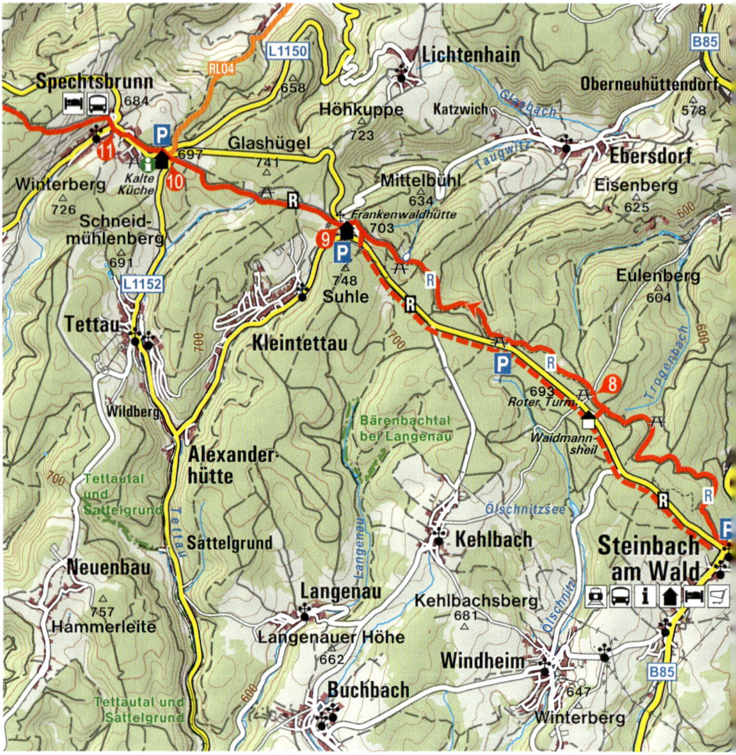

Beim Abzweig **Grumbach** ❶, wo auch die **Rennsteig-Leiter Wurzbach RL02** entlang der Landstraße von rechts auf den Rennsteig stößt, biegen wir am Wegweiser auf den Wiesenweg ab (weißes R). Am Waldrand endet er bei einer Info-Tafel an einem Querweg, auf dem wir nach links gehen (Schild: Rennsteighaus 3,0 km), nachdem wir hier auf dem Thron des Wanderkönigs gesessen oder das Rennsteiglied gesungen haben. Wir queren eine Landstraße, nehmen den Forstweg geradeaus und folgen dem markierten Wegverlauf. Beim Schild »Wasserschutzgebiet« biegen wir rechts ab (Rennsteighaus 2,1 km) und bei nächster Gelegenheit – nach ca. 200 m – auf den Pfad nach links. Er geht in einen Hohlweg über, der uns zur **Meilerhütte Hohe Tanne** ❷ am Kolonnenweg hinaufführt (→ Köhler, S. 67). Der Kolonnenweg verlief entlang der gesamten innerdeutschen Grenze, um den DDR-Grenztruppen ihre Patrouillen zu ermöglichen. Heutzu-

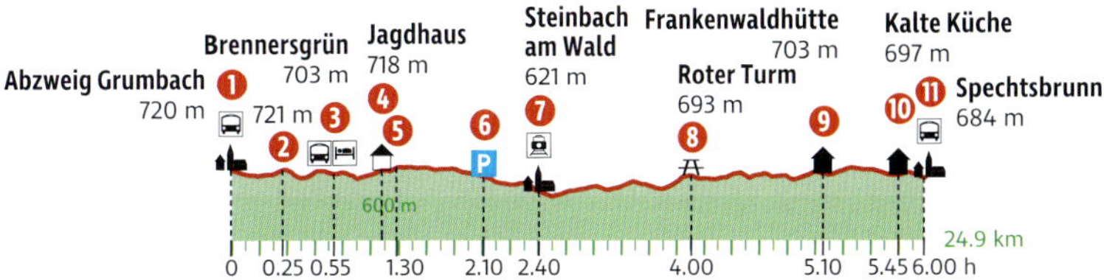

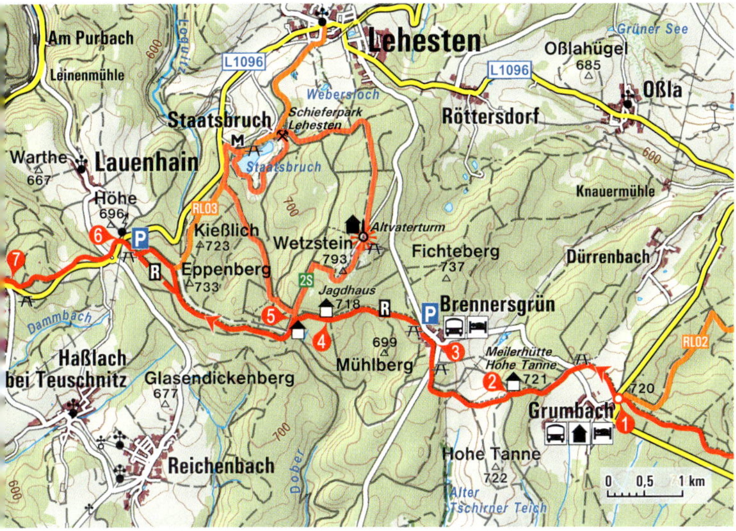

tage verrät er uns, dass wir uns gerade auf dem Grünen Band befinden (→ S. 34). Wir kreuzen ihn, folgen unserem Pfad geradeaus in den Wald und überschreiten die Grenze nach Bayern. Am ersten Abzweig nehmen wir den Pfad rechts hinab (Schild: Rennsteig), kreuzen einen Querweg und gehen unten an der nächsten Kreuzung halb rechts hinauf (Schild: Rennsteighaus 1,2 km). An der Gabelung halten wir uns rechts hoch und schwenken oben in den ersten Pfad zur Rechten ein (Schild: Rennsteighaus 0,7 km), der durch Heidelbeersträucher und Heidekraut führt. Erneut queren wir den Kolonnenweg und gelangen zurück nach Thüringen. Am Ende des Waldwegs dürfen wir zur Rechten die Kreativität der Einwohner von Brennersgrün bewundern, die hier das »Moosdorf« geschaffen haben: eine liebevoll aus Naturmaterialien gebastelte Sammlung von Miniaturhütten, -gärten, -türmen und vielem mehr. Anschließend stoßen wir bei einer Picknickbank auf eine Landstraße und folgen ihr nach **Brennersgrün** ❸ hinein und mitten durch den kleinen Ort, in dem die Tradition der Dacheindeckung und Wandverkleidung aus Schieferplatten hochgehalten wird. Auch das Rennsteighaus ist samt seinem Turm in dunkle Schuppenhaut gehüllt. Am Ortsende wählen wir den Pfad auf der linken Straßenseite hinauf und an einer Picknickbank vorbei in den Wald hinein (Schild: Kurfürstenstein Schutzhütte 2,1 km). Wir kreuzen einen Querweg und gehen geradeaus über den Steg. Der Pfad endet schließlich an einer Kreuzung und wir nehmen den Schotterweg geradeaus (Schild: Kurfürstenstein Schutzhütte 0,7 km). Bei der Schutzhütte **Jagdhaus** ❹ kommen wir an überdachten Picknickbänken vorbei und biegen ca. 300 m weiter auf den Pfad nach links ab (Schild: Loquitzquelle 0,5 km). Am ersten Querweg erreichen wir den **Abzweig Altvaterturm** ❺ und dürfen wählen: Nach rechts können wir die schöne **Schleife 2S Altvaterturm und Schieferpark Lehesten** machen (ohne Markierung/Beschilderung) oder gleich links den Rennsteig weiterwandern. Nach ca. 200 m erreichen wir die Kurfürstenstein Schutzhütte. Hier kreuzen wir den Kolonnenweg ein weiteres Mal und folgen dem Pfad geradeaus zur Gabelung am Kurfürstenstein, wo wir uns rechts halten (Schild: Schönwappenweg 0,4 km). Der 1513 aufgestellte Kurfürstenstein ist nicht nur der älteste mit einem Wappen geschmückte Grenzstein am Rennsteig, sondern ganz Deutschlands, weshalb wir seine Inschriften im Kapitel Grenzsteine ausführlicher erläutern. An der folgen-

Nur im Rennsteighaus von Brennersgrün kann man auch übernachten.

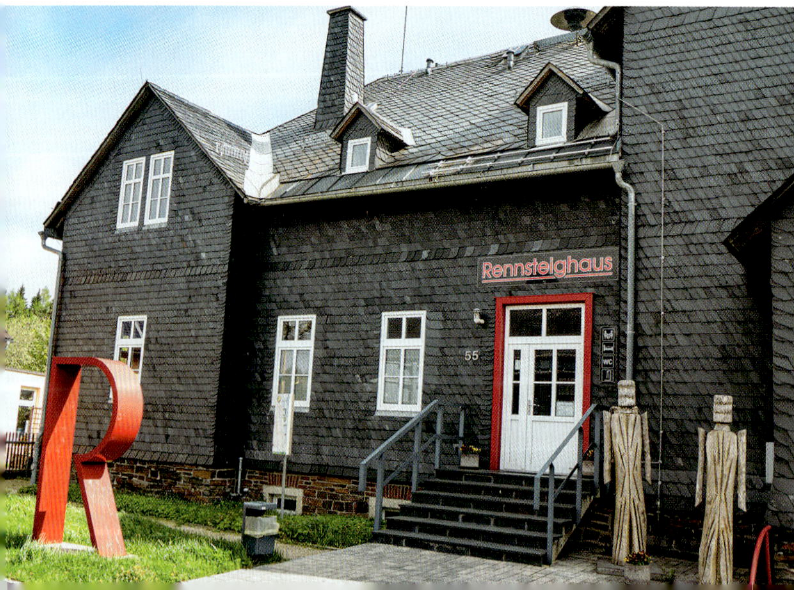

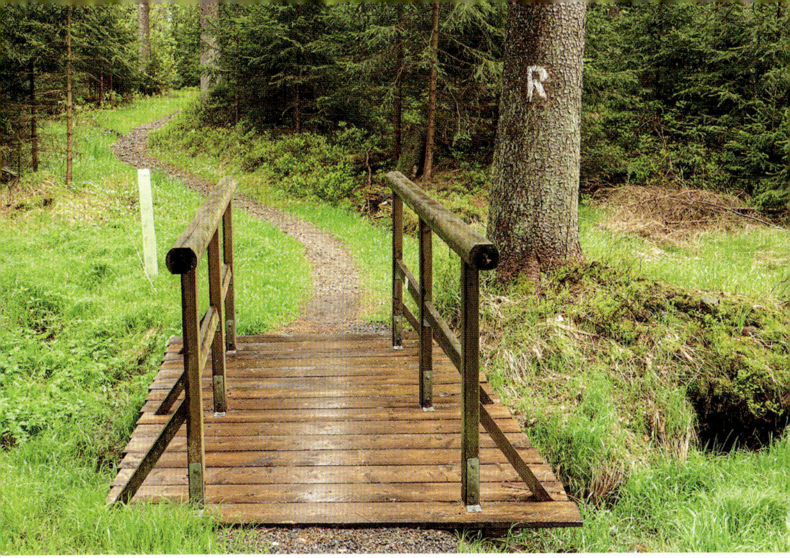

Als Kammweg überquert der Rennsteig nur wenige Bäche.

den Kreuzung gehen wir geradeaus (Schild: Obelisk Steinbach a. W. 5,5 km) und passieren den Großen Bischofsstein, einen Grenzstein aus dem Jahr 1619, auf der linken Wegseite. Auch er lohnt einen genaueren Blick, denn er zeigt auf einer Seite die Initialen GBZBWVH für »(Johann) Gottfried, Bischof zu Bamberg, Würzburg und Herzog (von Franken)« sowie das aufwendige Wappen des Bischofs. Auf der anderen Seite sind Wappen und Kürzel des Herzogs zu Sachsen Altenburger Linie erkennbar. Danach erreichen wir einen geschotterten Querweg, dem wir nach rechts folgen und wo wir bereits den Kleinen Bischofsstein sehen. Bei einer Bank mit Wegweiser schwenken wir rechts in den Pfad ein (Schild: Lehesten), auf dem uns die **Rennsteig-Leiter Lehesten RL03** entgegenkommt. Hier verlassen wir kurz den offiziellen Rennsteig, um den Schönwappenweg nicht zu verpassen. Er führt uns an zwei herausragend erhaltenen, besonders prunkvollen Wappensteinen aus dem 18. Jahrhundert vorbei, bevor wir beim letzten (von 1727) den Pfad nach links nehmen (Schild: Rennsteig West 0,6 km). Bald geht er in einen Schotterweg über und stößt auf einen Querweg, in den wir nach rechts einbiegen. Nun befinden wir uns wieder auf dem Rennsteig und kommen nach ca. 300 m am Wanderparkplatz **Ziegelhütte** 6 vorbei, wo es Picknickbänke gibt. Hier überqueren wir die Landstraße und folgen dem kombinierten Rad-/Fußweg nach links (Schild: Obelisk Steinbach a. W. 3,2 km). Den Kreisel passieren wir auf der rechten Seite, um dahinter auf dem Asphaltquerweg geradeaus, parallel zur Landstraße, weiterzuge-

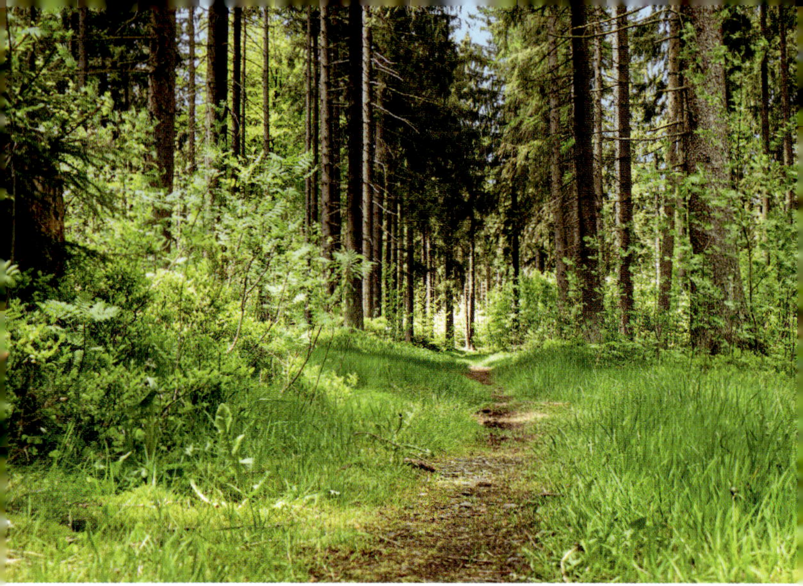

Der alternative Rennsteig parallel zur Frankenwaldhochstraße.

hen. Nach ca. 700 m, beim asphaltierten Abzweig nach rechts mit Bank und Info-Tafel, nehmen wir den Waldweg halb rechts (Obelisk Steinbach 2,0 km). An der Gabelung im Wald halten wir uns links. Der Pfad endet bei einer überdachten Picknickbank am kombinierten Rad- und Fußweg, dem wir erneut parallel zur Landstraße rechts hinab folgen. Beim Kreisverkehr am Ortsrand von **Steinbach am Wald** 7 gehen wir am Edeka-Markt vorbei, biegen danach links ab und überqueren die Hauptstraße, die uns in den Ort hinunter und über eine Brücke führt. Hinter der Brücke gibt es rechts einen kleinen Park mit überdachter Picknickbank und Trinkwasserbrunnen, wo wir uns erholen können, bevor wir entlang der Hauptstraße mit mehreren Einkehr- und Einkaufsmöglichkeiten Steinbach durchqueren. Auf der linken Straßenseite entdecken wir bei der Kirche den KunstPark am Rennsteig. Ausgestellt sind stilistisch unterschiedliche Holzskulpturen von drei Bildhauern aus dem Thüringer Wald und Schiefergebirge. Den Kreisverkehr am Ortsrand umgehen wir links, denn der Rennsteig führt hier geradeaus, parallel zur Landstraße weiter. Hinter dem Kreisel, auf Höhe der Feuerwehr, haben wir die Wahl: Wer den traditionellen Rennsteigverlauf vorzieht, folgt dem kombinierten Rad-/Fußweg für ca. 6,5 km, überquert schließlich – der Markierung folgend – die Landstraße, biegt dahinter bei erster Gelegenheit rechts in den Wald ab, hält sich auf dem Querweg links, kreuzt bald darauf erneut eine Landstraße und erreicht die Frankenwaldhütte (→ 9). Wir empfehlen dagegen den straßenfernen, alternativen Rennsteig: Wir queren daher die Landstraße schon bei der Feuerwehr und nehmen den abzweigenden Waldweg (blaues R), auf dem wir für ca. 2 km bleiben. Wo der Lutherweg scharf rechts abbiegt, gehen wir ein Stückchen weiter geradeaus, um sogleich in den nächsten Weg nach rechts einzuschwenken (R 31: Waidmannsheil 2 km). Erneut folgen wir dem Wegverlauf, passieren eine überdachte Picknickbank und mehrere Info-Tafeln zur traditionellen Waldnutzung sowie den Handwerkskünsten im Thüringer Schiefergebirge. Nach einer Weile geht es kontinuierlich bergauf, und nachdem wir zur Linken an einer Wiese vorübergekommen sind, mündet der Weg in einen Querweg, auf dem wir wenige Meter aufwärts gehen, einen weiteren Querweg kreuzen und uns halb links hinauf halten (Schild: Parkplatz Habacht 2,0 km). Nach ca. 50 m biegen wir bei dem Schild, das den Standort des einstigen Forsthauses Waidmannsheil erklärt, auf den etwas eingewachsenen Pfad nach links ab und machen einen kurzen Abstecher zur Schutzhütte bei den wenigen verbliebenen Ruinen der Gründungsstätte des Rennsteigvereins.

i *Wo zu Beginn des 19. Jahrhunderts nur eine der ärmlichen Köhlerhütten stand, wurde 1844/45 ein mit Schiefer verkleidetes Forsthaus errichtet, das den Namen* ***Waidmannsheil*** *erhielt. Es befand sich direkt am Rennsteig, der damals als 8 km lange Straße für Fuhrwerke vorüberführte und das Schiefergebirge mit dem Frankenwald verband. Ab 1885 verlief die Bahnlinie Berlin–München nur 3 km entfernt vorbei und brachte Ausflügler aus den Städten, die im Forsthaus einkehren konnten. Darunter war August Trinius, der das Haus in seinem Rennsteigbuch erwähnte und damit wohl den Grundstein für den Kultstatus unter Wanderern legte. Zu Pfingsten 1896 trafen sich dort elf Wanderenthusiasten, um den Rennsteigverein zu gründen. 1986 kamen über 1000 Gäste zur 90-Jahr-Feier des Vereins am Forsthaus Waidmannsheil zusammen, doch zum 100. Jubiläum stand es nicht mehr. Es fiel 1988 einem Brandstifter zum Opfer. Heute finden sich dort nur noch ein kleines Nebengebäude und die neu errichtete Schutzhütte.*

Danach kehren wir zum Hauptweg zurück, um ihm nach links zu folgen. Bald darauf stoßen wir auf eine schmale Asphaltstraße, hinter der uns beim **Roten Turm** 8 eine überdachte Picknickbank erwartet. Hier stand zwar nie ein Turm, aber eine große Tanne, die bereits im 17. Jahrhundert diesen Namen erhielt. Wir gehen geradeaus auf dem Waldweg weiter, wenden uns nach ca. 200 m am ersten Abzweig nach links, lassen uns von der Markierung blaues R leiten und kreuzen dann nahe der Landstraße einen geschotterten Querweg. Kurz darauf gelangen wir erneut an einen Asphaltweg. Ihm folgen wir nach rechts an zwei Picknickbänken vorbei und biegen rechts auf den Waldweg ab (Schild: Ludwigsstadt 6,0 km). An der Kreuzung nehmen wir den Wiesenweg halb rechts hinunter. Er verengt sich zum Pfad durch jungen Fichtenbestand und endet an einem Querweg, auf dem wir rechts hinabgehen (blauer diagonaler Balken). Gleich darauf weist uns diese Markierung den Pfad nach links. Er führt uns zu einem Schotterweg, in den wir nach rechts einschwenken, um nach nur 30 m den Pfad nach rechts zu nehmen. Auch er mündet in einen befestigten Weg, dem wir geradeaus folgen (blauer diagonaler Balken). Wo sich der Weg nach ca. 100 m nach rechts wendet, halten wir uns links hinauf auf den Pfad durch Heidelbeeren und Heidekraut. Wir kreuzen einen Querweg, gehen geradeaus (Schild: Wallersbrunn) und biegen beim nächsten Querweg halb links ab (blaues R: Birkenschlag-Weg). Unten lädt uns bei der Quelle Wallersbrunn eine Picknickbank zum Verweilen ein, bevor wir dem Weg weiter folgen. Durch einen Hohlweg gelangen wir an eine Kreuzung, an der wir uns für den unbefestigten Weg halb links entscheiden. Bald führt er uns über eine Wiese, wir tauchen erneut in den Wald ein und wenden uns am geschotterten Querweg nach rechts. Nach ca. 200 m schwenken wir erneut rechts in einen Querweg und befinden uns nun wieder auf dem offiziellen Rennsteig, der uns zu einer Landstraße führt. Auf der andereren Seite erwartet uns die **Frankenwaldhütte** ⑨, wo wir einkehren oder sogleich vor der Hütte rechts abbiegen. Wieder überschreiten wir die bayerisch-thüringische Grenze, worauf das Zollhaus hinweist, an dem vorbei wir dem Asphaltweg folgen (Schild: Spechtsbrunn 2,5 km). Wir passieren die Info-Stelle des Landschaftspflegeverbands Frankenwald und weite Wiesen, auf denen oft Schottische Hochlandrinder weiden. An der Gabelung am Waldrand halten wir uns links und orientieren uns an der Markierung. Bei einer überdachten Picknickbank mit schönem Blick auf ein Wiesental gehen wir geradeaus über die Kreuzung und tauchen erneut in die Schatten der Bäume ein. Nachdem wir den Wald wieder verlassen haben, endet der Asphaltweg an der Landstraße beim Naturpark-Informationszentrum Frankenwald. Dort kommen wir am Imbiss **Kalte Küche** ⑩ und an überdachten Picknickbänken

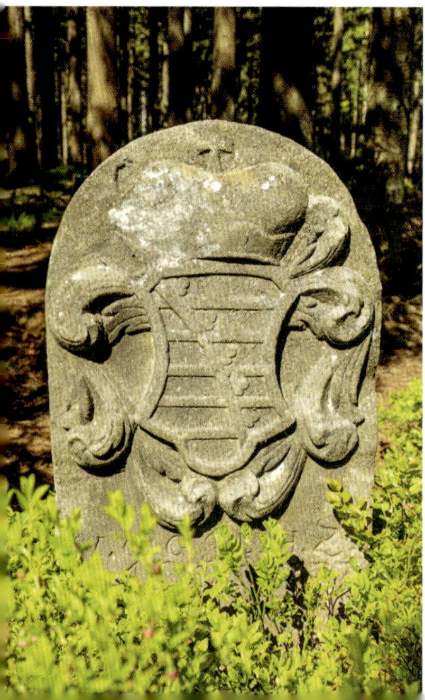

Reich verzierte Grenzsteine säumen den Schönwappenweg.

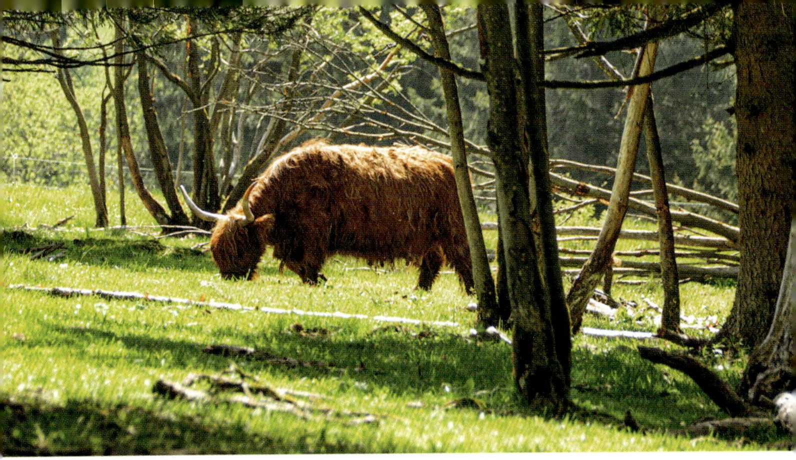

Hochlandrinder pflegen die Schildwiese.

vorbei, kreuzen eine zweite Landstraße und wählen den Waldweg geradeaus (Schild: Spechtsbrunn 0,8 km). An dieser Stelle mündet auch die **Rennsteig-Leiter Gräfenthal RL04** in den Rennsteig. Am Ortsrand geht der Schotterbelag in Asphalt über und der Weg führt uns zur Hauptstraße von **Spechtsbrunn** ⓫, an der wir nach rechts gehen (Schild: Thüringenblick 1,7 km) und den Gasthof Am Rennsteig vor uns sehen.

i Schon 1978 gab in Kleintettau der letzte Landwirt aufgrund der schlechten Erträge seinen Betrieb auf. Die viel besser bezahlte (Schicht-) Arbeit in der modernen Glasindustrie ließ sich immer weniger mit einer Landwirtschaft im Nebenerwerb vereinbaren. Äcker lagen brach, artenreiche Wiesen drohten unter Gesträuch zu verschwinden, und so kamen elf Kleintettauer auf die Idee, die offene Landschaft durch extensive Beweidung mit robusten Rindern zu erhalten. Schottische ***Hochlandrinder*** *erwiesen sich als beste Wahl: Sie schonen die empfindliche Grasnarbe der Feuchtwiesen, brauchen selbst bei Tiefschnee keinen Stall und kommen auch mit karger Nahrung zurecht. Was Anfang der 80er-Jahre mit vier Schottischen Hochlandkühen und einem Bullen begann, ist mittlerweile auf ein Dutzend Herden mit insgesamt ca. 160 Tieren angewachsen. Die zotteligen Rinder mit den langen Hörnern sind zur Touristenattraktion geworden, aber sie pflegen nach wie vor die Landschaft und liefern auch Fleisch von wildähnlichem Geschmack, das in Form von Wurst im Hofladen des Glascafés in Kleintettau (www.glascafe-kleintettau.de/hofladen) und in Kronach bei der Metzgerei Kraus (Strauer Straße 3, Tel. +49 9261 61636) erworben werden kann.*

2S Schleife Altvaterturm und Schieferpark Lehesten

2.30 h	10,0 km
↗ 210 m	↘ 210 m

Bemooste Schieferhalden, lichte Birkenwälder und ein tiefer See

Zunächst steigen wir auf den Wetzstein, auf dessen bewaldetem Rücken wir nicht nur an verlassenen Bunkeranlagen aus DDR-Zeiten vorüberkommen, sondern auch der markante Altvaterturm hoch über die Bäume aufragt. In einem aufgelassenen Schiefersteinbruch erwarten uns ein spannendes Freilichtmuseum und ein malerisch blauer, von Birken und dunklem Gestein umgebener See. Mit etwas Glück hören wir hier den Uhu rufen, der in der Felswand brütet.

Ausgangs- und Endpunkt: Etappe 2, Abzweig Altvaterturm ❺, 731 m.
Anforderungen: Überwiegend leicht begehbare Wald- und Wirtschaftswege, streckenweise jedoch auch Wurzelpfade, die etwas mehr Aufmerksamkeit erfordern.
Einkehr: Altvaterturm, Wochenende geöffnet, www.gaststätte-altvaterturm.de, Tel. +49 176 41080096 o. +49 36653 264380.

Tipps: 1. Die Aussichtsplattform und kleine Ausstellung des Altvaterturms ist nur zu den Öffnungszeiten der Gaststätte zugänglich und kostet Eintritt.
2. Im Schieferpark Lehesten werden interessante Führungen zum historischen Schieferbergbau angeboten, aber auch so lohnt das Technische Denkmal samt umgebendem Naturschutzgebiet eine ausgiebigere Erkundung: www.schieferdenkmal-lehesten.de.

Am **Abzweig Altvaterturm ❶** wenden wir uns auf dem Querweg ohne Markierung nach rechts und verlassen damit den Rennsteig, der nach links weiterführt. An der Kreuzung halten wir uns geradeaus (Schild: Wetzstein 1,7 km) und nach ca. 700 m biegen wir rechts hinauf ab (Schild: Wetzstein). Es geht stramm bergauf und oben schwenken wir nach rechts in den Querweg ein (ohne Markierung). Nach zwei Linkskurven stoßen wir erneut auf einen Querweg, dem wir nach links folgen und die Kuppe des **Wetzsteins ❷**, 792 m, erreichen. Hier stand ein nach Bismarck benannter Aussichtsturm, bis er 1979 gesprengt wurde. Heute sind nur noch Betonreste eines vermutlich militärischen Objekts zu sehen, denn zu DDR-Zeiten war auf dem Wetzstein eine Kompanie zur Luftraumüberwachung stationiert. Der Weg führt uns nun bergab und wir halten uns links, an den großen Stahltoren

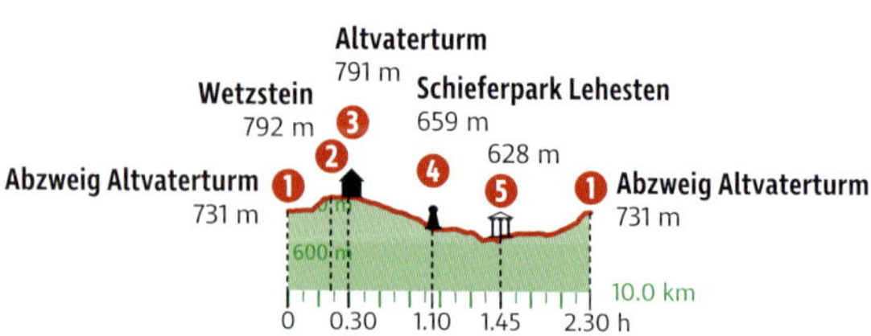

i *1945/46 aus dem einstigen Ostsudeten Vertriebene gründeten 1976 den Altvaterturmverein Langgöns e. V., um den 1957 in ihrer alten Heimat verfallenen und schließlich gesprengten* ***Altvaterturm*** *in Deutschland neu zu errichten. Es dauerte jedoch bis 1999, einen Standort zu finden und die Baugenehmigung zu erhalten. 2004 konnte der ca. 36 m hohe Turm schließlich eingeweiht werden. In Größe und Gestalt ähnelt er seinem Vorgänger, der 1912 auf dem Altvater, 1492 m, im heutigen Tschechien eröffnet worden war. Auf dem Wetzstein war etwa zur gleichen Zeit (1902) der ca. 21 m hohe Bismarckturm errichtet worden, zu dessen Füßen jährlich das Wetzsteinfest stattfand. Damit war es im Zweiten Weltkrieg vorbei und 1979 sprengte man auch diesen baufällig gewordenen Turm, dessen Platz nun Antennenanlagen und Bunker der Nationalen Volksarmee einnahmen. Als Ersatz für den beliebten Bismarckturm war der neue Altvaterturm daher in Lehesten willkommen.*

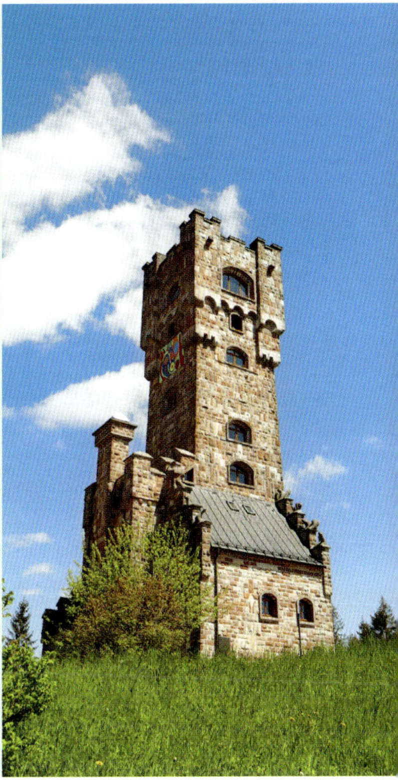

eines Bunkers vorbei, um dem Wegverlauf zur Wetzsteinhütte zu folgen, wo überdachte Picknickbänke zur Rast einladen. Bei der Hütte können wir zur Rechten einen Abstecher zu weiteren Bunkeranlagen hinunter machen, aber unsere Tour führt geradeaus, an der schmalen Straße entlang zum **Altvaterturm** ❸. Zu seinen Füßen erwarten uns weitere überdachte Picknickbänke und oben auf der Aussichtsplattform ein herrlicher Fernblick. Dann gehen wir über die kleine Holzbrücke auf der linken Straßenseite, biegen direkt dahinter rechts ab (Schild: Lehesten 3,2 km) und nehmen bei der Info-Tafel zum Wintersport den Waldweg halb links. Bald darauf kreuzen wir einen geschotterten Querweg (Schild: Lehesten) und gelangen nach ca. 700 m an einen weiteren, in den wir nach links einschwenken. Etwa 200 m weiter wenden wir uns nach rechts (Schild: Schieferpark Lehesten), kreuzen sogleich einen befestigten Forstweg, gehen geradeaus weiter (grünes L: Schieferpark) und ignorieren alle Abzweige, bis wir auf eine Schotterstraße stoßen, der wir rechts hinab folgen. An der Gabelung halten wir uns rechts (Schild: Zum Schieferpark Lehesten) und erreichen schließlich die ersten Gebäude des Technischen Denkmals **Schieferpark Lehesten** ❹. Seit dem 13. Jahrhundert wurde auf dem Gelände des heute Staatsbruch genannten Steinbruchs Schiefer abgebaut, woraus sich einer der größten Schiefertagebaue des Kontinents entwickelte. Wir passieren den Förderturm auf der linken Wegseite und halten auf den gemauerten viereckigen Turm zu. Vor diesem Gebäude gehen wir halb links, auf das Betonpodest links neben dem Turm, das als erste Aussichtsplattform über die einstige Tagebaugrube dient. Heute beherbergt sie einen großen, 45 m tiefen See. Danach kehren wir auf gleichem Weg zurück, Richtung Förderturm, biegen jedoch noch vor dem Gebäude bei der Stele »Naturpark + Geopark« rechts ab. Der breite Weg verläuft am Rand des Tagebaus entlang, von dessen Kante wir angemessenen Sicherheitsabstand halten, und bietet kleine Abstecher zu immer neuen Blicken über den See. Wir nehmen den ersten ab-

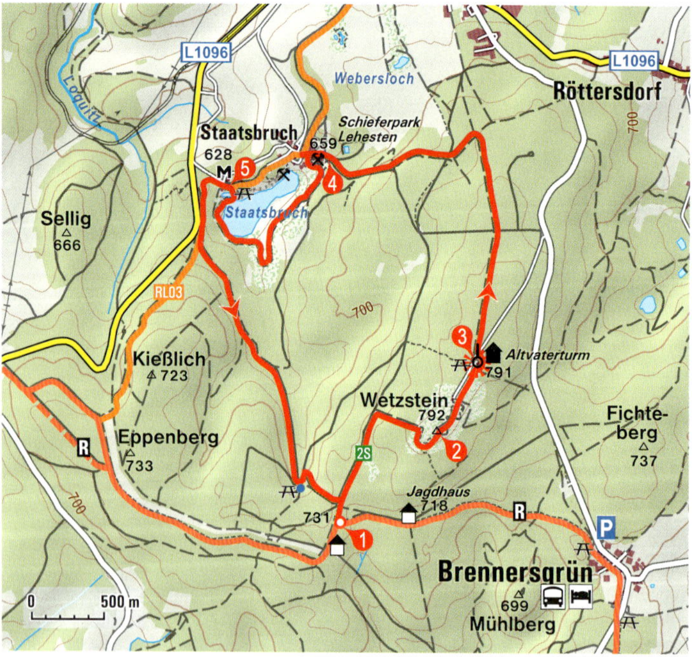

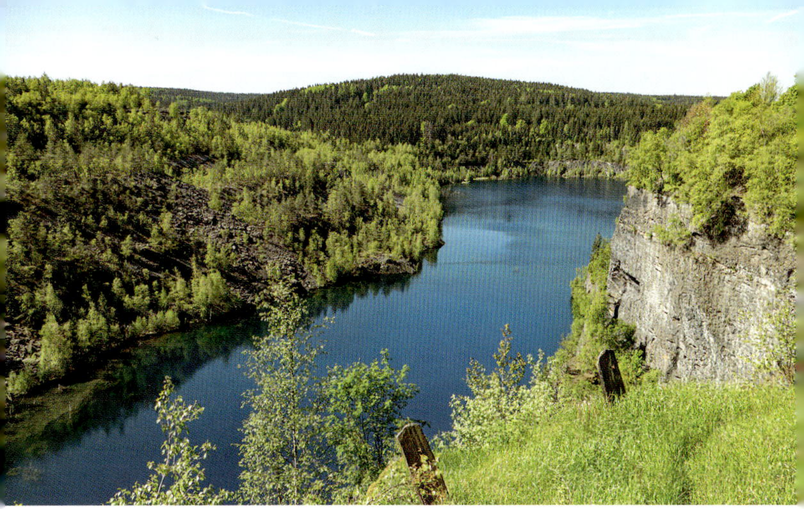

Aus dem einstigen Tagebau wurde ein See und Naturschutzgebiet.

zweigenden Weg nach rechts (grünes Bergmannssymbol Schlägel & Eisen), der uns weiter um den See herumführt, an Schiefersteinmännchen und einem mit bunten Bändern geschmückten »Feenbaum« vorbei. Zur Linken rauscht unten die Loquitz, aber wir ignorieren Abzweige nach links, bis wir auf einen Querweg stoßen, dem wir nach links folgen. Am tiefsten Punkt des Wegs wählen wir den Abzweig rechts zum Wasser hinab, um gegenüber die Stufen hinaufzusteigen, falls es der Wasserstand gestattet. Sollte dies nicht möglich sein, folgen wir dem Hauptweg weiter und erreichen so ebenfalls das **Museumsareal** 5, wo uns weitere schöne Aussichtspunkte, alte Lorenbahnen, Picknickbänke und vieles mehr zum Verweilen einladen. Am Wegweiser beim Miniaturdorf orientieren wir uns an der Beschilderung »zum Rennsteig 2,6 km« und hinter der Schranke nehmen wir den Pfad ohne Markierung nach links in den Wald. Er mündet in einen befestigten Querweg, auf dem wir nach links gehen, parallel zur Straße. Bald zweigt von der Straße ein Forstweg ab, dem wir nach links (rotes Dreieck: Zum Stern 2,0 km) in den Wald zurück folgen. An der ersten Gabelung halten wir uns links hinunter, an der folgenden rechts (rotes Dreieck: Stern) entlang der munter plätschernden Loquitz. Bei der überdachten Picknickbank neben der Loquitzquelle biegen wir an der Kreuzung auf den Schotterweg nach links ab (rotes Dreieck: 1,0 km Rennsteig) und sogleich rechts hinauf auf einen Lochbetonweg. Er endet oben vor einem Wegweiser an einem Schotterquerweg. Hier wenden wir uns nach rechts und nehmen den unscheinbaren Pfad in den Wald (Schild: 0,6 km Rennsteig), der uns direkt zum **Abzweig Altvaterturm** 1 und somit auf den Rennsteig zurückbringt.

3 Von Spechtsbrunn nach Friedrichshöhe

5.45 h | 23,2 km | ↗450 m | ↘330 m

Dichte Wälder, blühende Bergwiesen und ein tief blauer Stausee

Auf unserer Wanderung durch das Thüringer Schiefergebirge kommen wir an einem früheren Steinbruch und mehreren Aussichtspunkten mit Fernblick nach Franken vorbei. Der von alten Grenzsteinen gesäumte Weg führt uns nach Neuhaus am Rennweg, der größten Ortschaft am Rennsteig. Von hier lohnt sich ein Abstecher in die alte Glasmacherstadt Lauscha, wo das traditionelle Kunsthandwerk gepflegt wird. Bald darauf haben wir Blick auf die Talsperre Scheibe-Alsbach und steigen zur Wasserscheide am Dreistromstein hinauf.

Ausgangspunkt: Gasthof »Am Rennsteig« in Spechtsbrunn, 684 m; Navi: Obere Sonneberger Str. 2, 98743 Oberland am Rennsteig.
ÖPNV: Bushaltestelle Spechtsbrunn Bauersachs bzw. Teich, OVG Sonneberg Linien 510 Neuhaus–Schauberg, Mo. bis Fr. ca. 10-mal, Sa.+So. 3-mal täglich und 706 Sonneberg–Georgshütte, Mo. bis Fr. ca. 10-mal, Sa. ca. 2-mal täglich.
Zuwege: RL05 bis RL11.
Anforderungen: Überwiegend leicht zu begehende Wege und wenige Pfade; gleich zu Beginn geht es steil hinauf, doch die weiteren Anstiege sind moderat.
Einkehr: **Ernstthal:** Gasthaus & Pension Waldstüble, Mi. bis Sa. geöffnet, Telleweg 27, www.waldstueble.com, Tel. +49 36702 21771 o. +49 171 7543343; **Neuhaus am Rennweg:** Hotel und Gasthof Hirsch Di. u. Mi. Ruhetag, Sonneberger Str. 132, www.hirsch-rennweg.de, Tel. +49 3679 726113; Restaurant Am Waldesrand, Mo. u. Di. Ruhetag, Karl-Liebknecht-Str. 8, www.restaurant-am-waldesrand.de, Tel. +49 3679 727760; Schieferhof, So. u. Mo. Ruhetag, Eisfelder Str. 26, www.schieferhof.de, Tel. +49 3679 7740; **Limbach:** Fleischerei Koch & Imbiss, So. u. Mo. Ruhetag, Gotthelf-Greiner-Str., Tel. +49 36704 707067; Eiscafe Limbach, Mo. bis Do. Ruhetag, Scheibener Str. 2, www.eiscafe-limbach.de, Tel. +49 36704 179993 o. +49 170 9189413; **Friedrichshöhe**: Pension Hirschblick, nach Voranmeldung, Rennsteigstr. 24, www.hirschblick.de, Tel. +49 36704 80498; Gasthaus & Pension Zum Rennsteig, Mo. u. Di. Ruhetag, Rennsteigstr. 55, www.thueringen.info/pension-zum-rennsteig.html, Tel. +49 36704 80398.
Unterkünfte: Am Brand Finnhütten, www.thueringen.info/berggasthof-finnhuetten-am-brand, Tel. +49 36701 60309 o. +49 176 98269699; **Ernstthal:** Gasthaus & Pension Waldstüble, Telleweg 27, www.waldstueble.com, Tel. +49 36702 21771 o. +49 171 7543343; Wanderherberge Waldschlösschen, Rennsteigstr. 9a, www.waldschloesschen-ernstthal.de, Tel. +49 36702 21931 o. +49 176 96920522; **Neuhaus am Rennweg:** Hotel und Gasthof Hirsch, Sonneberger Str. 132, www.hirsch-rennweg.de, Tel. +49 3679 726113; Schieferhof (Di. bis Sa. 17–23 Uhr), Eisfelder Str. 26, www.schieferhof.de, Tel. +49 3679 7740; Rennsteighotel Herrnberger Hof, Eisfelder Str. 44, www.rennsteighotel.de, Tel. +493679 79200; **Limbach:** Rennsteig-Pension Trautwein, Am Rennsteig 1, rennsteig-pension-trautwein.de, Tel. +49 36704 80496; Haus Rennsteigrose, Alter Weg 1, www.rennsteigrose.de, Tel. +49 36704 80753; Elkes Jägerstube, Neumannsgrunder Straße 6, elkes-rennsteigquartiere.de, Tel. +49 36704 80193; **Friedrichshöhe:** Pension Hirschblick, Rennsteigstr. 24, www.hirschblick.de, Tel.

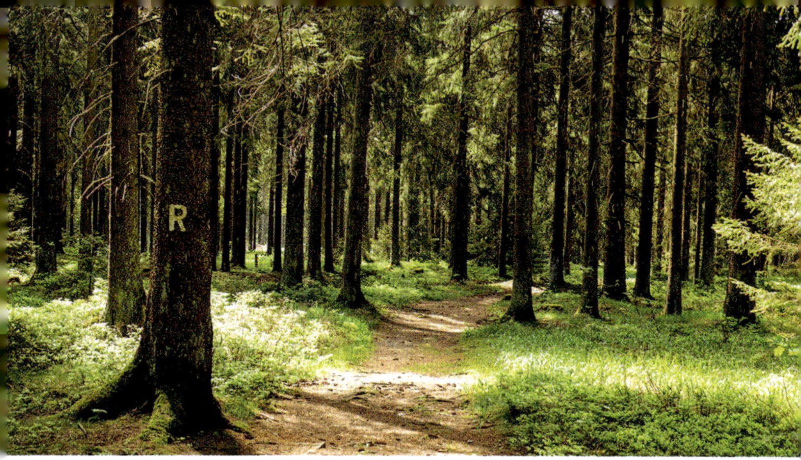

Rennsteig vor Ernstthal.

+49 36704 80498; Gasthaus & Pension »Zum Rennsteig«, Rennsteigstr. 55, www.thueringen.info/pension-zum-rennsteig, Tel. +49 36704 80659.

Einkauf: **Neuhaus:** Mehrere Supermärkte, Bäckereien und Fleischer.

Informationen: Lauscha (Ernstthal) Tel. +49 36702 22944; Neuhaus am Rennweg (Limbach, Siegmundsburg) Tel. +49 3679 7890438; Eisfeld (Friedrichshöhe, Bleßberg) Tel. +49 3686 300308.

Tipps: 1. Auf dieser Etappe bietet sich bei ❺ die kurze Variante 3V durch das idyllische Glücksthal an; 2. Für Wanderer mit guter Kondition, denn es gibt einen steilen Ab- und einen gemächlicheren, aber 2 km langen Anstieg, lockt am Dreistromstein ❽ die Schleife 3S Hintere Werraquelle–Bleßberg mit einem Aussichtsturm. Sie kann durch eine Übernachtung auf dem Bleßberg auf zwei Tage verteilt werden; 3. Thüringer Wald Shop (am Bahnhof von Neuhaus, Tourist-Information): Hier können wir regionale Produkte erwerben, einkehren und den Schlüssel für die sehenswerte Kirche erhalten, www.thueringer-wald.shop; 4. Ausflug von Neuhaus nach Lauscha: Wir können dafür die stündliche Bahnverbindung oder die Buslinie 705 nutzen; 5. In Limbach findet sich die Glasbläserei »Thüringer Weihnacht« in Sichtweite des Rennsteigs, www.glas-bartholmes.de; 6. Die kleine Ausstellung im Naturparkinformationszentrum Friedrichshöhe ist Mo. bis Fr. 9–16 Uhr geöffnet; in dem schönen schieferverkleideten Gebäude war bis 1960 die letzte Einklassenschule der DDR untergebracht.

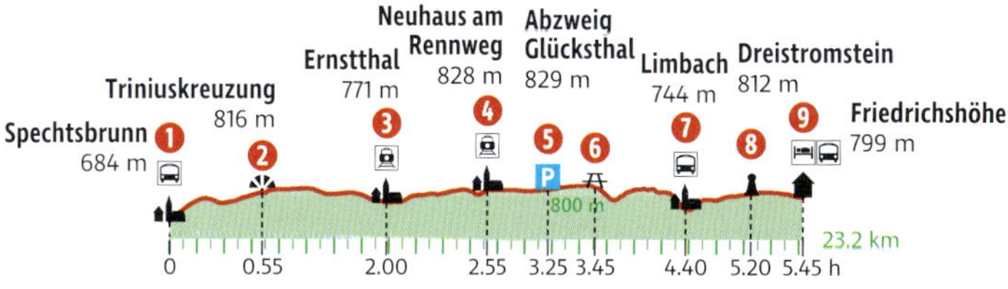

Mit der Durchgangsstraße von **Spechtsbrunn** ❶ im Rücken gehen wir rechts am Gasthof vorbei und die schmale Piesauer Straße steil hinauf (Schild: Ernstthal Bhf. 7,6 km). Oben biegen wir links ab, gehen auf dem Schotterweg bergan und passieren die Clemens Major Schutzhütte. Direkt dahinter kreuzen wir einen Querweg, um den Pfad halb rechts zu nehmen (Schild: Laubeshütte 3,5 km). Wir gehen geradeaus über den nächsten Querweg und folgen dem Wegverlauf zunächst durch Wald, dann an einer großen Wiese entlang und schwenken bei einer Picknickbank links in den Asphaltweg ein – nicht scharf links abbiegen! (Schild: Laubeshütte 2,5 km). Er führt uns an der Berg-Baude vorbei, dem einstigen Berggasthof Brand, der mittlerweile geschlossen hat, aber noch Finnhütten vermietet. Nun verliert sich der Asphalt und wir passieren kurz darauf einen einstigen Steinbruch, wo Schiefer zur Herstellung von Griffeln gewonnen wurde. Es geht weiter bergan, wir kommen etwas abseits auf der linken Wegseite an einer überdachten Picknickbank vorüber und haben einen immer weiteren Blick. Leider eröffnet er uns das ganze Ausmaß der klimawandelbedingten Schäden im Fichtenbestand, aber wenigstens gibt der Anblick der oft erst neu aufwachsenden Laubbäume Hoffnung auf neue schöne Wälder. Wir gelangen zur **Triniuskreuzung** ❷ hinauf, wo von rechts die **Rennsteig-Leiter Schmiedefeld/Lichte RL05** heranführt. Auf dem Pfad nach links machen wir einen kurzen Abstecher zum Aussichtspunkt Triniusblick (mit Picknickbank), bevor wir auf dem linken der breiten Wege weiter bergan gehen (Schild: Laubeshütte 1,2 km). Wo der Schotterweg gleich darauf nach links hinabschwenkt, halten wir uns geradeaus, passieren eine weitere Picknickbank und erreichen die Schutzhütte Laubeshütte. Nachdem wir

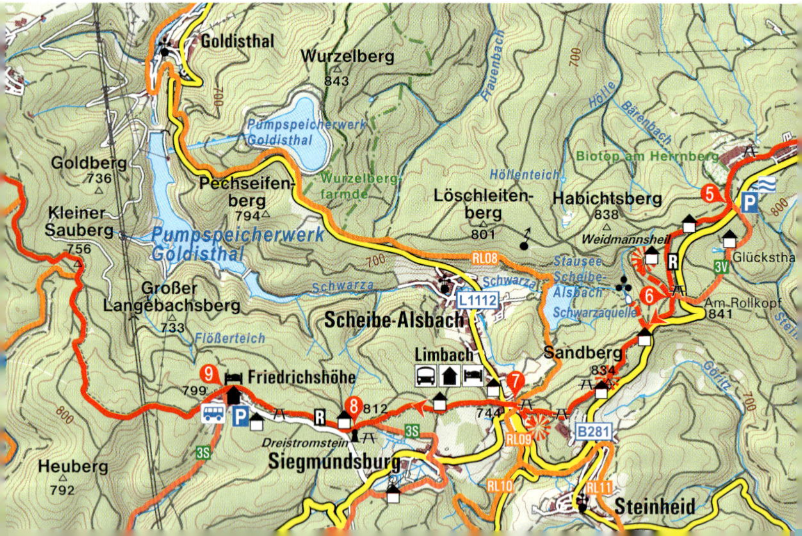

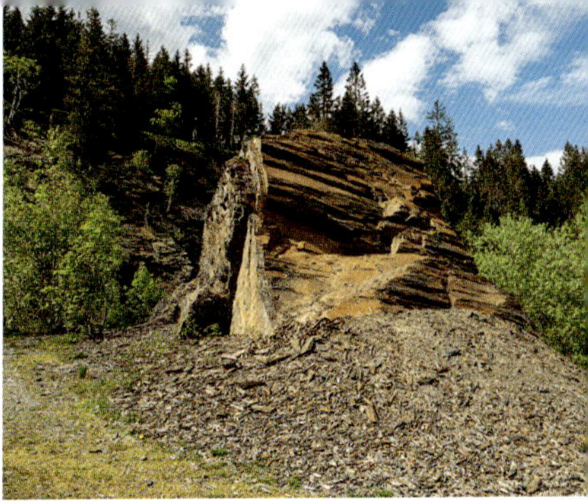

Mit Griffeln aus diesem Steinbruch wurde auf Schiefertafeln geschrieben.

auf dem Pfad zur Linken der Aussichtsbank mit Blick nach Franken einen Besuch abgestattet haben (Schild: Frankenwaldblick 0,1 km), biegen wir hier halb rechts in den Wald ab (Schild: Bahnhof Ernstthal 3,2 km). An der folgenden Gabelung wenden wir uns nach rechts (Schild: Ernstthal Bahnhof) und auch an der nächsten. Der Hohlweg mündet in einen breiteren Weg nach rechts, der uns zu einer Landstraße bringt. Diese überqueren wir, ebenso den angrenzenden Park- und Rastplatz, auf dem es zur Linken eine Schutzhütte und überdachte Picknickbänke gibt, und wählen den Schotterweg geradeaus (Schild: Bahnhof Ernstthal 2,5 km). Nach ca. 150 m verlassen wir ihn auf den unbefestigten Abzweig nach rechts, folgen dem Wegverlauf und stoßen auf eine Schotterpiste, auf der wir ein paar Meter nach rechts gehen, um links wieder auf einen unbefestigten Weg abzubiegen (Schild: Bahnhof Ernstthal 1,8 km). Etwa 500 m weiter wenden wir uns an der Kreuzung rechts hinab und nehmen nach nur 50 m den Abzweig nach links. Am Waldrand passieren wir die Schutzhütte Rodeland. Jenseits der großen Wiese folgen wir dem Querweg für ca. 100 m nach links (Schild: Ernstthal Bahnhof 0,8 km), bevor wir nach

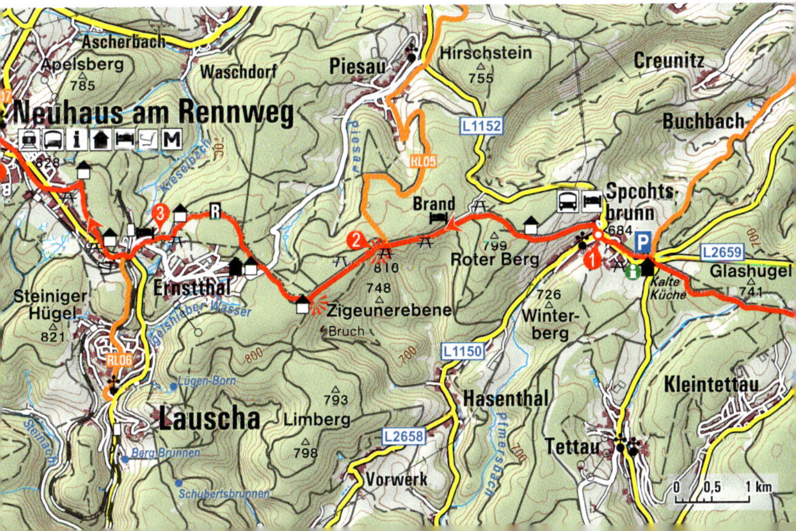

rechts und sogleich bei der Bank halb links in den Wald abbiegen. Am Ende des Waldwegs kommen wir an einer überdachten Picknickbank vorbei und halten uns dahinter an der Straße links nach **Ernstthal** 3 hinein. An der Kreuzung gehen wir auf dem Pfad parallel zur Straße geradeaus weiter (Schild: Rennsteighaus 2,7 km). Er endet bei einem Bahnübergang, den wir überqueren. Hier führt auf der anderen Straßenseite auch die **Rennsteig-Leiter Lauscha RL06** heran.

i Die Stadt ***Lauscha*** *ist nicht nur die Geburtsstätte des gläsernen Christbaumschmucks, sondern geht selbst auf die Gründung einer Glashütte 1597 zurück. Damals erhielten die Glasmacher Hans Greiner und Christoph Müller vom Herzog zu Sachsen-Coburg die nötige Konzession, denn vor Ort gab es alles, was für den Betrieb einer Glashütte nötig war: einen Mühlenbach (die Lauscha), Quarzsand vom Sandberg, über den uns der Rennsteig noch führen wird, Soda aus gebranntem Tuffstein, Kalk und Asche sowie reichlich Brennholz. Etliche der nicht erbberechtigten Söhne der Lauschaer Glasmeister gründeten weitere Glashütten, aus denen auch neue Ortschaften hervorgingen, so z. B. Neuhaus, Grumbach, Ernstthal und Kleintettau. 1835 entwickelte Ludwig Müller-Uri ein neuartiges Glasauge für Menschen und 1853 wurde die heutige Farbglashütte gegründet, in der Besucher heute sehen können, wie Glasröhren und Stäbe von Hand gezogen werden. 1847 fertigte ein Lauschaer Glasbläser die ersten Früchte und Nüsse aus Glas, aus denen wohl die Christbaumkugeln hervorgingen. Schon um 1900 bestellte die US-amerikanische Kaufhauskette Woolworth ca. 200 000 Kugeln und figürlichen Christbaumschmuck pro Jahr, die in rund 5000 verschiedenen Formen hergestellt wurden. Nach einer Phase der industriellen Produktion haben sich viele Werkstätten in Lauscha auf das traditionelle Handwerk besonnen. Im Museum für Glaskunst lassen sich 400 Jahre Geschichte des Lauschaer Glases nachvollziehen (Straße des Friedens 46, Tel. +49 36702 20724, www.glasmuseum-lauscha.de) und die Studioglashütte im Glaszentrum Lauscha bietet individuelle Vorführungen an (Straße des Friedens 22, Tel. +49 36702 20808, www.glaszentrum-lauscha.de).*

Hinter den Gleisen biegen wir rechts auf den Asphaltweg ab (Schild: Rennsteighaus 2,3 km) und nach ca. 70 m auf den Fußweg nach links. An der Gabelung können wir links zur Schutzhütte an der Landstraße und jenseits der Straße zum Bäcker und Edeka-Markt gehen, bevor uns der Schlenker zurück auf den Fußweg bringt, oder uns gleich rechts halten – die Wege vereinen sich sogleich wieder. An einem historischen Grenzstein und einer Picknickbank vorbei erreichen wir eine weitere Gabelung, an der wir uns für den rechten Weg entscheiden. Er verläuft am Waldrand und weiteren alten Grenzsteinen entlang, von denen einige fast 500 Jahre überdauert haben. Bei der Schutzhütte wenden wir uns nach links (Schild: Rennsteighaus 0,8 km), kommen am Ortsrand an Picknickbänken vorbei und folgen der Straße geradeaus nach Neuhaus hinein bis zu einer Kreuzung.

*i Mit 835 m über NN ist **Neuhaus** die höchstgelegene Stadt am Rennsteig und hat ca. 9000 Einwohner. Teilnehmer aus ganz Europa starten hier alljährlich im Mai zum GutsMuths-Rennsteiglauf. Die wohl bekannteste Sehenswürdigkeit ist die 1892 geweihte, reine Holzkirche, die außen ganz mit Schiefer verkleidet und innen mit Malereien und Schnitzwerk geschmückt ist. Für Rennsteig-Wanderer ist sie mit ihren vielen Einkaufsmöglichkeiten eine der wichtigsten Versorgungsstationen am Weg und bietet auch ein Rennsteighaus (tägl. 10–17 Uhr).*

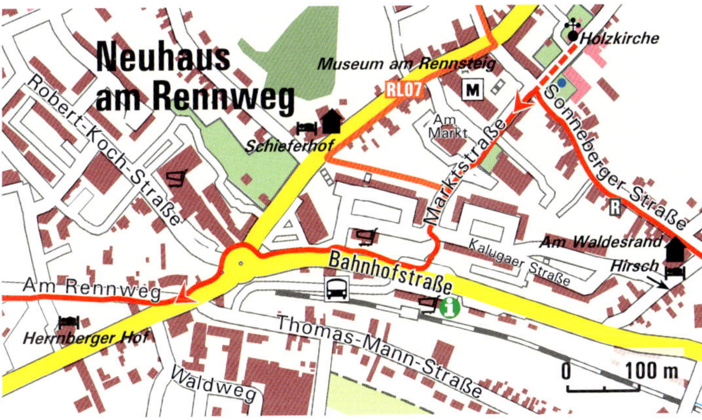

Hier führt der Bahnweg geradeaus zum Rennsteighaus (ca. 300 m), aber wir gehen an der Hauptstraße nach rechts (nicht scharf rechts abbiegen) und passieren das Geißlerhaus zur Linken sowie das einstige Gasthaus Bayerischer Krug zur Rechten. Über die nächste Kreuzung halten wir uns geradeaus in die Sonneberger Straße. An der dritten Kreuzung schwenkt der offizielle Rennsteig zwar nach links und biegt am Ende der Einbahnstraße rechts zum Bahnhof ab. Wir folgen jedoch der Sonneberger Straße bis zur Ecke Marktstraße weiter, denn hier können wir nach rechts einen kurzen Abstecher zur komplett in Schiefer gehüllten Holzkirche machen, bevor wir links die Marktstraße hinaufgehen – am Haus des Gastes mit dem Erlebnismuseum vorbei – und oben die Stufen zum Bahnhof hochsteigen. Vor dem Bahnhof **Neuhaus am Rennweg** ❹, wo auch die **Rennsteig-Leiter Oberweißbach RL07** endet, können wir entweder die Straße überqueren

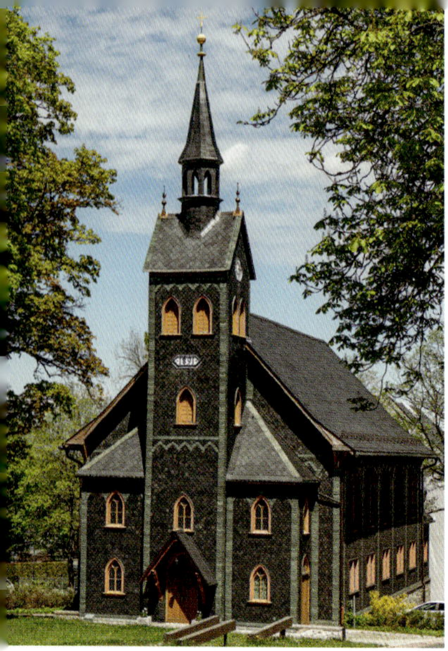

Den Schlüssel zur Holzkirche erhalten wir in der Tourist-Info von Neuhaus.

und im Thüringer Wald Shop einkehren oder gleich den Pfad nach rechts die Straße entlang nehmen. Er führt oberhalb an einem Lidl-Markt vorbei, dann umgehen wir einen Kreisverkehr auf dessen rechter Seite, passieren das Dönerlokal und biegen dahinter rechts in die Straße Am Rennweg ab. Nun halten wir uns geradeaus und an der Gabelung links. Der Asphalt endet und bald darauf kreuzen wir eine Straße, um bei der überdachten Picknickbank den Pfad halb links zu nehmen (Schild: Steinheider Hütte 4,3 km). An seinem Ende gehen wir wenige Meter auf dem parallel verlaufenden Schotterweg geradeaus, bis wir links wieder in den Wald eintauchen können (Schild: Steinheider Hütte 3,4 km). Wir kommen am Abzweig zu den Ferienhäusern »Wanderhütten Rennsteigbaude« vorbei, nehmen aber erst den nächsten nach links. Zwischen den Bäumen kommt nun zur Linken ein großer Parkplatz in Sicht, dahinter stößt der Rennsteig auf eine Landstraße und führt ein kurzes Stück an ihr entlang. Hier können wir am **Abzweig Glücksthal** 5 auf die gleichnamige **Variante 3V** abbiegen, indem wir die Straße vorsichtig überqueren (Schild: Wüstung Glücksthal), oder wir folgen dem Rennsteig weiter nach rechts (Schild: Steinheider Hütte 2,5 km). Auf schönen Waldwegen geht es durch Fichtenbestände, die durch einzelne alte Laubbäume aufgelockert werden. Erneut lohnt es sich, am Wegrand nach Grenzsteinen Ausschau zu halten. Die ältesten sind mit dem Wappen von Sachsen-Meiningen sowie den Schwarzburger Gabeln verziert und stammen aus dem Jahr 1598. Bei einem Exemplar von 1609 passieren wir eine Schutzhütte und gehen geradeaus über die dahinterliegende Kreuzung (Schild: Steinheider Hütte 1,8 km). Der Weg führt uns bei einer Picknickbank

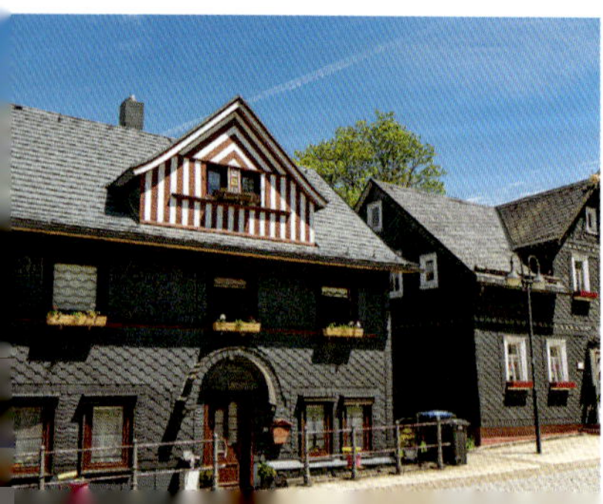

In Neuhaus wird die traditionelle Schiefereindeckung hochgehalten.

und einem besonders gut erhaltenen Wappenstein an einen Schotterquerweg, auf dem wir wenige Schritte nach links gehen, um sogleich wieder auf den Waldweg nach links abzubiegen. Er verläuft durch schönen, lichten Nadelwald zur Picknickbank **Am Rollkopf** 6 hinab, wo von links die **Variante 3V** wieder zu uns stößt. Auch hier haben wir die Wahl: Auf dem geschotterten Querweg können wir nach rechts einen Abstecher von ca. 500 m (einfache Strecke) zur Schutzhütte Weidmannsheil machen, die uns herrlichen Blick auf die Talsperre Scheibe-Alsbach und die umgebenden Berge bietet. Zwar haben wir später auch direkt am Rennsteig Aussicht auf den See, aber der Blick von der Schutzhütte aus ist eindeutig schöner. Auf dem Rennsteig geht es jedoch geradeaus weiter (Schild: Steinheider Hütte 1,5 km). Er führt uns einen Hohlweg hinab zur Landstraße, an der wir hinter der großen Parkbucht rechts hinunter abbiegen. Unten am Querweg gehen wir wieder links hinauf. Wer jedoch einen sehr steilen Abstecher von ca. 500 m (einfache Strecke) hinunter zur Quelle der Schwarza machen möchte, wendet sich zunächst nach rechts (Schild: Schwarzaquelle 0,5 km) und sogleich links hinab (ohne Markierung).

i *Die Quelle der ca. 53 km langen **Schwarza** befindet sich nur etwa 250 m vom Rennsteig entfernt, jedoch deutlich tiefer, auf 717 m gelegen. In den Schatten des engen, bewaldeten Talgrunds wirkt das über dunkles Schiefergestein fließende Wasser schwarz, weshalb die Germanen ihm den Namen Suarzaha gaben. Es steigt in einer Spalte zwischen Schiefer und Buntsandstein auf, die so tief ist, dass das Wasser zu jeder Jahreszeit konstante 6° C hat, auch in strengen Wintern. 1855 wurde die Quelle gefasst und wo heute die **Talsperre Scheibe-Alsbach** die Schwarza staut, war zuvor nur ein Flößerteich gewesen. Mit dem Bau des Staudamms wurde 1937 begonnen. 1944 nahm die Talsperre ihren Betrieb auf und diente zunächst nur zur Regulierung der Pegelstände am Fluss. Erst seit 1986 trägt sie auch zur Trinkwasserversorgung bei. Um 1990 wurde der Stauraum um 100 000 m³ auf 2,06 Mio. m³ erweitert. Heute liefert die Talsperre pro Jahr etwa 1,2 Mio. m³ Wasser für ca. 15 Gemeinden und Städte der Region Neuhaus am Rennweg. Die Schwarza ist außerdem der goldreichste Fluss Deutschlands und lieferte im 16. Jh. ca. vier Tonnen Gold. Ein Eldorado für Wanderer stellt dagegen das untere Schwarzatal mit seinen Strudeltöpfen und naturbelassenen Hangwäldern dar.*

Oben erreichen wir den Rastplatz Sandwieschen, wo uns die Steinheider Hütte, Picknickbänke und eine Info-Tafel zur Schwarzaquelle erwarten, und folgen dem markierten Waldweg weiter. Bald verrät der sandige Untergrund, wie der Sandberg zu seinem Namen kam. Durch den hohen Kaolingehalt seines Buntsandsteins lieferte er einen wichtigen Rohstoff für die vielen Glashütten der Umgebung.

An der Kreuzung biegen wir rechts ab, an der Info-Tafel vorbei, und ignorieren vor und hinter dem Hohlweg diverse Abzweige, bis wir uns an der Gabelung nach dem Holzgeländer rechts hinauf halten. Im weiteren Verlauf kommen wir an einer Picknickbank vorbei und ca. 200 m dahinter lockt zur Rechten »Norankes Stauseeblick«, wo wir von einer Picknickbank aus Blick auf die Talsperre Scheibe-Alsbach haben. Anschließend passieren wir eine Schutzhütte und wenden uns an der Gabelung nach rechts (Schild: Limbach 1,6 km), bevor wir an der Kreuzung geradeaus auf dem Asphaltweg weitergehen. Er führt uns über den Gipfel des Sandbergs, 834 m, aus dem Wald heraus und an einer großen Wiese entlang. Hinter einer Picknickbank verlassen wir den Asphaltweg nach rechts (Schild: Limbach 1,0 km), kehren in den Wald zurück und halten uns beim Felsbrocken geradeaus über die Kreuzung. Die erste Möglichkeit nach links ignorieren wir, dann nehmen wir den Pfad, der links vom Schotterweg abzweigt und parallel zu ihm verläuft. Schließlich können wir nach links einen Abstecher von ca. 100 m machen (Schild: Aussichtspunkt Lift), um Blick über das Tal von Limbach zu haben. Kurz darauf mündet der Pfad auf den Schotterweg, dem wir abwärts folgen und dabei den Wald verlassen. Auf dem Weg nach Limbach hinab weist uns zur Linken eine Info-Tafel auf die bereits sichtbare Greinergruft hin, zu der wir einen Abstecher machen können, um den beeindruckenden Familienstammbaum bis ins 15. Jahrhundert zurückzuverfolgen.

An einer Picknickbank vorbei erreichen wir eine Wegespinne am Ortsrand von **Limbach** 7. Hier münden aus unterschiedlichen Richtungen die **Rennsteig-Leitern Katzhütte RL08, Mengergereuth-Hämmern RL09, Rauenstein RL10** und **Steinach RL11**. Links geht es zu den Einkehrmöglichkeiten, aber der Rennsteig verläuft geradeaus auf dem Asphaltweg weiter (Schild: Dreistromstein 2,4 km). Er führt zu einer Querstraße hinunter, die wir kreuzen, um geradeaus die Scheibener Straße zum Wald hinaufzugehen. Bei der »Hütte am Alsbachweg« wechseln wir vom Asphalt- auf den Schotter-

Weide an der Schutzhütte Rodeland.

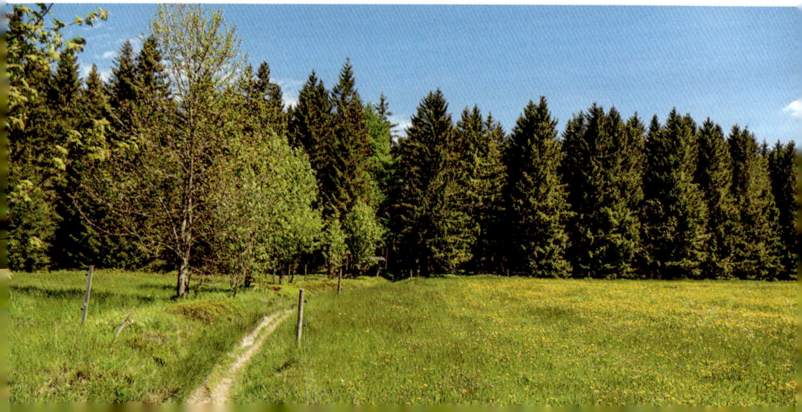

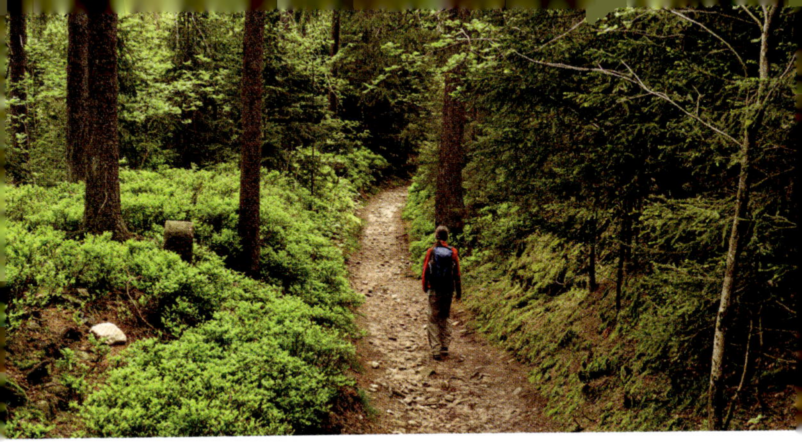

Rennsteig auf den Sandberg, wo Sand zur Glasherstellung abgebaut wurde.

weg geradeaus (Schild: Dreistromstein 2,1 km). Bald geht es an blühenden Bergwiesen entlang und weiterhin flankieren historische Grenzsteine unseren Weg. Wieder im Wald kommen wir an die Kreuzung bei der kleinen Schutzhütte Saarhütte, wo zwei Pfade geradeaus führen (Schild: Friedrichhöhe 2,9 km): Wir wählen den unteren, rechten Pfad, der mit dem weißen R markiert ist. Er folgt jedoch einem wasserführenden Hohlweg, weshalb der linke Pfad oberhalb bei nasser Witterung als trockenere Alternative dient. Nachdem die beiden wieder aufeinandertreffen, führt der Waldweg an ein paar gut erhaltenen Wappensteinen vorbei. An der Gabelung halten wir uns rechts und folgen dem Wegverlauf zum **Dreistromstein** 8, wo uns auch eine Schutzhütte erwartet. Wir befinden uns auf dem Kamm einer dreiseitigen Wasserscheide, denn die umgebenden Bäche fließen in drei Richtungen ab und speisen sowohl Elbe als auch Weser und Rhein. Hier können wir entweder die lohnende **Schleife 4S Hintere Werraquelle und Bleßberg** unternehmen oder auf dem Rennsteig weiter geradeaus gehen (Schild: Friedrichhöhe 1,7 km). Kurz darauf kommt bei einer Picknickbank eine Landstraße in Sicht, doch wir biegen noch vor der Straße halb rechts ab (Schild: Friedrichshöhe). Der Weg führt über eine gerodete Fläche und bei einer Picknickbank wieder in den Wald (Schild: Eisfelder Ausspanne 4,8 km). An der Gabelung können wir uns links oder rechts halten, da sich die Wege nach kurzem Stück wieder vereinen. Dann passieren wir einen Parkplatz mit überdachter Picknickbank und Schutzhütte; Letztere befindet sich an der Landstraße und ist vom Weg aus nicht sichtbar. Wir folgen dem Wegverlauf zunächst nur bis zur Info-Tafel **Friedrichshöhe** 9. Der Rennsteig verläuft zwar geradeaus weiter, aber wir machen links einen Abstecher auf den Wiesenpfad, um unser Übernachtungsquartier oder das Naturpark-Informationszentrum Thüringer Wald zu erreichen.

3V Variante Glücksthal

0.30 h | 1,9 km
↗50 m | ↘40 m

Ein Alternativweg für Natur- und Kunstfreunde gleichermaßen

Im Glücksthal verbergen sich ein idyllischer Teich und interessante Holzskulpturen am Rand einer Lichtung mitten im Wald. Hier wurden zwischen 1738 und 1838 in mehreren Werkstätten Wein- und andere Gläser hergestellt, doch die Natur hat fast alle Spuren zugedeckt. Wenn wir genau hinsehen, können wir noch Kellergewölbe finden.

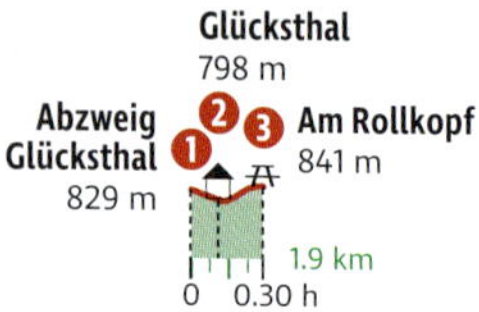

Ausgangspunkt: Etappe 3, Wegpunkt Abzweig Glücksthal ❷, 829 m.
Endpunkt: Etappe 3, Wegpunkt Am Rollkopf ❸, 835 m.
Anforderungen: Überwiegend leicht begehbare Waldwege.
Einkehr: Keine.

Beim **Abzweig Glücksthal** ❶ überqueren wir vorsichtig die Landstraße, um auf der anderen Seite geradeaus durch den Wald zu gehen und an der Gabelung rechts (Pilgermuschel, Schild: Glücksthal 300 m). Bei der Tafel »Glücksthal« schwenkt der Weg nach links hinab, aber wir halten uns geradeaus zur Schutzhütte. Auf der Rückseite der Tafel können wir Abbildungen der Glaswaren sehen, die hier einst angefertigt wurden. Angesichts der stillen Wiese und des unberührt wirkenden Waldes fällt es schwer, sich vorzustellen, dass hier einst etliche Gebäude inklusive eines Herrenhauses standen, aber auf der rechten Wegseite finden sich – unter den Bäumen verborgen – die verbliebenen Reste eines Gewölbekellers. Bei der Schutzhütte samt Picknickbänken erzählen weitere Info-Tafeln mehr über Aufstieg und Fall der Glashütte der Familie Greiner im **Glücksthal** ❷.

Mit der Hütte im Rücken nehmen wir den Pfad über die Wiese hinunter zum Teich. Dort entdecken wir kunstvoll aus Baumstümpfen geschnitzte Skulpturen, bevor uns der Pfad links über einen Steg und einige Rinnsale zu einem Querweg führt, dem wir rechts hinauf folgen, am kleinen Waldfriedhof vorbei, auf dem einige wenige Bewohner Glücksthals beerdigt wurden. Weiter oben kreuzen wir einen Schotterweg und gehen geradeaus (Schild: Rennsteig 0,8 km). Am nächsten Querweg biegen wir rechts ab (Pilgermuschel,

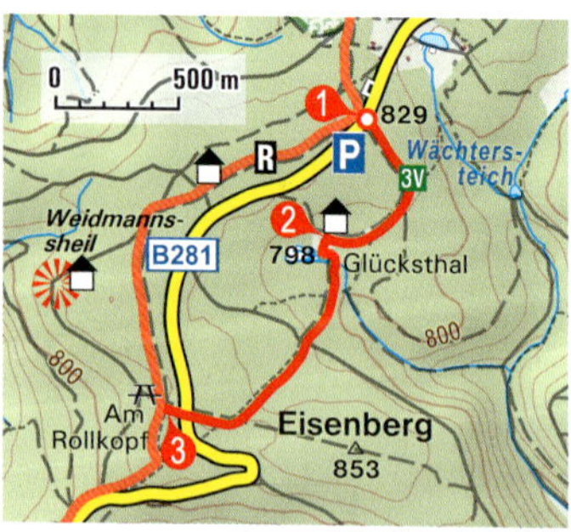

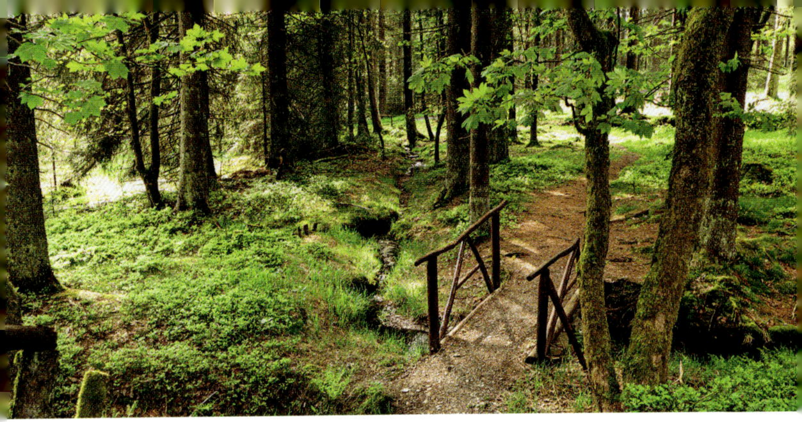

Steg bei der einstigen Glashütte im Glücksthal.

Schild: Weidmannsheil), überqueren die Landstraße und erreichen auf dem Schotterweg geradeaus die Kreuzung bei der Picknickbank **Am Rollkopf** ❸. Hier machen wir entweder einen Abstecher von ca. 500 m (einfache Strecke) geradeaus zum Aussichtspunkt Weidmannsheil mit herrlichem Blick auf die Talsperre Scheibe-Alsbach oder gehen sogleich links auf dem Rennsteig weiter.

i So wie Hans Greiner IV 1597 die Glashütte Lauscha und damit eine ganze spätere Ortschaft mit begründete, so erhielten seine Nachfahren Johann und Stephan Greiner 1736 die herzogliche Erlaubnis zur Errichtung der Glashütte ***Glücksthal****. Sturm und Borkenkäfer hatten für reichlich Brennholz gesorgt, weshalb sich der Standort anbot, obwohl der moorige Untergrund mit Gräben entwässert werden musste. Nach zwei Jahren Bau- und Rodungsarbeiten nahm die Glashütte ihre Arbeit auf. Daneben entstand eine fast autarke Siedlung mit Feldern und Vieh. Um 1750 erreichte die Produktion ihren Höhepunkt. In der Spitze stellten 24 Arbeiter Wein- und andere Gläser her, die bis nach Portugal und Russland gehandelt wurden. Zu dieser Zeit experimentierte auch Georg Heinrich Macheleid in Glücksthal, dem es später in Limbach gelang, eine neue Art Porzellan zu erfinden. Ab 1768 ging es mit Glücksthal bergab: Der Holzpreis stieg, während aus Preußen und Russland Konkurrenz auf den Glasmarkt drängte. Etliche Greiner-Söhne suchten ihr Glück in der Fremde, auch begleiteten sie Prinz Leopold von Sachsen-Coburg nach Belgien, wo er 1831 zum König ernannt wurde. 1838 musste die Glashütte den Betrieb einstellen. Der Staat erwarb das Gelände und ließ die Gebäude 1860 schleifen. Das Herrenhaus wurde jedoch in Wallendorf wieder aufgebaut und steht heute gut erhalten im Hammerweg 2.*

3S Schleife Hintere Werraquelle und Bleßberg

3.45 h	13,4 km
↗420 m	↘440 m

Blühende Bergwiesen, Wappensteine und herausragende Fernsicht

Auf dieser Schleife erwarten uns über 400 Jahre alte Grenzsteine in stillem Fichtenwald, eine der beiden Quellen der Werra, blütenreiche Wiesen, ein romantisches Bachtal und ein Aussichtsturm mit Panoramablick über den Thüringer Wald bis zu Fichtelgebirge, Rhön und Frankenwald. Wer sich für diesen Umweg entscheidet, verpasst auch nichts, da der Rennsteig zwischen Dreistromstein und Friedrichshöhe weitgehend über eine Rodungsfläche führt.

Ausgangspunkt: Etappe 3, Wegpunkt Dreistromstein 8, 812 m.
Endpunkt: Etappe 3, Wegpunkt Friedrichshöhe 9 bzw. Etappe 4, Wegpunkt Friedrichshöhe 1.
Anforderungen: Überwiegend unbefestigte Waldwege und -pfade, abschnittsweise auch befestigte Forst- und Feldwege. Ein langer steiler Abstieg und ein Anstieg, der fast 2 km lang ist, erfordern gute Kondition.
Einkehr: **Siegmundsburg:** Rennsteig Stüberl, Mo. bis Mi. Ruhetag, Oberland 34, www.rennsteig-stüberl.de, Tel. +49 36704 80270; **Bleßberg:** Wanderheim, Mo. u. Di. Ruhetag, www.blessberg.lima-city.de, Tel. +49 3686 60564 o. +49 3686 60733.
Übernachtung: **Bleßberg:** Wanderheim, www.blessberg.lima-city.de, Tel. +49 3686 60564 o. +49 3686 60733.
Tipps: 1. Der Aussichtsturm auf dem Bleßberg ist tagsüber immer geöffnet, aber kostenpflichtig, daher Kleingeld nicht vergessen; 2. Die am Weg gelegene Glasbläserei in Siegmundsburg bietet Werksverkauf an, www.glas-phantasien.de.

Nachdem wir den **Dreistromstein** 1 besichtigt haben, gehen wir ca. 200 m auf dem Rennsteig zurück (!) und nehmen an der Gabelung den geschotterten Weg halb rechts (Schild: Siegmundsburg 0,8 km). Am Querweg wenden wir uns nach rechts (Schild: Tubing-Anlage 1 km). Er führt uns mit Blick über die Wiesen nach Siegmundsburg hinab zur Hauptstraße, die wir überqueren, um einige Meter zur Rechten in den »Froschgrund« abzubiegen. Dieser Seitenstraße folgen wir an der Werkstatt eines Glasbläsers vorbei talwärts, unten über eine Brücke und dahinter links hinauf, wo sie in einen Schotterweg übergeht. Hier können wir auf der rechten Wegseite einen Blick in einen Felsenkeller werfen, der einst als Bierlager und im Krieg als Schutzraum diente, heute jedoch Fledermäusen ein Zuhause bietet. Direkt hinter dem Friedhof nehmen wir den Abzweig rechts hinauf. Leicht bergan führt uns der Weg über artenreiche Wiesen, bis er an einem befestigten Weg endet, in den wir nach rechts einschwenken. Wir passieren die **Schutzhütte Länder-Blick** 2 und einen Pkw-Parkplatz. Kurz vor der Hauptstraße biegen wir links ab, am Wartehäuschen der Bushaltestelle vorbei, auf den Pfad dahinter (X5, Schild: Werraquelle 400 m). Jenseits des folgenden Parkplatzes verläuft der Pfad zwischen Haus und Leitplanke an der Straße weiter und wir erreichen die **Hintere Werraquelle** 3 samt Picknickbänken.

Werra-Quellen-Streit: *Warum wird die Länge der Werra in manchen Nachschlagewerken mit 298 Kilometern angegeben, in anderen dagegen mit 292? Und warum kommt es zwischen Fehrenbachern und Siegmundsburgern gelegentlich zu hitzigen Wortgefechten? Es liegt am Streit um die »echte« Werraquelle. Der Fluss hat zwei Quellarme: Der eine entspringt in der Nähe des Bleßbergs, bei Siegmundsburg, und wird »Hintere Werraquelle« genannt. Die »Vordere Werraquelle« findet sich am Zeupelsberg, bei Fehrenbach, und so mancher Fehrenbacher behauptet, dies sei die einzige, somit die echte Quelle. Schließlich trägt der Quellarm am Bleßberg nicht den Namen Werra, sondern heißt verwirrenderweise Saar. Die Siegmundsburger führen dagegen vor allem ins Feld, dass ihre Quelle bereits 1492 urkundlich als fons werrae erwähnt wird, während die Quelle am Zeupelsberg erst ab 1666 in Schriftstücken auftaucht. Gutachter wurden hinzugezogen, um die Lage zu untersuchen, aber bis heute konnte die Streitfrage nicht eindeutig beantwortet werden. Erwiesen ist nur, dass die Saar der äußerste Zufluss der Werra ist, da sie sich in der Nähe des Dreistromsteins am Rennsteig befindet, der die Wasserscheiden Rhein-Weser und Elbe-Weser anzeigt. Auch hat sie ein geringfügig größeres Einzugsgebiet als der Arm aus der Vorderen Quelle.*

Von hier führt uns der Pfad zu einer Asphaltstraße auf den Bleßberg weiter, an der wir ca. 150 m nach links gehen und dabei an einer Schutzhütte vorbeikommen. Bei der Info-Tafel halten wir uns rechts in den Wald hinein (X5, Schild: Rundwanderweg Bleßberg – beiden folgen wir nun bis auf Weiteres). Erneut stoßen wir auf einen großen Parkplatz, den wir nach links der Länge nach überqueren. An seinem Ende nehmen wir den Weg links und befinden uns nun auf dem Grenzweg, der uns meist als Hohlweg entlang

Wiese oberhalb von Siegmundsburg.

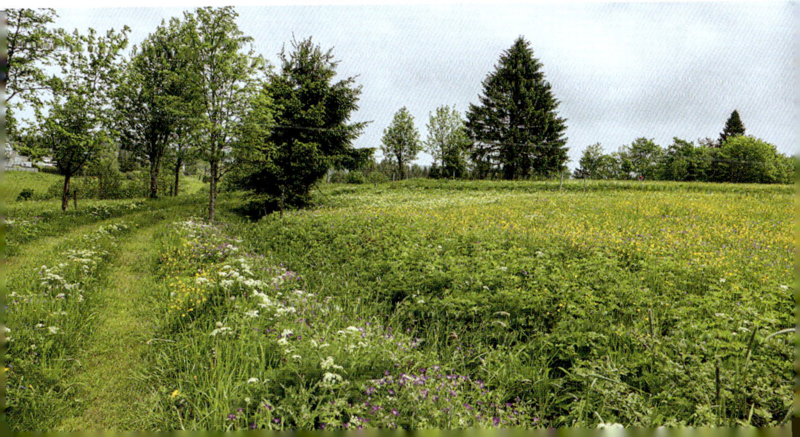

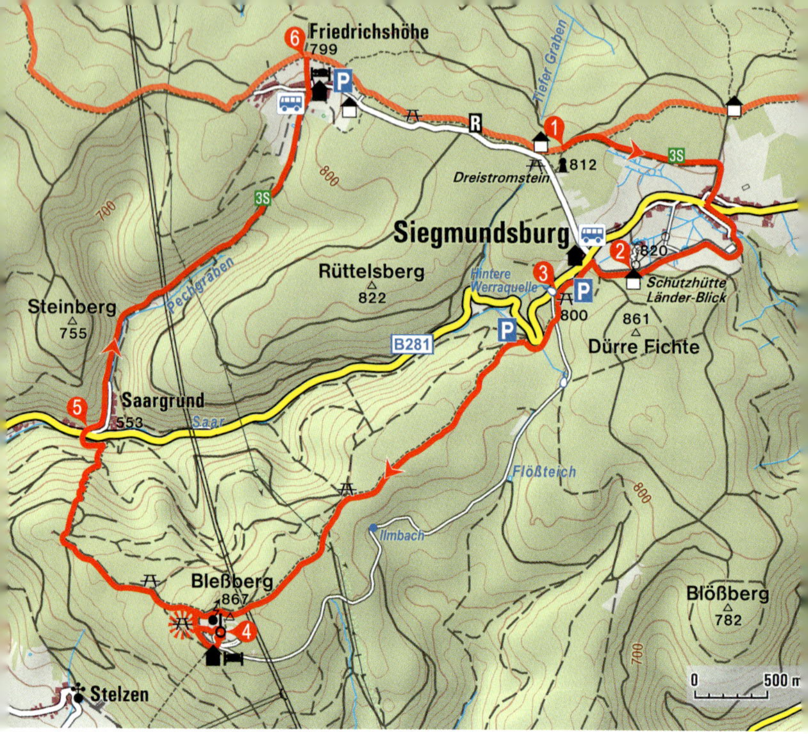

der historischen Grenzsteine führt. Bei einer überdachten Picknickbank folgen wir dem Schotterweg nach links, bevor wir nach ca. 100 m erneut links abbiegen (zusätzliche Beschilderung: Wanderheim). Auf diesem Pfad ignorieren wir den Abzweig nach links, halten uns weiter geradeaus (zusätzliche Beschilderung: Bleßberg 1,5 km) und gehen erst am geschotterten Querweg links hinauf. Nach ca. 300 m führt unsere Schleife zwar rechts

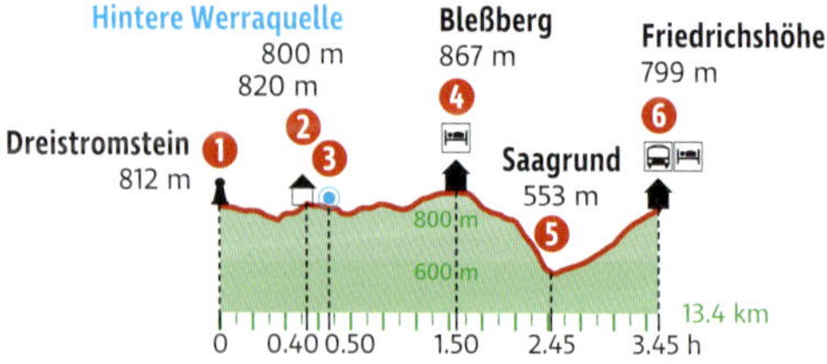

die Stufen hinunter weiter (zusätzliche Beschilderung: Stelzen 3,3 km), zuvor machen wir jedoch geradeaus den Abstecher zur Einkehr und dem Aussichtsturm auf dem Plateau des **Bleßbergs** ❹, 867 m, um den Fernblick zu genießen. Später steigen wir die Stufen hinab und machen nach knapp 100 m links einen kurzen Abstecher zu Picknickbänken mit Aussicht (Schild: Thüringen-Blick). Anschließend biegen wir an der nächsten Kreuzung rechts ab. Bei der überdachten Picknickbank halten wir uns links und folgen dem Wegverlauf. An der großen Kreuzung sehen wir vor uns eine Hütte im Wald, wenden uns nach rechts – mit der vertrauten Beschilderung »Rundwanderweg Bleßberg«, nun aber ohne Markierung – und nehmen sogleich den Abzweig nach links. Wo der Weg nach rechts schwenkt, wählen wir den Wiesenweg geradeaus. Er führt uns zu einem Querweg, auf dem wir nach rechts gehen, um sofort links die Stufen durch die gerodete Fläche hinabzusteigen und unten dem Pfad nach links zu folgen. Er mündet in einen Querweg, in den wir nach links einschwenken, aber schon nach ca. 50 m nehmen wir über einige Stufen den Pfad nach rechts hinunter. Auf einem weiteren Querweg gehen wir ein kurzes Stück nach rechts, bevor wir wieder links auf einen Pfad abbiegen. Schließlich gelangen wir auf den vorerst letzten Querweg, dem wir für ca. 150 m links hinab folgen, um zur Rechten erneut einen Pfad bergab zu nehmen (zusätzliche Beschilderung: Saargrund). Unten im Tal erreichen wir den Ort **Saargrund** ❺, überqueren die Hauptstraße vorsichtig nach halb links und biegen in den »Pechgrund« ab. Die schmale Straße führt uns zum Ortsrand, wo der Asphalt einem Schotterbelag weicht. Wir folgen dem Wegverlauf und kommen dabei an zwei Wohnhäusern (Privatweg) und einem Lüftungsgebäude des ICE-Tunnels vorbei, der tief unter uns verläuft. Nach einer Rechtskurve schwenken wir links in den Weg bergauf ein (Schild: Friedrichshöhe 1,5 km). Er führt uns weiter das Tal der Pech hinauf. Oben stoßen wir auf eine Straße, an der sich links das Naturpark-Informationszentrum Thüringer Wald befindet. Direkt vor der Geschäftsstelle gehen wir rechts hinauf und hinter den Gebäuden bringt uns der Wiesenweg zur Info-Tafel **Friedrichshöhe** ❻ am Rennsteig, in den wir nach links einschwenken.

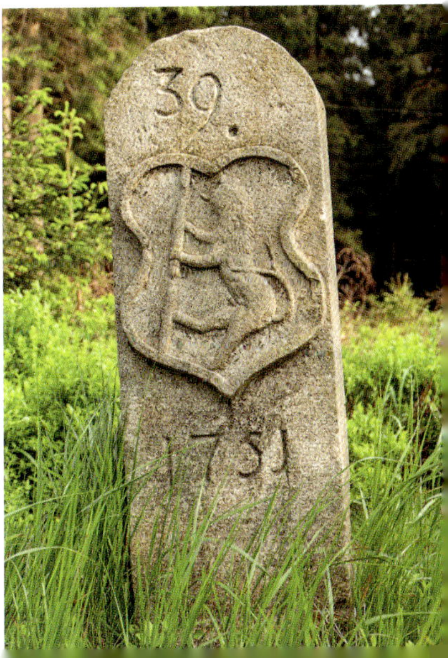

Der Löwe der Stadt Eisfeld.

4 Von Friedrichshöhe zum Großen Dreiherrenstein

5.30 h | 22,4 km
↗460 m | ↘450 m

Bergfest im Thüringer Wald

Auf unserem letzten Wegstück durch das Schiefergebirge erwartet uns auf dem Eselsberg der Aussichtsturm Rennsteigwarte, der rundum einen Panoramablick in die Ferne bietet. An Orchideenwiesen vorbei erreichen wir die offene Hochebene um Neustadt am Rennsteig, unserem Tor zum Thüringer Wald. Umgeben von blütenreichen Bergwiesen liegt der Ort auf stolzen 800 m Höhe. Nun betreten wir das UNESCO-Biosphärenreservat Thüringer Wald und können uns am Ende der Etappe auf die Schultern klopfen, denn die Hälfte des Rennsteigs ist geschafft.

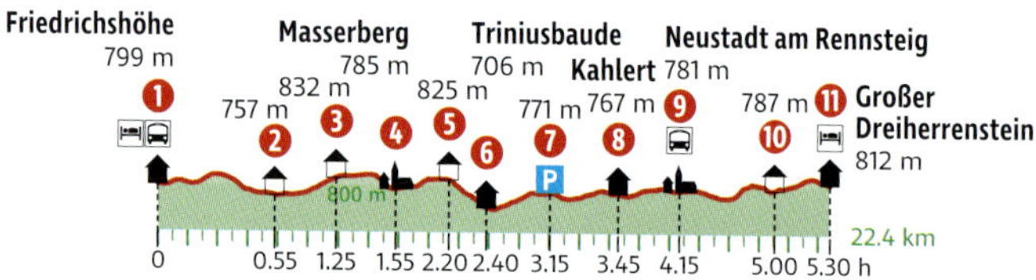

Ausgangspunkt: Info-Tafel am Rennsteig nördlich von Friedrichshöhe, 799 m; Navi: N50.48010, E11.01545.
ÖPNV: Bushaltestelle Friedrichshöhe, Ilchmann Linie 508 Masserberg–Friedrichshöhe, am Wochenende bis Neuhaus, 3-mal täglich.
Zuwege: RL12 bis RL19.
Anforderungen: Ganz überwiegend leicht begehbare Wald- und Wiesenwege sowie Pfade, teilweise auch steinig. Einige Hohlwege können bei feuchtem Wetter mehrere Zentimeter hoch Wasser führen, haben jedoch eher steinigen als schlammigen Untergrund.
Einkehr: Masserberg: Werraquellhütte, www.werraquell-huette.de, Tel. +49 36870 258666; Turmbaude, Mi. Ruhetag, Rennsteigwarte, Tel. +49 36870 250472; Cafe und Hotel Daheim, Mo. u. Di. Ruhetag, Kurhausstr. 10, www.cafe-hotel-daheim.de, Tel. +49 36870 259885; Pizza Heros & Cafe, Mi. u. Do. Ruhetag, Hauptstr. 32, www.pizzaheros.de, Tel. +49 36870 149692; Hotel Schöne Aussicht, Mo. u. Di. Ruhetag, An der schönen Aussicht 3, www.steakhotel.de, Tel. +49 36870 149690; **Schwalbenhaupt:** Triniusbaude, Di. u. Mi. Ruhetag, Tel. +49 36870 50430; **Kahlert:** Rennsteigrast, Mo. bis Do. Ruhetag, Kahlert 13a, Tel. +49 175 4053755; **Neustadt am Rennsteig:** Rennsteighotel & Gasthof Hubertus, Rennsteigstr. 65, www.rennsteighotel-hubertus.de, Tel. +49 36781 28842; Landhaus Hotel & Café Edelweiß, Mo. u. Di. Ruhetag, Rennsteigstr. 107, www.landhaus-edelweiss.de, Tel. +49 36781 29401; **Großer Dreiherrenstein:** Waldbaude, Di. Ruhetag, www.waldbaudegrosserdreiherrenstein.de, Tel. +49 36782 705020 o. +49 1520 2062218.
Unterkünfte: Masserberg: Hotel Haus Oberland, Rennsteigstr. 2, www.hotel-haus-oberland.de, Tel. +49 36870 2170; Hotel Rennsteig, Am Badehaus 1, www.hotel-rennsteig.com, Tel. +49 36870 800; Cafe und Hotel Daheim, Kurhausstr. 10, www.cafe-hotel-daheim.de, Tel. +49 36870 259885; Hotel Schöne Aus-

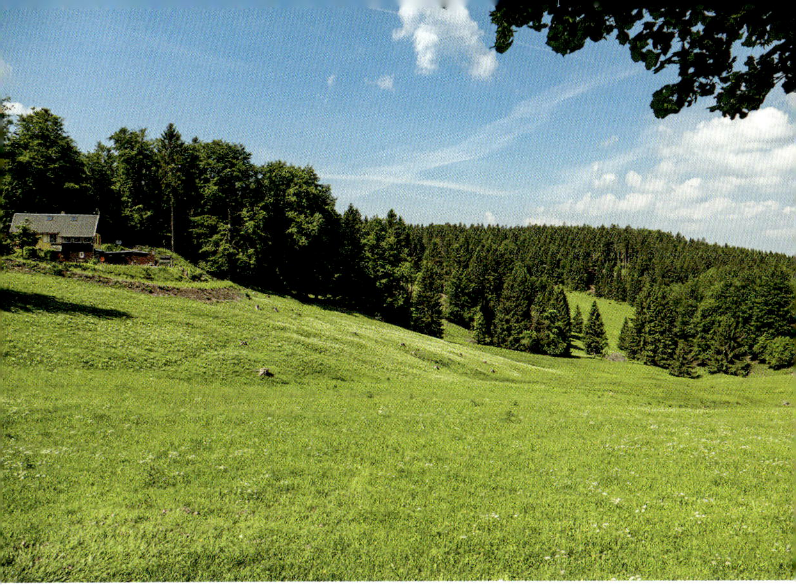

Triniusbaude über dem Rehbachtal.

sicht bzw. Pension Breitenborn, An der schönen Aussicht 3, www.steakhotel.de, Tel. +49 36870 149690; Pension Uschi, Badstr. 3, www.pension-uschi-thueringen.de, Tel. +49 36870 5710; **Neustadt am Rennsteig:** Pension Schöne Aussicht, Rennsteigstr. 45, Tel. +49 36781 28825; Michaeliskirche, Kirchgasse 2, herrbergskirchen.org/de/herrbergskirchen-erleben/michaeliskirche, Tel. +49 170 2002101 o. +49 36781 41911; Pension Sonne, Rennsteigstr. 60, www.thueringen.info/haus-sonne, Tel. +49 36781 28887 o. +49 176 64305578; Rennsteighotel & Gasthof Hubertus, Rennsteigstr. 65, www.rennsteighotel-hubertus.de, Tel. +49 36781 28842; Landhaus Hotel & Café Edelweiß, Rennsteigstr. 107, www.landhaus-edelweiss.de, Tel. +49 36781 29401; **Großer Dreiherrenstein:** Waldbaude, www.waldbaudegrosserdreiherrenstein.de, Tel. +49 36782 705020 o. +49 1520 2062218.

Einkauf: **Masserberg:** Einkaufsmarkt Koch, Mo. bis Fr. 9–17 Uhr, Sa. 9–14 Uhr, Hauptstr. 6–8; **Neustadt am Rennsteig:** nahkauf Markt, Mo. bis Fr. 7–19 Uhr, Sa. 7–14 Uhr, Rennsteigstr. 36.

Informationen: Masserberg Tel. +49 36870 57015; Neustadt am Rennsteig Tel. +49 36781 23778; Frauenwald (Dreiherrenstein, Allzunah) Tel. +49 36782 61925.

Tipps: 1. Der Aussichtsturm Rennsteigwarte ist durchgehend geöffnet, aber kostenpflichtig, daher Kleingeld nicht vergessen; 2. Bei Masserberg empfehlen wir ein kurzes Stück Alternativweg mit schönem Blick (s. Wegbeschreibung); 3. Schmale Waldpfade und interessante Felsformationen bietet die Schleife 4S Gießübler Schweiz, während man auf dem Rennsteig lediglich mehrere, aufeinander folgende Hohlwege verpasst; 4. In Neustadt befinden sich das Rennsteigmuseum und die Tourist-Information unter demselben Dach, Mo. bis Fr. 10–15, Rennsteigstr. 46, www.trvn.de/rennsteigmuseum.

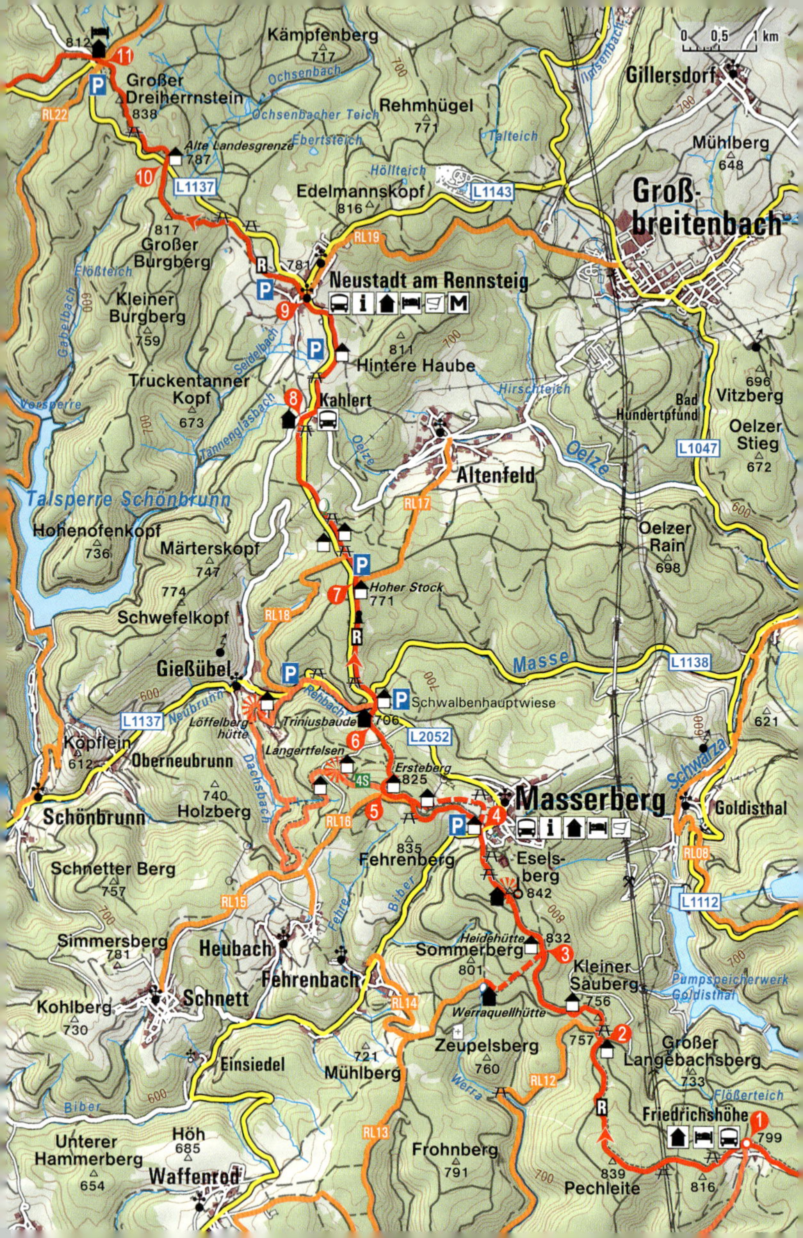

Kämpfenberg
717
Ochsenbach
Ochsenbacher Teich
Großer Dreiherrnstein
838
812
Rehmhügel
771
Talteich
Gillersdorf
Mühlberg
648
Alte Landesgrenze
787
Ebertsteich
Höllteich
L1137
L1143
Edelmannskopf
816
Groß-breitenbach
RL22
RL19
817
Großer Burgberg
Flößteich
781
Neustadt am Rennsteig
Kleiner Burgberg
759
Gabelbach
Seidelbach
811
Hintere Haube
Vitzberg
696
Truckentanner Kopf
673
Kahlert
Hirschteich
Bad Hundertpfund
Oelzer Stieg
672
L1047
Vorsperre
Tannenglasbach
Oelze
Altenfeld
RL17
Talsperre Schönbrunn
Hohenofenkopf
736
Märterskopf
747
774
Oelzer Rain
698
Hoher Stock
771
Schwefelkopf
RL18
Gießübel
Masse
L1138
Schwalbenhauptwiese
Neubrunn
Rehbach
L1137
Löffelberg-hütte
Triniusbaude
706
Köpflein
612
L2052
621
Langertfelsen
Oberneubrunn
Dachsbach
Ersteberg
825
740
Holzberg
Masserberg
Schwarza
Goldisthal
Schönbrunn
RL16
835
Fehrenberg
Esels-berg
842
RL08
Schnetter Berg
757
RL15
Biber
Fehre
L1112
Simmersberg
781
Heubach
Heidehütte
832
Sommerberg
801
Kleiner Sauberg
756
Pumpspeicherwerk Goldisthal
Fehrenbach
Kohlberg
730
Schnett
RL14
Werraquellhütte
Zeupelsberg
760
757
Großer Langebachsberg
733
Einsiedel
721
Mühlberg
Werra
RL12
Flößerteich
Biber
Friedrichshöhe
799
Unterer Hammerberg
654
Höh
685
RL13
Frohnberg
791
839
Pechleite
816
Waffenrod
0
0,5
1 km

Wir kehren zur Info-Tafel **Friedrichshöhe** ❶ zurück und setzen unseren Weg auf dem Rennsteig entlang der schönen Bergwiesen fort. An der Kreuzung bei der überdachten Picknickbank Scheler's Ruh folgen wir leicht nach links versetzt dem Schotterweg weiter geradeaus (Schild: Eisfelder Ausspanne 3,4 km). An der letzten Hütte von Friedrichshöhe (linke Wegseite) biegen wir rechts auf den Pfad in den Wald ab. Bald verläuft er eine Weile parallel zum breiten Forstweg, dann kurz davon weg, um schließlich doch in ihn zu münden. Wir gehen aber nur ein kurzes Stück auf dem Forstweg nach rechts, um erneut auf einen rechts abzweigenden Pfad zu wechseln, und passieren die Picknickbank bei der Info-Tafel zur unterirdischen ICE-Trasse (Schild: Eisfelder Ausspanne 1,9 km), wo wir uns an der surrealen Vorstellung versuchen können, dass tief unter uns ein Zug durch den Tunnel rast. Durch Fichtenwald führt der Pfad aufwärts zum Germar-Gedenkstein, einem Quarzit, von dem der Rennsteigforscher Bruno von Germar nachwies, dass es ein bereits 1548 erwähnter Grenzstein ist.

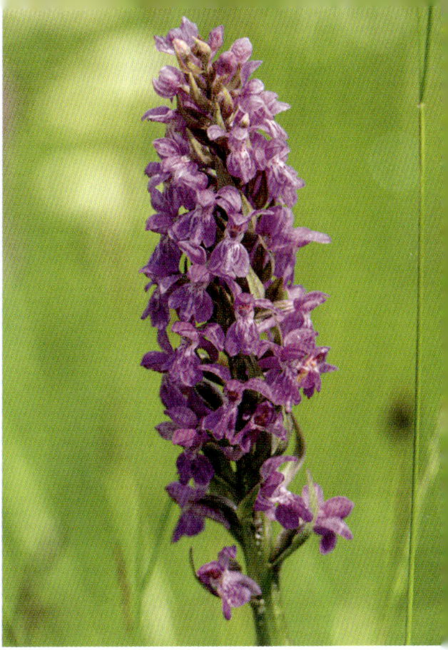

Im Frühsommer blühen Orchideen auf der Schwalbenhauptwiese.

Nun geht es einen Hohlweg hinab, der immer tiefer wird, bis sich die Wände zu beiden Seiten über mannshoch erheben. An seinem unteren Ende folgen wir dem Wegverlauf nach rechts. Schließlich mündet der Pfad in einen Schotterweg, in den wir nach rechts einschwenken, um ihn nach ca. 100 m auf einen Pfad zur Rechten zu verlassen. Dieser endet an der **Eisfelder Ausspanne** ❷, wo sich nicht nur mehrere Wege kreuzen, sondern auch eine Schutzhütte befindet und die **Rennsteig-Leiter Sachsenbrunn RL12** auf den Rennsteig stößt.

Hier gehen wir auf dem breiten Querweg ganz kurz nach links (Schild: Masserberg Aussichtsturm 3,1 km), halten uns sogleich rechts an einer Picknickbank vorbei und nehmen nur wenige Meter weiter den Abzweig nach rechts (Schild: Goldisthal 4,0 km). Eine Weile folgen wir dem Wegverlauf, dann halten wir uns an der Gabelung links (Schild: Rennsteigwarte 2,5 km). Neben historischen Grenzsteinen entdecken wir nun auch abgestorbene, teils bizarr geformte Buchen, die Baumpilzen reichlich Nahrung geben. Bei einer Schutzhütte nähert sich der Rennsteig einem hier parallel verlaufen-

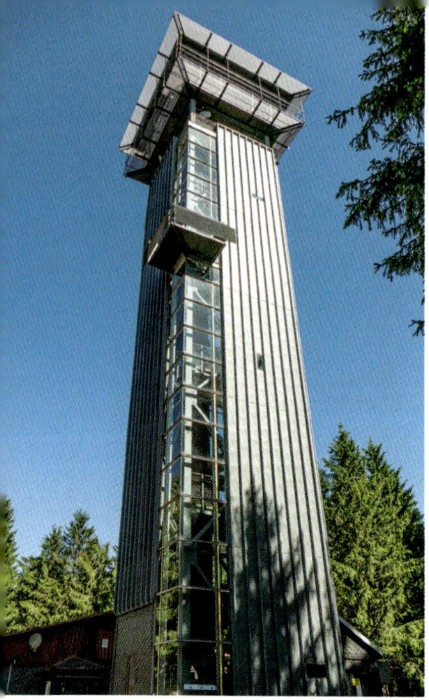

Die Rennsteigwarte auf dem Eselsberg.

Immer wieder stößt man am Rennsteig auf Wegkreuzungen, die das Wort ***Ausspanne*** *im Namen tragen. Gemeint ist jedoch nicht, dass Wanderer hier gemütlich ausspannen können, obwohl sich dort meistens auch ein Rastplatz befindet. Diese Bezeichnungen stammen aus der Zeit der schweren Fuhrwerke und Postkutschen, die am Rennsteig Pässe zwischen Werratal und Thüringer Becken oder Schwarzatal überwinden mussten. Die Anstiege auf den Gebirgskamm waren so steil, dass sie die Kräfte der Gespanne überforderten. Den Fuhrleuten zusätzliche Tiere auszuleihen, war für viele eine willkommene Einnahmequelle. Auf der Passhöhe wurden die Leihpferde an bestimmten Plätzen wieder ausgespannt, bevor es talwärts ging. So kamen die Ausspannen zu ihrem Namen.*

den Forstweg, aber wir bleiben rechts (Schild: Rennsteigwarte 2,2 km) und kommen im weiteren, wieder bergan führenden Verlauf an üppig bemoosten Bäumen und Wappensteinen aus dem 18. Jahrhundert vorbei. An der Kreuzung beim eher unscheinbaren Dreiherrenstein Hohe Heide, wo uns auch die Schutzhütte **Heidehütte** 3 erwartet, nehmen wir entweder sogleich den Weg halb links (Schild: Rennsteighaus 2,0 km) oder wir machen zunächst links einen Abstecher zur schön gelegenen Einkehr an der Werraquelle (Schild: Werraquelle 1,0 km): Dieser Weg stößt auf einen breiten Querweg, führt ein Stück nach rechts versetzt als Pfad geradeaus weiter (Schild: Fehrenbach 3,9 km) und endet an einer Asphaltstraße, die uns zur rechts schon sichtbaren Werraquell-Hütte führt. Auf derselben Route verlaufen auch die **Rennsteig-Leitern Waffenrod RL13** und **Fehrenbach RL14**. Auf dem Rennsteig passieren wir nun Wappensteine aus dem Jahr 1598, stoßen auf einen Querweg und folgen ihm geradeaus (Schild: Rennsteighaus 1,0 km), wo wir den Aussichtsturm bereits sehen können. Auf dem Eselsberg, 842 m, lädt nicht nur die 38 m hohe Rennsteigwarte mit Pano-

*Der direkt am Rennsteig gelegene Ortsteil **Masserberg** hat nur ca. 600 Einwohner, verfügt aber über eine umfassende touristische Infrastruktur. Waldarbeiter siedelten sich rund um die 1686 gegründete Schänke und Herberge Zum Alten Frosch an. Mit dem Beginn der Rennsteig-Begeisterung Ende der 1890er Jahre richtete sich auch Masserberg auf Feriengäste ein. Wanderwege wurden angelegt, ein erster Aussichtsturm und mehrere Schutzhütten gebaut. Parallel dazu entwickelte es sich zum Luftkurort und darf sich auch heute als heilklimatischer Kurort bezeichnen. Für Rennsteigwanderer hat es neben einigen Läden, vielen Gasthäusern und Unterkünften auch ein Rennsteighaus zu bieten.*

ramablick über den Thüringer Wald zum Verweilen ein, sondern auch die Turmbaude am Rennsteig sowie eine Schutzhütte und Picknickbänke. Wir gehen geradeaus am Turm samt Baude vorbei (Schild: Rennsteighaus 0,9 km) und der Weg neigt sich abwärts. Nachdem wir eine überdachte Picknickbank passiert haben, verschwindet er am Ortsrand unter Asphalt. Wir folgen zunächst der Straße, dann dem Fußweg daneben und erreichen den großen Parkplatz beim Rennsteighaus in **Masserberg** 4.

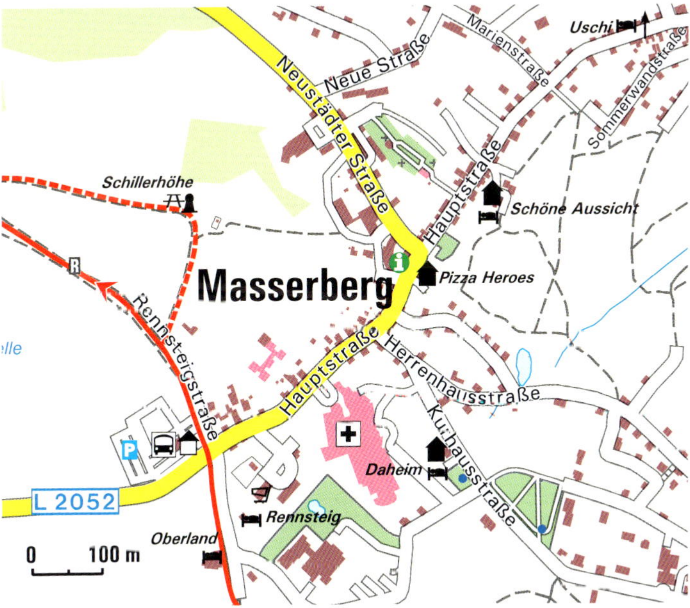

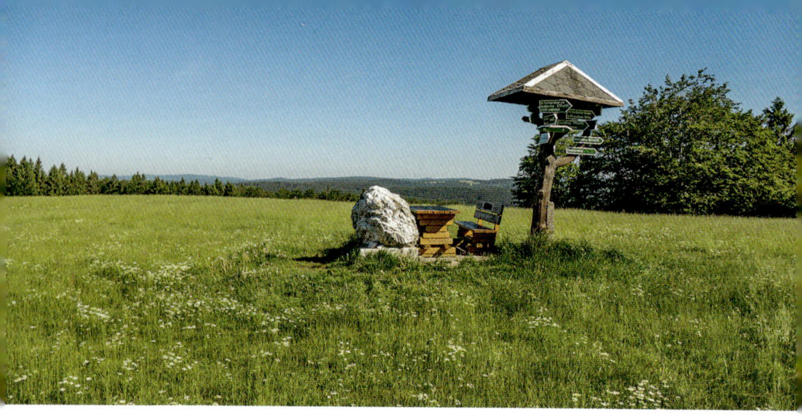

Der kleine Umweg über die Schillerhöhe bietet schönen Ausblick.

Der Rennsteig führt uns rechts neben dem Parkplatz geradeaus weiter (Schild: Schwalbenhauptwiese 3,3 km). Nach ca. 150 m können wir wählen: Wer Fernblick haben möchte, verlässt den Rennsteig auf den Wiesenweg nach rechts (Schild: Fürst Karl Günther Denkmal 0,2 km), biegt am Aussichtspunkt Schillerhöhe bei den Bänken links ab (Schild: Frauenwald), hält sich über die Bergwiesen geradeaus, kreuzt schließlich den Skilift, der schon von Weitem an den blauen Masten erkennbar ist, und geht dahinter an der Schutzhütte Bühringshütte vorbei in den Wald, wo wir sogleich auf den Rennsteig stoßen, in den wir nach rechts einschwenken.

Alle anderen folgen dem Schotterweg geradeaus und halten sich an der Gabelung rechts (Schild: Triniusbaude 2,2 km). Bei einer Picknickbank sehen wir rechts auf der Wiese den Skilift und von links führen die **Rennsteig-Leitern Heubach RL16** und **Schnett RL15** heran. Dahinter gehen wir erneut an der Gabelung rechts (Schild: Schwalbenhauptwiese 2,2 km). Der Weg führt uns in den Wald und beim nächsten Abzweig kehrt die Alternative über die Schillerhöhe von rechts zurück. An der folgenden Kreuzung halten wir uns geradeaus. Die schönen Wappensteine werden seltener und schließlich erreichen wir die **Schutzhütte Ersteberg** **5**. Hier können wir die Etappe geradeaus um die **Schleife 4S Gießübler Schweiz** erweitern (Schild: Langertfelsen 0,7 km).

Wir wenden uns mit dem Rennsteig nach rechts hinab (Schild: Triniusbaude 1,2 km) und gehen über eine Rodungsfläche, bis der Pfad in einen Hohlweg führt. Es ist der erste von mehreren Hohlwegen auf dem Weg zur Triniusbaude hinunter und bei feuchtem Wetter führen sie manchmal mehrere Zentimeter hoch Wasser. Teilweise können wir dann auf parallele Pfade – mal rechts, mal links des Wegs – ausweichen, aber nicht alle nassen Bereiche umgehen. Am Ende des ersten Hohlwegs biegen wir rechts hinunter ab, in den nächsten, der weniger tief ausgewaschen ist. Unten kreuzen wir bei einem Strommasten einen Querweg und halten uns geradeaus (Schild: Triniusbaude 0,7 km). Nach dem dritten Hohlweg überqueren wir eine schmale Asphaltstraße und betreten geradeaus (Schild: Triniusbaude 0,4 km) den letzten und tiefsten Hohlweg. Er endet direkt vor der **Triniusbaude** 6 an einem befestigten Weg, dem wir nach rechts folgen, nachdem wir den Bereich um die Einkehr erkundet haben. Zur Linken laden uns eine Schutzhütte und eine überdachte Picknickbank zum Rasten ein. Außerdem verbergen sich unter den Bäumen der Felsen Triniusstein und dahinter der Triniusbrunnen mit zwei besonders malerisch gelegenen Picknickbänken. Der Rennsteig führt von der Baude zur Landstraße weiter, wo von links die **Schleife 4S Gießübler Schweiz** über die Wiese im Rehbachtal wieder in den Rennsteig mündet. Wir überqueren die Landstraße (Schild: Laßmannstein 1,5 km) und gehen auf dem Pfad hinter der Leitplanke nach links, über den großen Parkplatz Schwalbenhaupt und an der Schutzhütte vorbei, um den Weg parallel zur Straße zu nehmen (Schild: Neustadt 6,1 km). Nun kreuzen wir die schmalere abzweigende Straße und der Weg führt durch eine Wiese, auf der im Frühsommer viele Orchideen blühen. Nachdem wir an einer Picknickbank vorbeigekommen sind, nähert sich der Weg der Landstraße und führt an ihr entlang. Mal sind nur wenige Meter, mal ein ganzer Gehölzstreifen zwischen uns und dem Asphalt, während sich zu unserer Rechten überwiegend Fichtenwald erstreckt. Schließlich taucht die Info-Tafel zum Laßmannstein auf, zu dem uns ein sehr kurzer Abstecher nach rechts führt, bevor wir geradeaus weitergehen. Er erinnert an den Tod des Försters Wilhelm Laßmann im Jahre 1764, der angeblich durch Blei nicht verwundbar war, weshalb die Leute glaubten, dass er mit einer Glaskugel erschossen worden sei. Die Tat wird zwar als Mord dargestellt, aber der Bericht eines Hofrats aus Gehren lässt auf Notwehr schließen, da Laßmann zuerst auf die Flüchtenden schoss. Bei der Schutzhütte am Wegweiser **Hoher Stock** 7, wo uns die **Rennsteig-Leiter Gießübel RL18** entgegenkommt und von rechts die **Rennsteig-Leiter Altenfeld RL17** heranführt, halten wir uns geradeaus über den Querweg (Schild: Neustadt am Rennsteig 4,4 km). Nach ca. 400 m können wir bei einer Picknickbank zu einer weiteren Schutzhütte zur Rechten abbiegen, aber der Rennsteig verläuft halb links zur Straße. Den Pfad, der

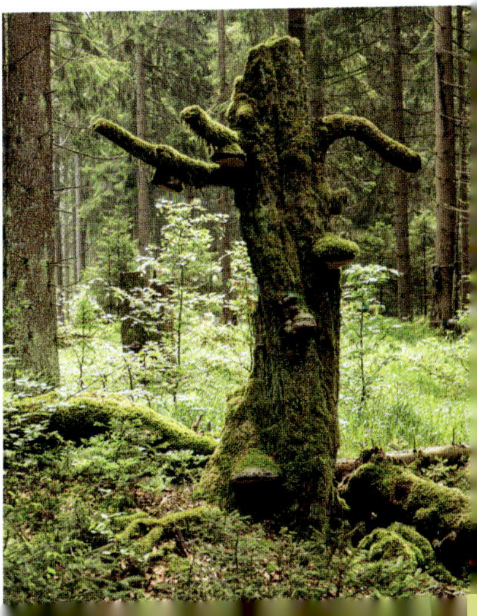

Zunderschwämme an einer abgestorbenen Buche.

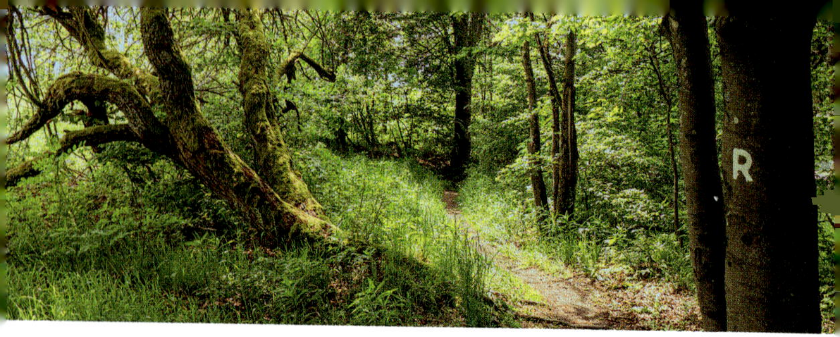

Rennsteig zwischen Kahlert und Neustadt.

geradeaus eine vermeintlich gute Abkürzung über die Wiese darstellt, vermeiden wir lieber, denn die Wiese ist sehr sumpfig. Kurz darauf erreichen wir die sagenumwobene Teufelsbuche, bei der wir einen Querweg kreuzen und an der Picknickbank vorüber weitergehen (Schild: Kahlert 1,6 km).

i *Baumkundler schätzen das Alter der knorrigen* ***Teufelsbuche*** *auf 150 bis 250 Jahre, was gut zum Alter der Schauergeschichten passt, die über diesen Rennsteigabschnitt erzählt werden. Hier kam eine alte Handelsstraße von Gießübel herauf, das damals zum Herzogtum Sachsen-Meiningen gehörte, stieß am Rennsteig auf die Grenze von Schwarzburg-Sondershausen und führt noch heute nach Altenfeld weiter. Wer billiges Vieh aus Franken auf die Fleischmärkte in Altenfeld und Großbreitenbach bringen wollte, bevorzugte diese Route, da die Sondershäuser keinen Zoll auf eingeführtes Vieh erhoben. Die Sachsen-Meininger Grenzer verlangten jedoch einen Ausfuhrzoll, den die Viehtreiber gern durch Schmuggel umgingen. Besonders geeignet waren dafür Nebel und düstere Regentage, an denen der Wald oft auch unheimlich wirkt. Bald machten Spukgeschichten von Fratzen mit glühenden Augen und blitzenden Zähnen die Runde, von gespenstischem Heulen und Jaulen im Dickicht und lautem Geschrei, das die Zöllner in die Flucht geschlagen haben soll. Es hieß, der Teufel selbst stünde mit den Schmugglern im Bunde, weshalb die Buche bei der einstigen Zollstation bis heute Teufelsbuche heißt.*

Dann öffnet sich rechterhand Sicht auf eine der typischen schönen Bergwiesen, und wo sich zum zweiten Mal der Blick auf eine solche Wiese weitet, biegen wir am Ende der Wiese links auf den Querweg ab (Schild: Neustadt am Rennsteig 2,9 km), überqueren die Landstraße und folgen rechts dem Pfad in den Wald. Bald haben wir linkerhand ersten Fernblick auf die benachbarten Berge, bevor uns der Weg erneut zur Landstraße bringt, an der wir nun nach links gehen, nach **Kahlert** 8 hinein. Am Ortsrand kommen wir sogleich an der Einkehr Rennsteig-Rast vorbei. An der großen

Kreuzung vor dem Getränkemarkt halten wir uns rechts zum Wartehäuschen der Bushaltestelle hinüber, vor dem wir den Wiesenweg nach links parallel zur Landstraße nach Neustadt nehmen. Jenseits der Wiese wenden wir uns auf dem Querweg nach rechts, um sogleich bei den großen Buchen auf den Pfad nach links abzubiegen. Er führt uns zwischen alten Bäumen zu einer Picknickbank mit Blick auf Neustadt. Nun geht es auf die weiten Wiesen hinaus. Wir kreuzen einen weiteren Weg (Schild: Neustadt am Rennsteig 1,1 km), passieren eine Grillhütte mit Picknickbänken und haben zur Linken Fernblick auf die Berge des Biosphärenreservats Thüringer Wald. Am Ortsrand kehrt der Wiesenweg zur Straße zurück, der wir in den Ort hinein zur Kirche von **Neustadt am Rennsteig** 9 hinab folgen, wo wir rechts eine überdachte Picknickbank und einen Nahkauf-Markt finden.

*i Dass der Rennsteig mitten durch den kleinen Ort **Neustadt** führt, ist kein Zufall: Hier verlief einst die Grenze zwischen Sachsen-Meiningen und Schwarzburg-Sondershausen, weshalb es sich ursprünglich um zwei getrennte Gemeinden am gleichen Weg handelte. Heute ist diese Teilung zum Glück überwunden und Neustadt kann seiner Geschichte fröhlich gedenken, zum Beispiel beim alljährlichen Köhler- und Schwämmklopferfest, das dazu beiträgt, alte Handwerkskünste zu bewahren. Für den Rennsteigwanderer ist der von weiten Bergwiesen mit herrlicher Aussicht umgebene Ort nicht nur eine Versorgungsstation, sondern bietet mit dem Rennsteigmuseum auch einen Blick in die Historie des Fernwander- und Grenzwegs.*

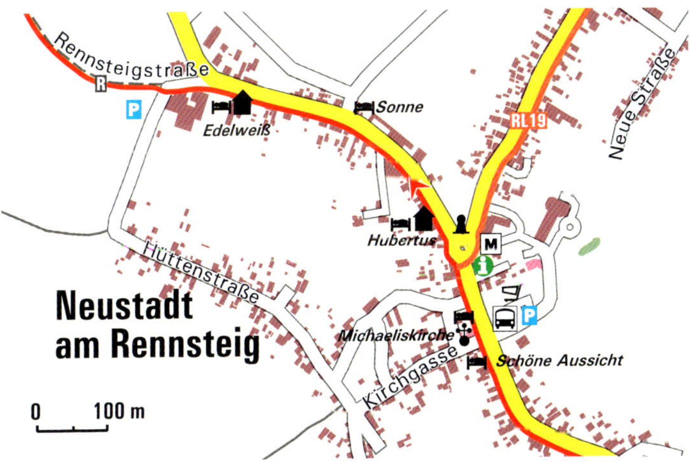

Die nach dem Rennsteig benannte Straße führt uns zu einem Kreisverkehr, an dem sich rechts das Rennsteigmuseum samt Tourist-Information befindet und die **Rennsteig-Leiter Großbreitenbach RL19** endet. Der Rennsteig verläuft links am Kreisel vorbei und geradeaus weiter. Kurz vor dem Ortsrand kommen wir am Café Edelweiß vorbei und biegen danach bei der Bank mit Info-Tafel Erwitter Eck links ab. Wo die Straße nach links zu einem großen Parkplatz schwenkt, nehmen wir den Weg geradeaus auf die Wiesen hinaus. Hier auf dem Abrahamskopf genießen wir noch einmal den weiten Blick und die blühenden Bergwiesen, bevor uns die nächsten Wegkilometer vorwiegend durch Fichtenwald führen. Am Waldrand verlässt der Rennsteig den Wiesenweg auf einen Pfad nach rechts, der innerhalb des Waldes parallel verläuft. Wer mag, kann hier geradeaus weitergehen, da Pfad und Wiesenweg unten bei der überdachten Picknickbank wieder aufeinandertreffen.
Hier wählen wir den Pfad, der parallel zur Landstraße über die Wiese verläuft. Er endet an einem von der Straße abzweigenden Forstweg, dem wir nach links an einer Picknickbank vorbei folgen. Gleich darauf führt er nach links, aber wir halten uns geradeaus bergauf (Schild: Großer Dreiherrenstein 3,2 km), um nach wenigen Schritten auf den markierten Pfad rechts hinauf zu wechseln. Er führt durch einen Hohlweg und mündet weiter oben wieder in den breiteren Weg, auf dem wir weiter bergan gehen. Wir befinden uns nun im Biosphärenreservat, das wir erst auf Etappe 6, bei der Suhler Ausspanne, wieder verlassen. Am geschotterten Querweg wenden wir uns nach rechts (Schild: Allzunah 5,2 km). Nun geht es abwärts und bald zweigt zur Linken ein Pfad ab, auf dem wir dem Rennsteig für ca. 100 m parallel zum Forstweg folgen. Oder wir bleiben auf dem befestigten Weg, da sie sich so bald wieder vereinen.
Unten überqueren wir die Landstraße und nehmen den Pfad beim alten Grenzstein geradeaus, an der Schutzhütte **Alte Landesgrenze** ⑩ vorbei (Schild: Großer Dreiherrenstein 1,9 km). Von hier bis zum Großen Dreiherrenstein finden sich wieder einige Wappensteine am Wegrand.
Nach ca. 700 m gehen wir bei der überdachten Picknickbank geradeaus über die Kreuzung (Schild: Rennsteig) und folgen eine ganze Weile dem Wegverlauf. Wo uns die Rennsteig-Markierung auf einen Pfad zur Rechten weist, können wir ebenso gut auf dem Waldweg bleiben, da sich beide Alternativen kurz darauf wieder vereinen. Danach stoßen wir auf einen Querweg, biegen links ab und erreichen bald darauf die Info-Tafel, die verkündet, dass wir schon die Hälfte des Rennsteigs gewandert sind. Dieses Bergfest können wir wenige Hundert Meter weiter stilecht in der Waldbaude »Dreiherrenstein« feiern. Vor dem Parkplatz der Gaststätte erwartet uns auch der namensgebende **Große Dreiherrenstein** ⑪ aus dem Jahr 1596. Er zeigt die Wappen des Fürstentums Schwarzburg-Sondershausen, des Herzogtums Sachsen-Eisenach und die Henne der Henneberger, unter die später K. P. für Königreich Preußen gesetzt wurde.

2.15 h	8,4 km
↗ 180 m	↘ 310 m

Schleife Gießübler Schweiz

4S

Versteckte Felsen, ein kleiner Wasserfall und ein Aussichtspavillon

Auf dem Langertfelsen haben wir Fernsicht und am Nadelöhr einen Wunsch frei, bevor wir den Wasserfall des Dachsbachs besuchen. Vom Pavillon auf dem Löffelberg genießen wir den Blick auf Gießübel und die umgebenden Hänge, dann folgen wir dem Rehbach ein schönes Wiesental entlang. Wer sich für diese Schleife entscheidet, lässt sich auf dem Rennsteig nur vier aufeinander folgende Hohlwege entgehen.

Ausgangspunkt: Etappe 4, Wegpunkt Schutzhütte Ersteberg 5, 825 m.
Endpunkt: Etappe 4, Schwalbenhauptwiese an der Landstraße, 708 m, nahe Wegpunkt Triniusbaude 6.

Anforderungen: Überwiegend unbefestigte Waldwege und -pfade, abschnittsweise auch abschüssig und steinig.
Einkehr: Nahe Endpunkt: Triniusbaude, Di. u. Mi. Ruhetag, Tel. +49 36870 50430.

Bei der **Schutzhütte Ersteberg** 1 verlassen wir den Rennsteig und gehen geradeaus (grüner Balken, Schild: Langertfelsen 0,7 km). Auch über die nächste Kreuzung halten wir uns geradeaus und gelangen an einer Schutzhütte vorbei zum **Langertfelsen** 2. Vom Felsen aus haben wir weiten Blick über die umgebenden bewaldeten Kuppen. Dann nehmen wir den Pfad an der Picknickbank vorbei (Schild: Nadelöhr 0,8 km), der uns zu einer schmalen Straße hinunter und dahinter weiter talwärts führt, bis wir das **Nadelöhr** 3 erreichen, wo uns auch eine Schutzhütte erwartet. Wer mit einem geheimen Anliegen durch das Loch in diesem Felsen krabbelt, dem wird dieser Wunsch angeblich erfüllt.

Auf dem Langertfelsen haben wir eine weite Aussicht.

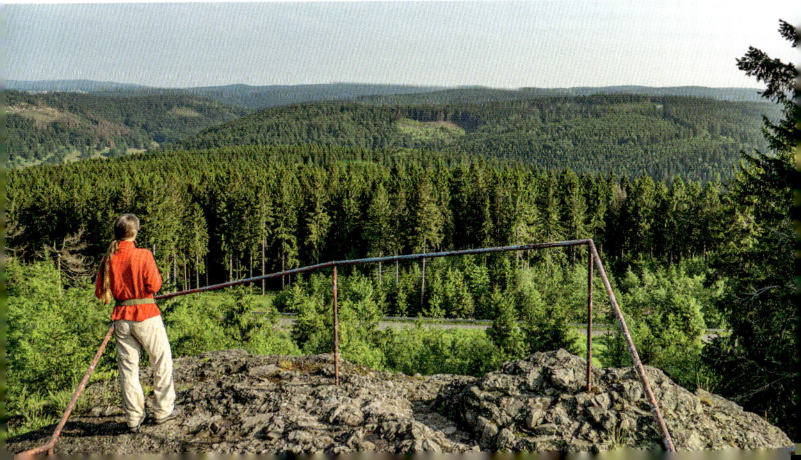

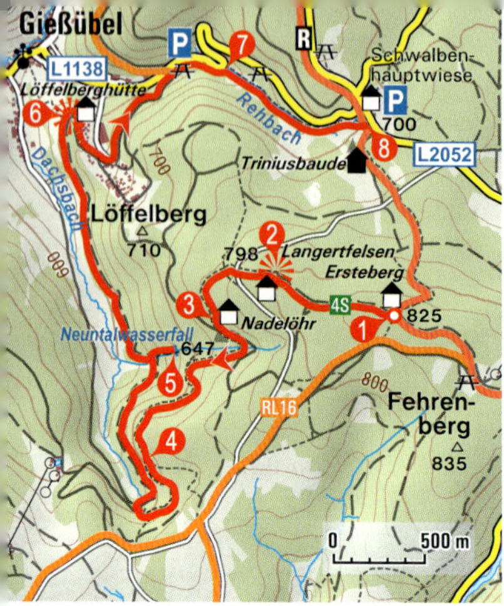

Anschließend folgen wir dem Pfad weiter hinab, kreuzen einen Forstweg und passieren sogleich den Schroederfelsen. Bald darauf queren wir den Dachsbach und beim Wegweiser »Am Köhlersberg« gehen wir weiter geradeaus (Schild: Dachsbachkanzel 1,0 km). An der Gabelung halten wir uns rechts hinunter (Markierung: grüner diagonaler Balken) und kommen nach kurzem steilen Abstieg an der **Dachsbachkanzel** ❹ vorbei. Von hier haben wir Blick über das grüne Blätterdach des alten Bergwalds. Gleich darauf durchschreiten wir ein »Tor«, das von einem Felsüberhang und einem Baum gebildet wird, und queren zwei weitere, farngesäumte Bäche. An der Gabelung beim nächsten Wegweiser wenden wir uns rechts hinab (Schild: Gießübel) und schwenken unten scharf rechts in den Querweg ein (Schild: Neuntal). Wo hinter einer großen Felsformation der Dachsbach den Hang herabfließt, machen wir einen kurzen Abstecher nach rechts (Schild: Neuntal Wasserfall).

Der Pfad verläuft zunächst auf der linken Bachseite, wechselt dann (ohne Steg) auf die rechte, und beim Metallgeländer stehen wir vor dem kleinen, aber schönen **Neuntalwasserfall** ❺. Nun folgen wir dem Hauptweg weiter und passieren zur Linken hohe Buchen, Eschen und Bergahorn, während zur Rechten die Fichten dominieren. Schließlich verlässt der Weg den Wald und führt zum Aussichtspavillon **Löffelberghütte** ❻ hinauf. Hier haben wir herrlichen Blick über das Tal von Gießübel mit seinen Wäldern und Wiesen und nehmen den Wiesenweg hinter dem Wegweiser hoch. Oben mündet er in einen befestigten Weg, der uns geradeaus durch die Wochenendhaussiedlung bringt. An der Gabelung halten wir uns links (Schild: Gießübel) und an der Kreuzung geradeaus. Am Querweg wenden wir uns links hinunter

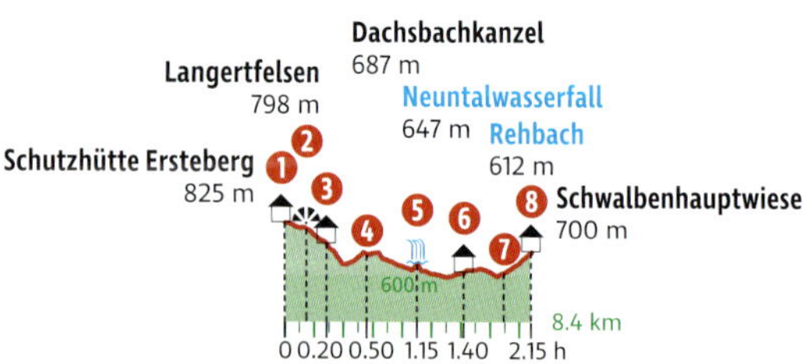

und erreichen nach einer Weile einen Wanderparkplatz mit Picknickbank. Von hier gehen wir an der Landstraße entlang ca. 200 m nach rechts hinauf (Schild: Rennsteig), um in einer Haarnadelkurve rechts in den Wiesenweg einzuschwenken, der dem Lauf des **Rehbachs** 7 folgt, und bald zum Pfad wird. Wir kommen an einer Picknickbank vorüber, dann verlässt er die Wiese und führt uns links unter den Bäumen weiter, bis es erneut auf die Wiese hinausgeht. Über zwei Stege verläuft der Pfad schließlich quer über die Wiese zum Wegweiser an der Landstraße hinauf und ist dabei manchmal kaum sichtbar. Zur Rechten lockt am Waldrand die Triniusbaude, die sich für eine Rast oder Einkehr anbietet. Oben an der Landstraße befinden wir uns an der **Schwalbenhauptwiese** 8 wieder auf dem Rennsteig und können rechts den Weg zur Baude einschlagen oder uns sogleich links halten und die Straße überqueren (Schild: Laßmannstein 1,5 km), um am Parkplatz vorbei weiter dem Rennsteig zu folgen.

Das Nadelöhr erfüllt Wünsche.

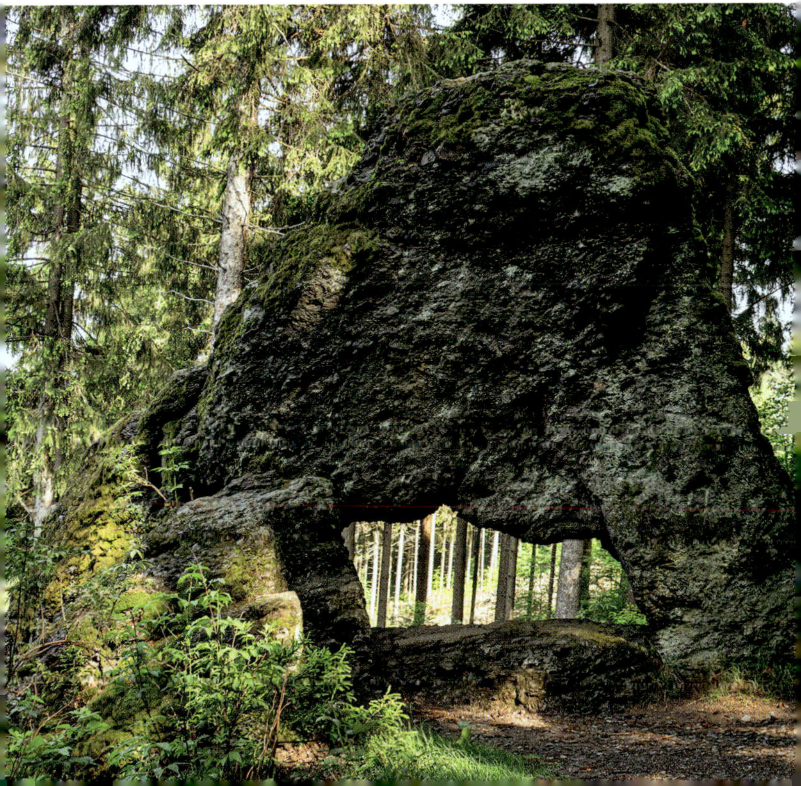

5 Vom Großen Dreiherrenstein zum Rondell bei Oberhof

5.00 h | 20,4 km | ↗390 m | ↘380 m

Fernblick von den höchsten Bergen des Kammgebirges

Nah am Weg lädt uns das Bunkermuseum zu einem Ausflug in Vergangenheit und Tiefe zugleich ein, bevor wir dem Rennsteig in die Hochlagen folgen. Hier bieten sich Abstecher auf den Großen Finsterberg und den Schneekopf mit ihren Aussichtstürmen an. Am Großen Beerberg, dem höchsten Berg des Thüringer Waldes, erwartet uns Fernblick bis in die Rhön und wir überschreiten den mit 973 m höchsten Punkt unseres Weges, der uns nun zum Rennsteiggarten in Oberhof führt.

Ausgangspunkt: Der Große Dreiherrenstein, 812 m, bei der gleichnamigen Gaststätte nordöstlich von Frauenwald; Navi: N50.61012, E10.89417.
ÖPNV: Keiner.
Zuwege: RL20 bis RL29.
Anforderungen: Ganz überwiegend leicht begehbare, mal befestigte, mal unbefestigte Waldwege und -pfade, die gelegentlich etwas steinig oder mit Wurzeln durchsetzt sind.
Einkehr: **Bunkermuseum:** Waldhotel Rennsteighöhe, Am Rothenberg 1, www.waldhotel-rennsteighoehe.de, Tel. +49 36782 62200; **Bahnhof Rennsteig:** Imbiss Gleis 1, Di. u. Mi. Ruhetag, www.bahnhofrennsteig.de, Tel. +49 36782 701835; **Schmücke:** Waldhotel Schmücke, Schmücke 5, www.schmuecke.eu, Tel. +49 36845 5880; **Schneekopf:** Suhler Hütte, Mo. Ruhetag, suhler-hütte.de, Tel. +49 36845 50418; Neue Gehlberger Hütte Di. u. Mi. Ruhetag, schneekopf.eu, Tel. +49 36845 49911.
Unterkünfte: **Allzunah:** Allzunah 9, www.rennsteigzimmer.de, Tel. +49 36782 700529 o. +49 170 4092599; Ferienhaus am Rennsteig (auch Zeltplatz), Allzunah 2a, ferienhaus-allzunah.de, Tel. +49 176 96414154; **Bunkermuseum:** Waldhotel Rennsteighöhe, Am Rothenberg 1, www.waldhotel-rennsteighoehe.de, Tel. +49 36782 62200; **Schmücke:** Waldhotel Schmücke, Schmücke 5, www.schmuecke.eu, Tel. +49 36845 5880; **Schneekopf:** Suhler Hütte, suhler-hütte.de, Tel. +49 36845 50418; Neue Gehlberger Hütte, schneekopf.eu, Tel. +49 36845 49911; **Oberhof:** AWO Ferienzentrum, Zellaer Str. 48, www.ferienzentrum-oberhof.de, Tel. +49 36842 2810; Waldgasthof Schanzenbaude, Am Grenzadler 2, www.schanzenbaude.de, Tel. +49 36842 22278.
Einkauf: **Oberhof:** tegut-Markt, Mo. bis Fr. 8–20 Uhr, Gräfenrodaer Str. 7.
Informationen: Frauenwald (Allzunah) Tel. +49 36782 61925; Gehlberg (Schmücke, Schneekopf) Tel. +49 36845 50500; Oberhof Tel. +49 36842 2690.
Tipps: 1. Einen Besuch wert ist das Bunkermuseum Rennsteig, tägl. geöffnet, www.waldhotel-rennsteighoehe.de/bunkermuseum-rennsteig; 2. Wer zwischendurch über die Fichtenwipfel in die Ferne lugen möchte, findet auf der Schleife 5Sa Großer Finsterberg einen Aussichtsturm; 3. Gleich mehrere Aussichtsfelsen und fantastischen Panoramablick bietet die Schleife 5Sb Schneekopf.

Vom **Großen Dreiherrenstein** ❶, bei dem die **Rennsteig-Leitern Langewiesen RL20, Oehrenstock RL21** und **Schönbrunn RL22** in den Rennsteig münden, gehen wir – mit der Waldbaude zur Linken – am Gebäude vorbei (Schild: Allzunah 2,7 km), halten uns dahinter links zur Landstraße, die wir

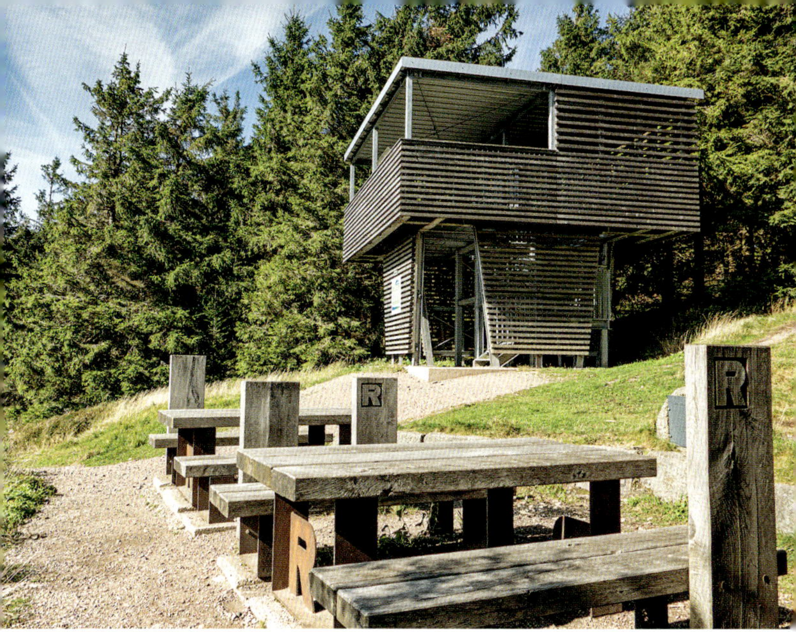

Plänckners Aussicht am Großen Beerberg.

kreuzen, und folgen dem Waldweg geradeaus. Am geschotterten Querweg wenden wir uns nach links (Schild: Rennsteig), kommen an einer Schutzhütte und einer Schranke vorbei und überqueren erneut die Landstraße, um dem Forstweg für weitere ca. 600 m zu folgen (Schild: Allzunah 1,4 km). Bei einem Wegweiser nehmen wir den Pfad rechts hinauf (Schild: Allzunah 0,9 km), der oben sogleich einen Querweg kreuzt. Wer hier den lohnenden »Abstecher Großer Hundskopf« von ca. 300 m einfache Strecke zu einem Aussichtspunkt machen möchte, biegt rechts ab (Schild: Hundskopf 0,4 km), quert die Landstraße, steigt den etwas unscheinbaren, aber ausgeschilderten Pfad hinauf, folgt ihm um eine Linkskurve, hält sich dahinter sogleich rechts hoch und gelangt oben zur Schutzhütte Hundskopf's Ruh, wo es rechts ein paar Stufen zum Aussichtspunkt hinaufgeht. Der Fernblick über die bereits durchwanderten Thüringer Berge reicht bis zum Bleßberg mit seinem hohen Sendemast.

Zurück auf dem Rennsteig führt uns der Weg – mal breiter, mal schmaler – weiter durch den Wald, bis wir am Ortsrand eine beeindruckende alte Buche passieren. Dahinter geht der Weg in einen Pfad entlang der Straße über. Wir kreuzen eine abzweigende Straße und kommen am Wegweiser in der Ortsmitte von **Allzunah** 2 vorbei (Schild: Bahnhof Rennsteig

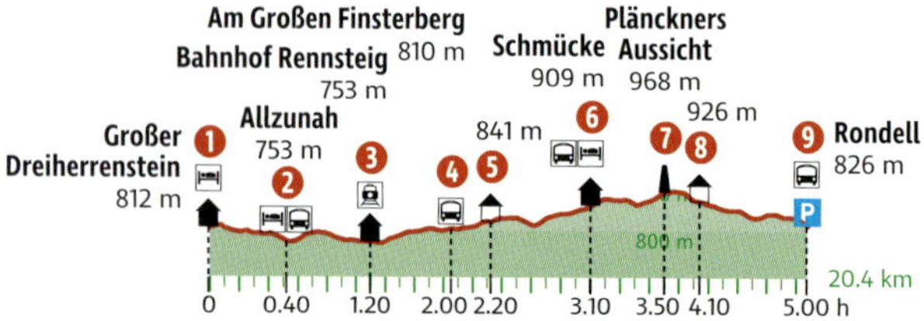
Am Großen Finsterberg
810 m
Bahnhof Rennsteig
753 m
Schmücke
909 m
Plänckners Aussicht
968 m
926 m
Allzunah
753 m
841 m
Großer Dreiherrenstein
812 m
Rondell
826 m
1
2
3
4
5
6
7
8
9
800 m
20.4 km
0
0.40
1.20
2.00
2.20
3.10
3.50
4.10
5.00 h

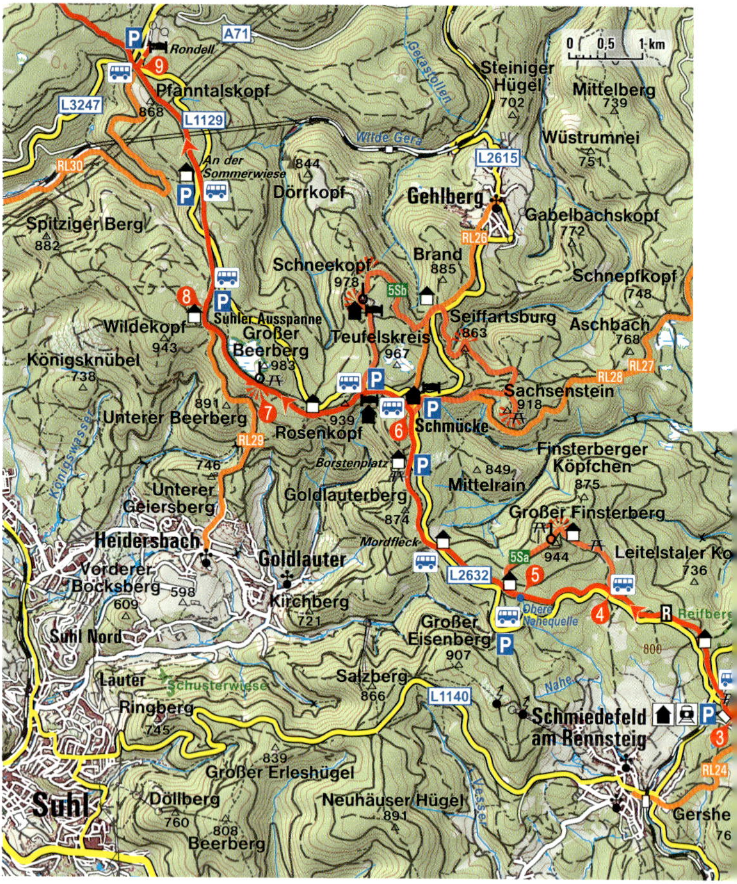
0
0,5
1 km
A71
Rondell
Pfanntalskopf
868
L3247
L1129
RL30
An der Sommerwiese
844
Dörrkopf
Gerastollen
Wilde Gera
Steiniger Hügel
702
Mittelberg
739
Wüstrumnei
751
L2615
Gehlberg
Gabelbachskopf
772
RL26
Spitziger Berg
882
Schneekopf
978
Brand
885
5Sb
Schnepfkopf
748
Suhler Ausspanne
Wildekopf
943
Großer Beerberg
983
Teufelskreis
967
Seiffartsburg
863
Aschbach
768
RL27
RL28
Königsknübel
738
Sachsenstein
918
Unterer Beerberg
891
939
Rosenkopf
RL29
Schmücke
Königswasser
Borstenplatz
Finsterberger Köpfchen
875
746
849
Mittelrain
Unterer Geiersberg
Goldlauterberg
874
Großer Finsterberg
944
Mordfleck
Leitelstaler Ko
736
5Sa
Heidersbach
Goldlauter
L2632
Vorderer Bocksberg
598
Obere Nahequelle
Reifberg
609
Kirchberg
721
Großer Eisenberg
907
800
Suhl Nord
Lauter
Schusterwiese
Salzberg
866
Nahe
L1140
Ringberg
745
Schmiedefeld am Rennsteig
839
Großer Erleshügel
RL24
Suhl
Döllberg
760
808
Beerberg
Neuhäuser Hügel
891
Vessel
Gershe
76

2,9 km). Am Ende des Gartenzauns nehmen wir den Pfad parallel zur Straße. Er endet beim Parkplatz am Miniaturbahnhof Allzunah, wo von links die **Rennsteig-Leiter Frauenwald RL23** heranführt. Wir halten uns geradeaus an der Schutzhütte vorbei und folgen dem Weg nach links (Schild: Mordfleck 8,1 km), der uns in einer Rechtskurve in den Wald zurückbringt. An der nächsten Kreuzung erwarten uns eine Schutzhütte sowie Picknickbänke und wir wählen den Waldweg halb rechts (Schild: Bahnhof Rennsteig 2,2 km). Erneut überqueren wir die Landstraße und gehen halb links hinab (Schild: Mordfleck 7,0 km). An einem Wegweiser, bei dem wir unten bereits wieder die Landstraße vor uns sehen, können wir rechts den interessanten Abstecher zum Bunkermuseum machen (Schild: Bunkermuseum 0,4 km).

i ***Bunkermuseum**: Von außen sieht das Gelände wie eine beliebige Ferienbungalow-Siedlung aus DDR-Zeiten aus. Kaum zu glauben, aber fünf Meter unter der perfekten Tarnung befindet sich ein 3600 m² großer Bunkerkomplex im Boden. In den 1970er Jahren vom Ministerium für Staatssicherheit unter größter Geheimhaltung entstanden, sollte hier im Kriegsfall die Bezirkseinsatzleitung Suhl mithilfe moderner Nachrichtentechnik ihre Führungsaufgaben weiterhin wahrnehmen können. Durch Vorräte und eigenständige Stromversorgung war das Überleben von über 100 Personen für ein Jahr gesichert. Mit Schleusen, Filtern und Sauerstofferzeugung hatte man sogar für atomare Verseuchung vorgesorgt, wenn auch nur für eine Woche. Heute können die Anlagen besichtigt werden. Auch das Waldhotel und die Gaststätte Rennsteighöhe laden zum Verweilen ein.*

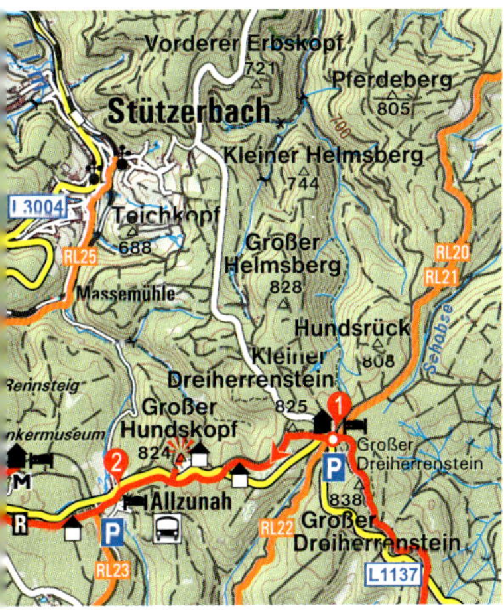

Der Rennsteig führt uns dagegen direkt zur Straße hinunter, die wir kreuzen, um dem Wegverlauf weiterzufolgen. Bei der Info-Tafel Bunkermuseum wenden wir uns nach links, parallel zur Straße, und an der Kreuzung mit der Laurabahn-Schaffnerfigur nach rechts (Schild: Bahnhof Rennsteig 0,3 km). Hier mündet von links die **Rennsteig-Leiter Schmiedefeld a. R. RL24** ein. An der Straße entlang sehen wir die Gleise und alte Waggons schon vor uns. Wir verlassen den Rennsteig, der vor dem Bahnhof die Straßenseite wechselt, um den **Bahnhof Rennsteig** 3 zu besichtigen, wo wir auch einkehren können.

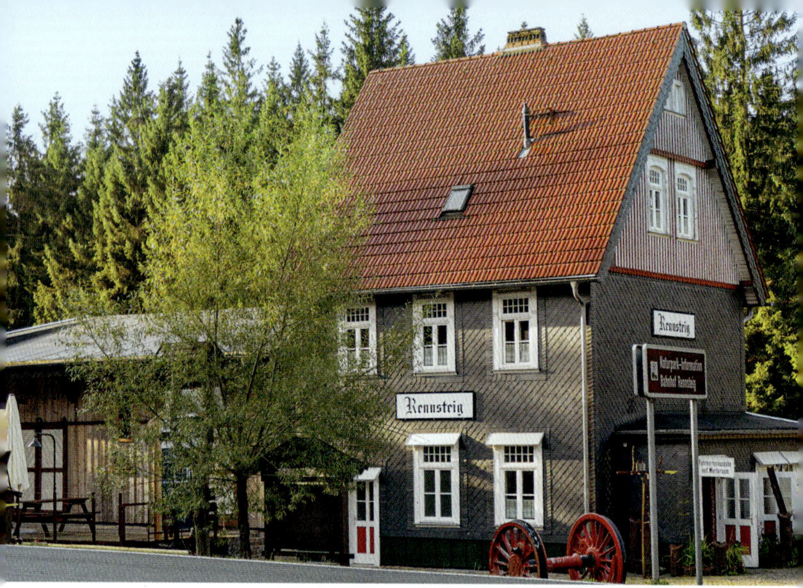

Bahnhof Rennsteig mit Einkehrmöglichkeit.

Mit 746 m über NN ist der ***Bahnhof Rennsteig*** *nicht nur der zweithöchste Punkt, der in Thüringen von Personenzügen angefahren wird, sondern Teile der Strecke sind auch so steil, dass sie bis 1927 nur mit einer Zahnradbahn befahren werden konnten. Auch die Ausführung als Kopfbahnhof hing mit dieser Technik zusammen, lag aber auch daran, dass bei Dampflokomotiven der Rauchabzug immer talwärts weisen musste. So schoben die Loks den Zug rückwärts nach oben und konnten, ohne gedreht werden zu müssen, vorwärts wieder hinunterfahren. Die Bahnlinie von Schleusingen nach Ilmenau wurde 1904 in Betrieb genommen, das Bahnhofsgebäude 1906 gebaut. Von 1913 bis 1965 konnten die Fahrgäste hier in die Laurabahn genannte Kleinbahn umsteigen, die über Allzunah nach Frauenwald fuhr. Zunächst hatte die Rennsteigbahn nur lokale Bedeutung, aber zu DDR-Zeiten erlebte der Tourismus im Thüringer Wald einen großen Aufschwung und Direktzüge aus Magdeburg und Berlin brachten die Feriengäste auch zum Rennsteigbahnhof. Heute wird er nur noch an Wochenenden und Feiertagen 4-mal täglich vom RennsteigShuttle angefahren und von Museumszügen der Dampfbahnfreunde Mittlerer Rennsteig. Die schönen alten Stützen der Überdachung von Bahnsteig 1 stammen übrigens aus dem Erfurter Hauptbahnhof, wo sie abmontiert und hier im Herbst 2007 wieder aufgestellt wurden.*

Hinter dem Bahnhofsgebäude überqueren wir die Landstraße zum Parkplatz hinüber. Von dort führt uns geradeaus ein Pfad zum Rennsteig (Schild: Rennsteig 30 m), in den wir nach links einschwenken (Schild: Mordfleck 5,5 km). Er verläuft parallel zur Straße, kreuzt einen Schotterweg und dahinter einen zweiten, wo die **Rennsteig-Leiter Stützerbach RL25** von rechts heraufführt. Dann queren wir die Gleise und, nachdem wir eine Picknickbank passiert haben, eine Landstraße, um dahinter geradeaus weiterzugehen (Schild: Mordfleck 5,0 km). Der Rennsteig führt uns weiterhin mal mehr, mal weniger nah an der Landstraße entlang durch den Fichtenwald. So erreichen wir die Schutzhütte Grazienhütte, bei der wir auf den breiten Querweg nach rechts abbiegen (Schild: Mordfleck 4,2 km). An der nahen Kreuzung verlassen wir ihn auf den Pfad zur Linken, der sich bald wieder parallel zur Straße hält. Wir kreuzen einen Schotterweg und behalten unsere Richtung – leicht nach links versetzt – bei (Schild: Mordfleck 2,9 km). Nach ca. 150 m, bei der Bushaltestelle **Am Großen Finsterberg** 4, queren wir erneut einen geschotterten Querweg (Schild: Mordfleck 2,7 km) oder biegen rechts ab, auf die **Schleife 5Sa Finsterberg.** Der Rennsteig führt uns nun zur **Alten Tränke** 5, wo uns auf der idyllischen Lichtung eine Schutzhütte und Picknickbänke zur Rast einladen. Von rechts kommt die **Schleife 5Sa Finsterberg** zurück.
Wir gehen geradeaus weiter (Schild: Schmücke 3,5 km), bis unser Weg in einen anderen mündet, dem wir ebenfalls geradeaus folgen. Auch bei der Info-Tafel zum Luchsprojekt behalten wir auf dem Pfad parallel zur Straße unsere Richtung bei (Schild: Mordfleck 0,9 km). Bald darauf kreuzen wir einen Schotterweg und entscheiden uns bei der Info-Tafel zum Großen Finsterberg für den Querpfad nach links. Am Wegweiser »Mordfleck 823 m« verlassen wir den Wald, finden eine Schutzhütte samt Picknickbank vor und überqueren die Landstraße, um parallel zu ihr dem Rennsteig weiter zu folgen. Zum Ursprung des etwas blutrünstigen Namens gibt es mehrere Theorien, aber wahrscheinlich leitet er sich aus dem Mundartwort für eine sumpfige Stelle, einen Moorfleck, ab. Am Waldrand halten wir uns geradeaus (Schild: Neue Gehlberger Hütte 3,6 km) und am geschotterten Querweg rechts (Schild: Schmücke 1,2 km). Schließlich erreichen wir den Wegweiser Borstenplatz, wo sich der Gedenkstein für den Thüringer Volksmusiker Herbert Roth und eine Schutzhütte nahe der Landstraße befinden, und nehmen den Pfad, der grob dem Straßenverlauf folgt (Schild: Waldhotel Schmücke 0,9 km). Schließlich erreichen wir bei der Info-Tafel zum Thüringer Waldwandel das Wartehäuschen der Bushaltestelle **Schmücke** 6. Der Rennsteig

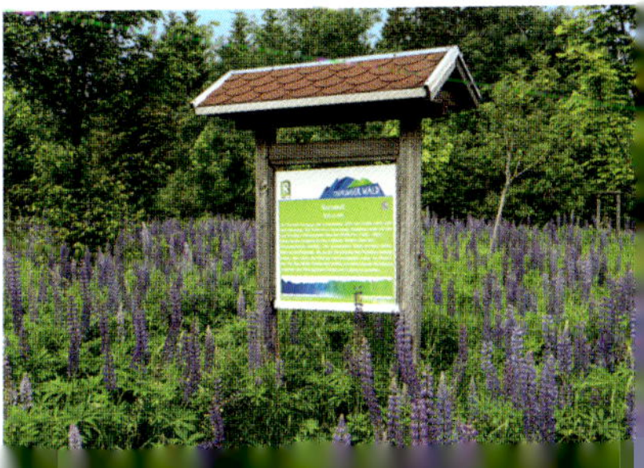

Lupinen am Rondell.

führt hier weiter geradeaus, aber wer in Schmücke einkehren oder die sehr lohnende **Schleife 5Sb Schneekopf** erwandern will, geht hier nach rechts, über die Straße zum Parkplatz beim Waldhotel Schmücke.

i ***Schmücke**, 911 m, ist die höchste Ansiedlung am Rennsteig und wurde bereits 1516 erwähnt. Damals stand an der Kreuzung zweier Handelswege nur eine Hütte, die im Sommer Pferden und Vieh als Unterstand und im Winter den Menschen als Schutzhaus diente. Später gab es Pächter, die hier bereits vom Wanderer bis zum Wilderer Gäste bewirteten, aber erst 1812 erhielten sie offiziell das Gastrecht und 1823 erbaute man ein festes Haus. In der kleinen Wirtsstube hingen Dutzende Käfige mit Singvögeln, die man damals noch einfing, um sie als Vorläufer unserer heutigen Kanarienvögel zu verkaufen. 1843 übernahm Johann Friedrich Joel (1792–1852) als Pächter die Schmücke und hatte das Amt des Kreisers inne, d.h. er hatte nicht nur Viehzucht und die Gaststätte zu betreiben, sondern auch als Forstaufseher für die Einhaltung der Vorschriften in den Wäldern zu sorgen. Durch ihn wurde die Schmücke weithin bekannt, denn bald waren zahlreiche Anekdoten über ihn in Umlauf. Als Sohn eines Wirts verstand er sein Handwerk, aber berühmt machten ihn seine Schlitzohrigkeit und sein Humor, der auch Autoritäten nicht verschonte. So hatte ihm sein Grundherr, der Herzog von Sachsen-Coburg und Gotha, einen Zuchtbullen versprochen, doch als der Herzog nach Monaten wieder einmal vorbeikam, hatte der Schmücke-Joel immer noch keinen Bullen erhalten. So stellte sich der Wirt vors Haus, spähte durch ein Ofenrohr nach Süden und ignorierte die Ankunft seines Souveräns. Als dieser ihn verärgert fragte, was er denn suche, antwortete Joel: »Ich gucke, ob der Ochs aus Coburg nicht bald kommt.« Die alten Gebäude wurden im Zweiten Weltkrieg weitgehend zerstört und ab 1954 wieder aufgebaut.*

Ein kurzes Stück weiter kommen von rechts die **Rennsteig-Leitern Gehlberg RL26, Ilmenau RL27** und **Manebach RL28** heran, dann stoßen wir auf einen Querweg, auf dem wir links hinaufgehen und dem Wegverlauf folgen, der uns bei einer Wetterstation des Umweltbundesamts wieder zur Landstraße und an ihr entlang führt (Schild: Plänckners Aussicht 2,2 km). Bald passieren wir auf der linken Wegseite den Abzweig zur Suhler Hütte, wo uns die höchstgelegene Hütte (und eine der schönsten) am Rennsteig zur Einkehr einlädt. Gleich darauf können wir rechts einen längeren Abstecher auf den Schneekopf machen (Schild: Schneekopf 1,3 km); unsere Empfehlung ist jedoch die **Schleife 5Sb Schneekopf** ab Schmücke, die hier von rechts wieder auf den Rennsteig trifft.
Wir kommen an einer Schutzhütte mit Picknickbank vorbei und wählen beim Wegweiser Adler den Pfad geradeaus (Schild: Plänckners Aussicht 1,1 km). Er mündet in einen Querweg, dem wir links hinauf folgen. Über

den Rosenkopf, 939 m, führt uns die breite Schotterpiste an die Hänge des Großen Beerbergs, des höchsten Bergs des Thüringer Waldes. Auf seinem Gipfel war im 19. Jahrhundert ein steinerner Aussichtsturm geplant, doch wegen des sumpfigen Untergrunds entschied man sich stattdessen für den Schneekopf, weshalb das Hochmoor, das heute unter Naturschutz steht, erhalten blieb. Wir passieren **Plänckners Aussicht** 7, wo uns rechts oberhalb des Wegs neben Picknickbänken auch eine Plattform mit Blick auf die markanten Kegel des Großen und Kleinen Gleichbergs und die fernen Kuppen der Vorderrhön erwartet. Der Platz ist Julius von Plänckner gewidmet, auch wenn er auf der Gedenktafel fälschlich Justus genannt wird. Er gilt als Erster, der den gesamten Rennsteig am Stück erwandert hat. Kurz danach überschreiten wir den höchsten Punkt des Rennsteigs, 973 m. An der folgenden Gabelung halten wir uns links und es geht stetig talwärts zur großen Schutzhütte an der **Suhler Ausspanne** 8, wo von links die **Rennsteig-Leiter Suhl RL29** einmündet. Wir gehen am Rastplatz vorbei (Schild: Rondell 3,7 km), halten uns an der ersten Gabelung links und an der zweiten rechts. Nach ca. 800 m verzweigt sich der Weg erneut. Auch hier wenden wir uns nach rechts und überqueren bald die Landstraße. Nun folgen wir dem Wegverlauf für ca. 600 m durch den Fichtenwald, bevor wir die Straße bei der Bushaltestelle noch einmal kreuzen. Wir überqueren den Parkplatz der Länge nach zur Schutzhütte beim Wegweiser Sommerwiese. An der Hütte vorbei halten wir uns Richtung »Rondell« und queren nach einer Weile einen tief unter uns befindlichen Bahntunnel sowie anschließend den Rennsteigtunnel, durch den die Autobahn A71 führt. Etwa 1 km nach der Sommerwiese halten wir uns an der Gabelung links und erreichen bald darauf den großen Parkplatz am Wegweiser **Rondell** 9. Von hier aus sehen wir bereits die Brücke, über die uns der Rennsteig morgen weiterführt. Zuvor können wir links einen Abstecher zum Rennsteiggarten machen oder den Obelisken rechts der Brücke besichtigen, wobei wir an den öffentlichen Toiletten vorbeikommen. Wer im Zentrum von Oberhof übernachten oder einkehren will, findet rechts am Parkplatz eine Bushaltestelle. Wer dagegen zum AWO SANO Ferienzentrum will, nimmt ebenfalls rechts die Unterführung hinter dem Parkplatz.

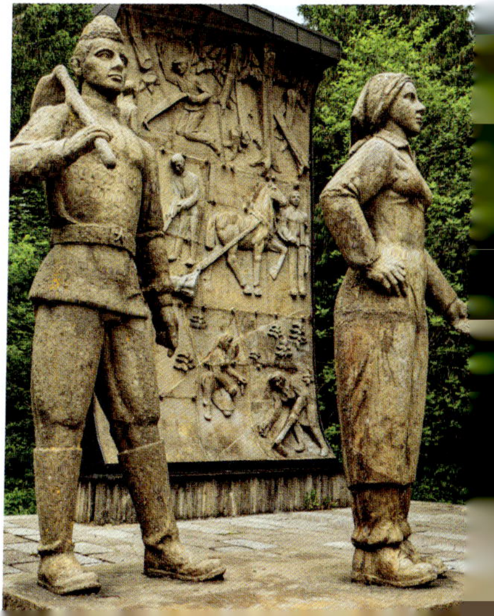

Das Forstarbeiterdenkmal hinter dem Rondell (zu Beginn von Etappe 6).

5Sa Schleife Großer Finsterberg

1.00 h	2,6 km
↗130 m	↘110 m

Durch Fichtenwald hinauf zum Aussichtsturm

Der Gipfel des Großen Finsterbergs war von den 50er Jahren bis 1990 militärisches Sperrgebiet, das von der Sowjetarmee genutzt wurde. Der danach errichtete Aussichtsturm wurde 2019 durch einen 8 m hohen Nachfolger ersetzt, der uns Fernblick zum Dolmar und den Gleichbergen bietet. Auch die Finsterberghütte wartet mit schöner Aussicht auf.

Ausgangspunkt: Etappe 5, Wegpunkt Am Großen Finsterberg ❹, 810 m.
Endpunkt: Etappe 5, Wegpunkt Alte Tränke ❺, 841 m.
Anforderungen: Überwiegend leicht begehbare Wege; Auf- und Abstieg erfolgen teilweise auf steilem, steinigen Weg.
Tipp: Der Aussichtsturm ist rund um die Uhr zugänglich.

Nahe der Bushaltestelle **Am Großen Finsterberg** ❶ bei den Info-Tafeln und der Picknickbank biegen wir rechts auf den Schotterweg ab (grünes R; Schild: Großer Finsterberg 1,4 km). Über die Kreuzung bei der überdachten Picknickbank gehen wir geradeaus (blaues R; Schild: Großer Finsterberg 0,8 km). Durch den Fichtenwald steigen wir stramm bergan, bis wir auf einen Querweg stoßen, der uns rechts in einer Kurve zum Aussichtsturm führt (blaues R). Noch vor dem Turm können wir rechts einen Abstecher zur Schutzhütte Finsterberghütte machen, von der aus wir einen schönen Blick über die Berge im Nordosten Richtung Erfurt haben. Oben auf dem **Großen Finsterberg** ❷, 944 m, erwarten uns der Aussichtsturm sowie zwei überdachte Picknickbänke, die uns zum Verweilen einladen, bevor wir hinter dem Turm den steilen Pfad abwärts nehmen (blaues R). Er mündet in einen Kiesweg, dem wir geradeaus hinab folgen. Am Querweg wenden wir uns nach links und biegen nach nur ca. 40 m links auf den Schotterweg ab (rotes Dreieck). An der nächsten Kreuzung wählen wir den Pfad geradeaus, der uns weiter talwärts zum Rennsteig zurückbringt, auf dem wir beim Rastplatz **Alte Tränke** ❸ unseren Weg nach rechts fortsetzen.

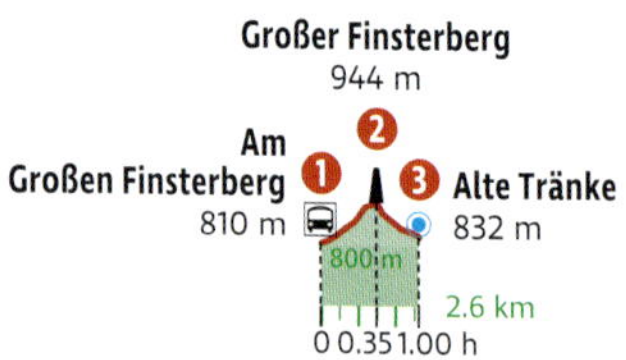

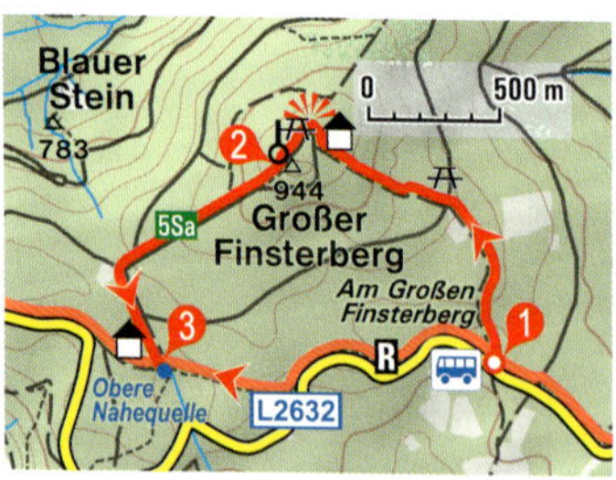

Aussichtsturm auf dem Großen Finsterberg.

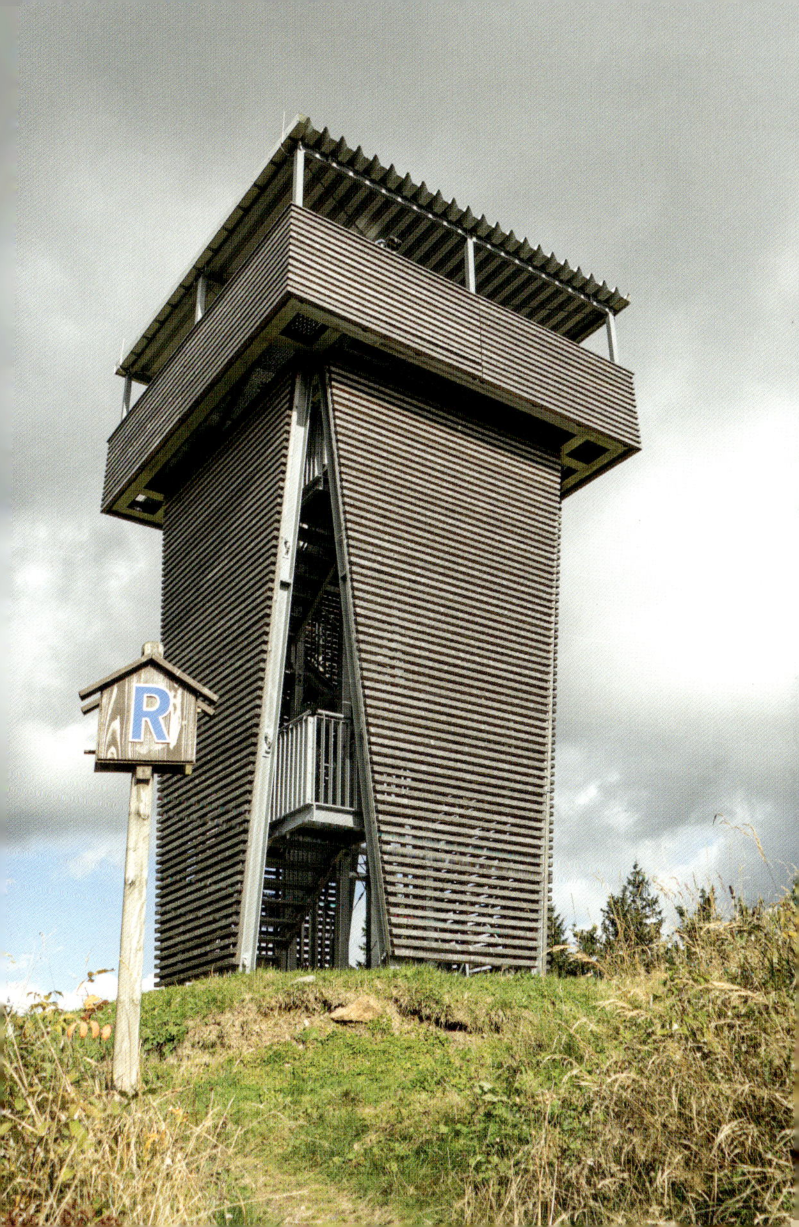
R

5Sb Schleife Schneekopf

2.15 h	7,9 km
↗220 m	↘190 m

Drei Aussichtsfelsen und ein fantastisches Fernblickpanorama

Sachsenstein, Seiffartsburg und Teufelskanzel stellen reizvolle Zwischenstationen dar, bevor wir das Gipfelplateau des zweithöchsten Bergs des Thüringer Waldes erreichen. Auf dem 978 m hohen Schneekopf haben wir selbst ohne Aussichtsturm einen herrlichen Blick über große Teile Thüringens und darüber hinaus.

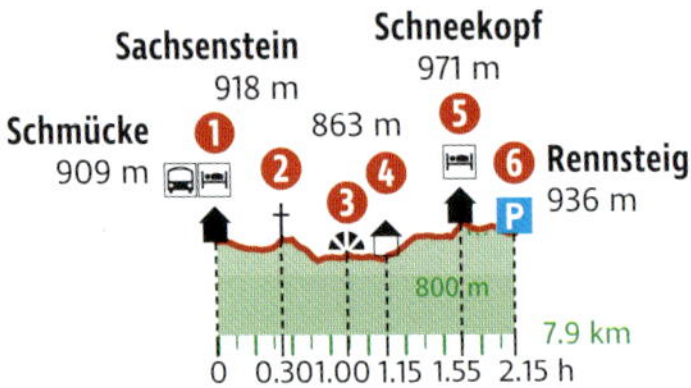

Ausgangspunkt: Etappe 5, Wartehäuschen der Bushaltestelle Schmücke ❻, 909 m.
Endpunkt: Etappe 5, Wegweiser kurz nach dem Abzweig zur Suhler Hütte.

Anforderungen: Überwiegend leicht begehbare Forstwege, aber auch längere Strecken auf Wurzelpfaden, die teilweise ausgesetzt oder abschüssig sind.
Einkehr: **Schneekopf:** Neue Gehlberger Hütte, Di. u. Mi. Ruhetag, www.schneekopf.eu, Tel. +49 36845 49911.
Unterkunft: **Schneekopf:** Neue Gehlberger Hütte, www.schneekopf.eu, Tel. +49 36845 49911.
Tipp: Die verglaste Plattform des Aussichtsturms auf dem Schneekopf ist nur gegen Gebühr zugänglich, Mai bis Oktober 10–18 Uhr, November bis April 10–16 Uhr.

Bei der Bushaltestelle **Schmücke** ❶ biegen wir rechts zur Landstraße ab, die wir zum großen Parkplatz hin überqueren, um der abzweigenden Straße Richtung Gehlberg zu folgen (rotes Dreieck; Schild: Sachsenstein 1,8 km).

Großartige Fernsicht auf dem Schneekopf.

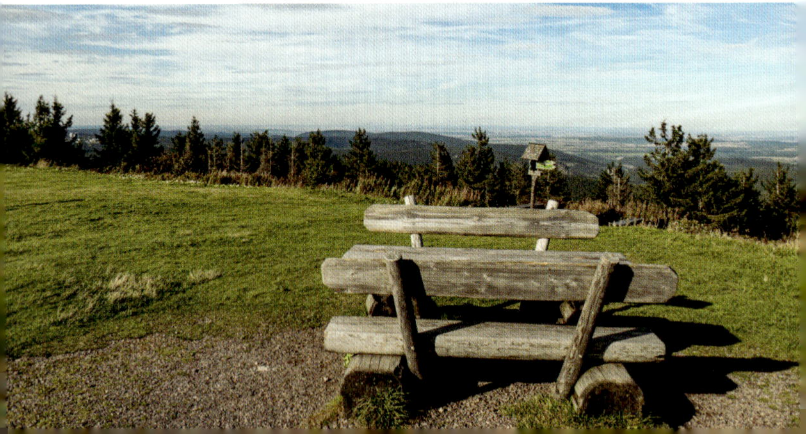

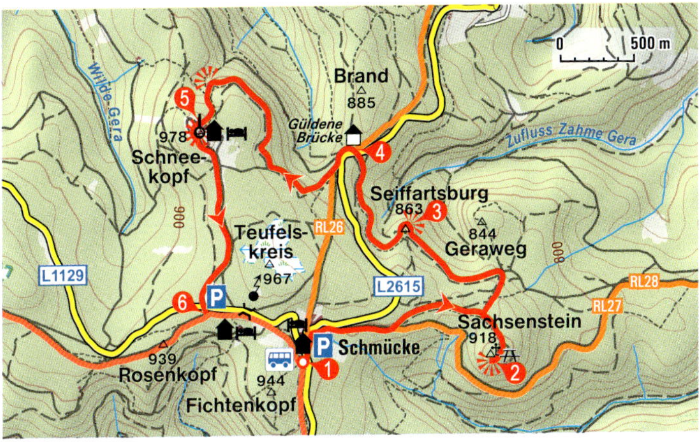

Hinter Schmücke verlassen wir sie auf den ersten Forstweg rechts hinab (rotes Dreieck; Schild: Gipfelweg). Nach ca. 400 m nehmen wir den Weg links hinauf (Schild: Sachsenstein 1,0 km) und ignorieren den nächsten Abzweig nach links. An der Gabelung halten wir uns rechts und passieren bald darauf einen Wegweiser (Schild: Sachsenstein 0,5 km), an dem unsere Schleife später nach links weiterführt, nachdem wir einen Abstecher geradeaus gemacht haben: Etwa 200 m weiter bringt uns rechts ein Pfad steil auf den **Sachsenstein** ❷, 918 m, hinauf. Oben gehen wir an der Picknickbank vorbei zur zweiten Bank, wo wir schönen Fernblick über Schmücke hinweg haben, und kehren anschließend zum Wegweiser zurück, an dem wir nun abbiegen (Schild: Schneekopf 4,2 km). Es geht talwärts zu einem Querweg, wo wir den Pfad geradeaus hinab wählen (rotes Dreieck). Er stößt auf einen Forstweg, in den wir nach rechts hinab einschwenken, um ihn ca. 100 m weiter mit dem roten Dreieck auf den Abzweig scharf links zu verlassen. An dieser Markierung orientieren wir uns bis auf Weiteres. Der Weg verengt sich zum Pfad und wir gelangen zum Wegweiser Seiffartsburg. Hier machen wir rechts den kurzen, mit etwas Kletterei verbundenen Abstecher auf den Aussichtsfelsen **Seiffartsburg** ❸, 863 m, auf dem uns eine Bank mit allmählich zuwachsendem Fernblick Richtung Thüringer Becken erwartet. Zurück am Wegweiser folgen wir dem Pfad weiter (Schild: Güldene Brücke 1,2 km) und kreuzen sogleich einen Querweg. Schließlich endet der Pfad an einem Weg, auf dem wir nach rechts gehen (Schild: Güldene Brücke 0,4 km). Nach ca. 150 m halten wir uns an der Gabelung links hinauf, kommen oben an eine Landstraße, die wir nach links zur Schutzhütte **Güldene Brücke** ❹ hin überqueren. Wir folgen ihr durch die Kurve, um den asphaltierten Abzweig nach rechts zu nehmen (Schild: Schneekopf). An

den nächsten Gabelungen halten wir uns rechts (weiterhin rotes Dreieck), biegen schließlich rechts hinunter ab (Schild: Teufelskanzel) und bleiben auf dem Weg, bis rechts ein Wurzelpfad abzweigt. Er führt uns zum mit Geländer gesicherten Aussichtsfelsen Teufelskanzel, von dem wir Fernsicht bis ins Thüringer Becken genießen. Zwischen den bewaldeten Hügeln fällt die Autobahnbrücke über die Wilde Gera auf, die mit einer Spannweite von 252 m Deutschlands größte Bogenbrücke ist.
Wir setzen unsere Wanderung auf dem markierten Pfad fort und wenden uns an der Kreuzung links hinauf (Schild: Schneekopf). Wo sich der Pfad gabelt, halten wir uns rechts hoch. Er endet an einem Querweg, auf dem wir rechts hinauf gehen (Schild: Gipfelweg) und das Gipfelplateau des **Schneekopfs** 5, 978 m, erreichen. Oben führt unser Weg nach links, zwischen dem Fernmeldeturm zur Linken und dem Aussichtsturm zur Rechten hindurch, und zur Neuen Gehlberger Hütte hinab, wo wir dem breiten Schotterweg folgen (Schild: Rennsteig). Es lohnt sich jedoch, zuvor das gesamte Plateau zu erkunden: Eine auf einem Felsblock installierte Windrose hilft bei der Einordnung der gesichteten Orte und Berge. Die Plattform des Aussichtsturms befindet sich auf 1001 m Höhe. Auf dem Rückweg zum Rennsteig halten wir uns an den markierten Wegverlauf, der uns schließlich talwärts

Gemütliche Einkehr in der Neuen Gehlberger Hütte.

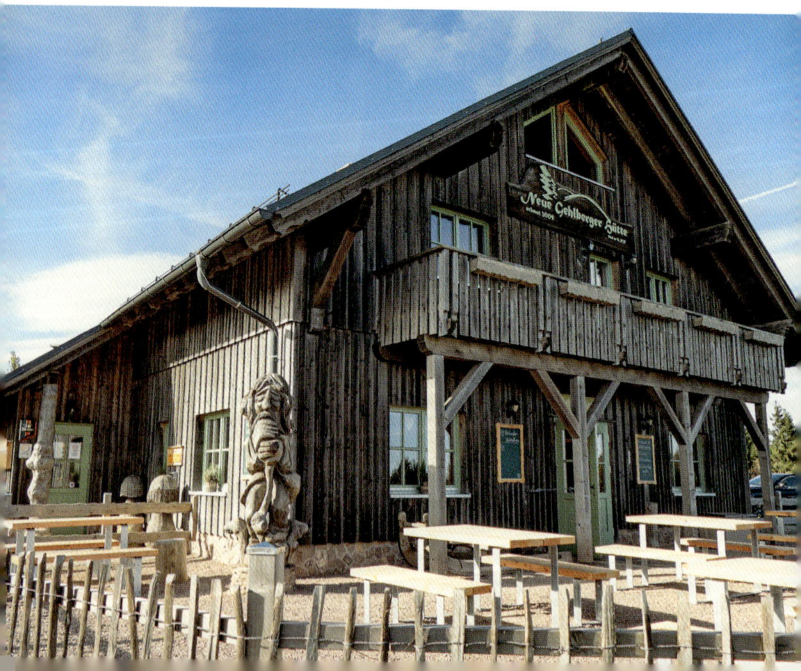

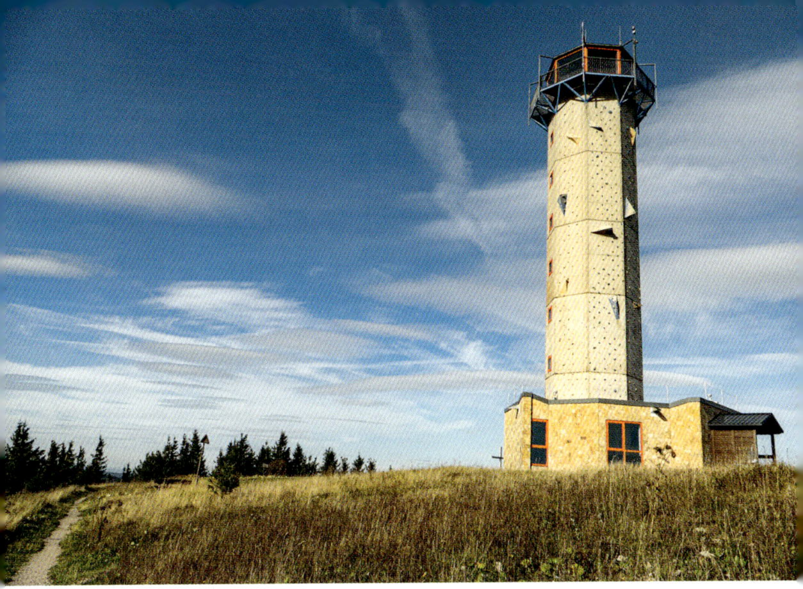

Der Turm auf dem Schneekopf ist der höchste Punkt Thüringens.

zu einem Parkplatz führt, bei dem wir die Landstraße überqueren. Auf der anderen Straßenseite stoßen wir wieder auf den **Rennsteig** 6, dem wir nach rechts in Richtung Adler folgen.

i Auch wenn es in den 1990er Jahren Überlegungen gab, den ***Schneekopf*** *auf 1000 m zu erhöhen, ist er der zweithöchste Berg Thüringens geblieben und misst immer noch 978 m. Bekannt ist er auch für die sogenannten Schneekopfkugeln: von außen unscheinbare Gesteinskugeln, in deren Innerem sich Quarzkristalle, in seltenen Fällen sogar Achat gebildet haben. Unübersehbar sind dagegen die beiden Türme auf dem Gipfel. Schon 1828 wurde ein Holzturm errichtet, den bereits 1852 ein steinerner Nachfolger ersetzte. Dessen Aussichtsplattform erreichte die 1000-Meter-Marke, doch die Sowjetarmee, die den Schneekopf 1960 zum Sperrgebiet erklärt hatte, sprengte 1970 den Turm. Auch den Hütten war wenig Glück beschieden: Die erste, die Goethe 1780 besuchte, brannte 1796 ab. Eine zweite fiel 1828 den Flammen zum Opfer, die nächste zerstörten 1945 die US-Truppen und den Neubau aus den 50er Jahren rissen die Sowjets wieder ab. Nur der 1958 fertiggestellte Fernmeldeturm steht noch und gehört der Telekom AG. Schöner ist jedoch der neue Aussichtsturm aus dem Jahr 2008, und ein Jahr später eröffnete auch die Neue Gehlberger Hütte.*

6 **Von Oberhof zur Ebertswiese**

5.00 h | 19,9 km
↗340 m | ↘430 m

Zu Aussichtspunkten und blühenden Wiesen

In Oberhof kommen wir am Wintersportzentrum vorbei, bevor wir wieder in die Wälder fernab aller Siedlungen eintauchen. Auf den Aussichtstürmen Hoher Schorn und Krämerod erwartet uns Fernblick und auch die Neuhöfer Wiese bietet herrliche Sicht auf die Vorderrhön. Dabei ist sie selbst – wie auch die Weidensuhl und die berühmte Ebertswiese – mit ihrer Blütenpracht eine selten gewordene Schönheit.

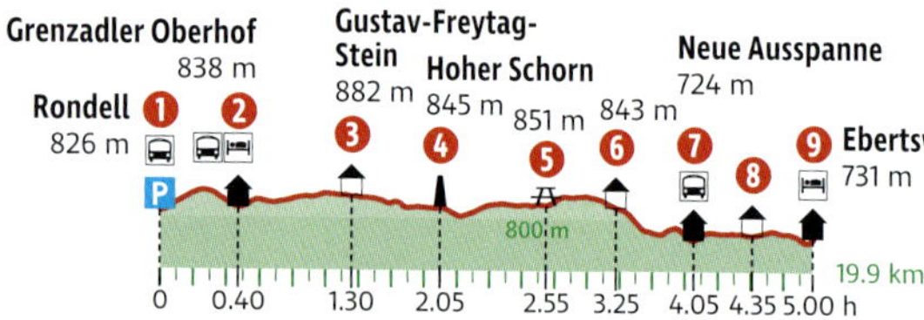

i *Drei sogenannte* ***Grenzadler*** *gibt es direkt am Rennsteig: an der Kreuzung des Rennsteigs mit der Straße von Oberhof nach Oberschönau, an der Neuen Ausspanne und an der Grenzwiese (Kleiner Inselsberg). »Wir befehlen, die Preußischen Adler an den Grenzen zur Bezeichnung Unserer Landesherrlichkeit aufzurichten«, ordnete König Wilhelm von Preußen an, nachdem er 1866 im Preußisch-Österreichischen Krieg das zuvor hessische Schmalkalden annektiert hatte. Die gusseisernen Platten mit dem Adlermotiv wurden an ursprünglich zirka mannshohen Steinen angebracht und nur dort aufgestellt, wo Straßen die Grenze überquerten. Nach dem Zweiten Weltkrieg beschloss die sowjetische Militäradministration, diese Symbole der überwundenen Feudalherrschaft zu entfernen. Dem Wirt des Gasthauses Kleiner Inselsberg gelang es, den in seiner Nachbarschaft abgenommenen Adler über die innerdeutsche Grenze zu bringen und ein Stück Geschichte vor der Vernichtung zu retten. Nach der Wende wurden Neuabgüsse hergestellt und 1992 wieder an den ursprünglichen Standorten montiert. 2004 brachen Diebe den Grenzadler an der Neuen Ausspanne aus dem Stein, aber 2007 wurde erneut Ersatz angebracht, sodass alle drei Denkmäler wieder vollständig sind.*

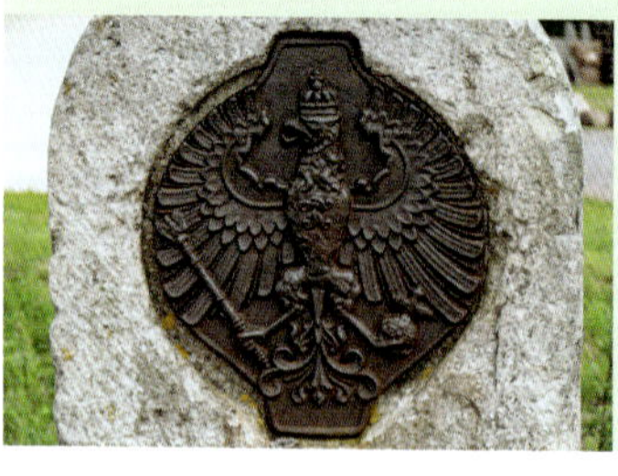

Ausgangspunkt: Wegweiser Rondell bei Oberhof, 826 m; Navi: N50.694, E10.7203.
ÖPNV: Bushaltestelle Rondell / Rennsteiggarten, MBB Linien 422 und 423 Oberhof–Zella–Mehlis, Mo. bis Fr. ca. 26-mal, Sa. u. So. ca. 15-mal täglich; SNG Suhl Linie R Rennsteigbus Suhl–Gräfenroda, ca. 4-mal täglich).
Zuwege: RL30 bis RL35.
Anforderungen: Überwiegend befestigte Forstwege; einige Pfade, die steinig oder mit Wurzeln durchsetzt sein können.
Einkehr: **Oberhof:** Gasthof Thüringer Hütte, Am Grenzadler 3, www.thueringer-huette.de, Tel. +49 36842 52323 o. +49 172 7163171; **Rotterode:** Hütte der Bergwacht, Wochenende geöffnet, www.bergwacht-rotterode.de, Tel. +49 36847 50564 o. +49 162 8295754; **Struth-Helmershof:** Hütte der Bergrettung, geöffnet, wenn Flagge gehisst, www.bergrettung-struth.de, Tel. +49 171 7322679; **Neue Ausspanne:** Imbiss, Mo. Ruhetag; **Ebertswiese:** Berghotel, www.ebertswiese.de, Tel. +49 3683 606451.
Unterkunft: **Ebertswiese:** Berghotel, www.ebertswiese.de, Tel. +49 3683 606451, Ferienpark, www.ferienpark-ebertswiese.de, Tel. +49 151 55715796.
Informationen: Oberschönau, Tel. +49 36847 30425; Tambach-Dietharz (Neue Ausspanne), Tel. +49 36252 34428; Floh-Seligenthal (Ebertswiese) Tel. +49 3683 408848.
Tipps: 1. Unweit des Rondells zeigt der Rennsteiggarten auf nur 7 ha Fläche ca. 4000 Gebirgspflanzenarten aus aller Welt, 31.05. bis 01.11. 10–17 Uhr, www.rennsteiggartenoberhof.de; 2. Die beiden Aussichtstürme am Weg sind rund um die Uhr kostenlos zugänglich.
3. An der Ebertswiese nicht den Bergsee versäumen! Unsere kleine Schleife 6S zeigt den Weg.

Vom Wegweiser **Rondell** ❶ aus, an dem von links die **Rennsteig-Leiter Zella-Mehlis RL30** einmündet, nehmen wir die Brücke, die über die ausgebaute Landstraße führt (Schild: Wachsenrasen 9,2 km). Wir kommen am Rastplatz beim 1981 aufgestellten Forstarbeiterdenkmal vorüber. Es stellt ein interessantes Zeitzeugnis dar, weil es den Tausenden Helfern aus Zivilbevölkerung und Sowjetarmee gewidmet ist, die in den Jahren 1947–1950 nach Sturmschäden und Borkenkäferplagen 21 000 Hektar Fichtenwald um Oberhof herum räumten und wieder aufforsteten. Wir gehen geradeaus über die Kreuzung bergauf (Schild: Wintersportzentrum 2,3 km), aber wer zu Fuß einen Abstecher nach Oberhof machen möchte, wo auch die **Rennsteig-Leiter Luisenthal RL31** endet, kann hier rechts abbiegen (Schild: Oberhof Stadtmitte 1,5 km).
Auch über die nächste Kreuzung beim Stein 16, dessen mit einer Hinrichtung verbundene Geschichte wir im Kapitel über Grenzsteine erzählen (→ S.21), gehen wir an der Schutzhütte vorbei geradeaus hinauf (Schild: Wintersportzentrum 1,4 km). Oben befinden wir uns knapp über 900 m hoch und halten uns an der Gabelung beim Abzweig zum Sendemast halb rechts (Schild: Wintersportzentrum 1,1 km), um dem Wegverlauf talwärts zu folgen. Am Waldrand gehen wir geradeaus hinab (Schild: Wachsenrasen 7,0 km) und passieren den Abzweig zum Waldgasthof Schanzenbaude. Auf der anderen Talseite sehen wir bereits den Spielplatz mit dem riesigen Wanderschuh aus Holz. Unten stoßen wir auf eine Landstraße und entdecken zur Linken den Stein mit dem **Grenzadler Oberhof** ❷. Hier kommt von links auch die **Rennsteig-Leiter Steinbach-Hallenberg RL32** an und

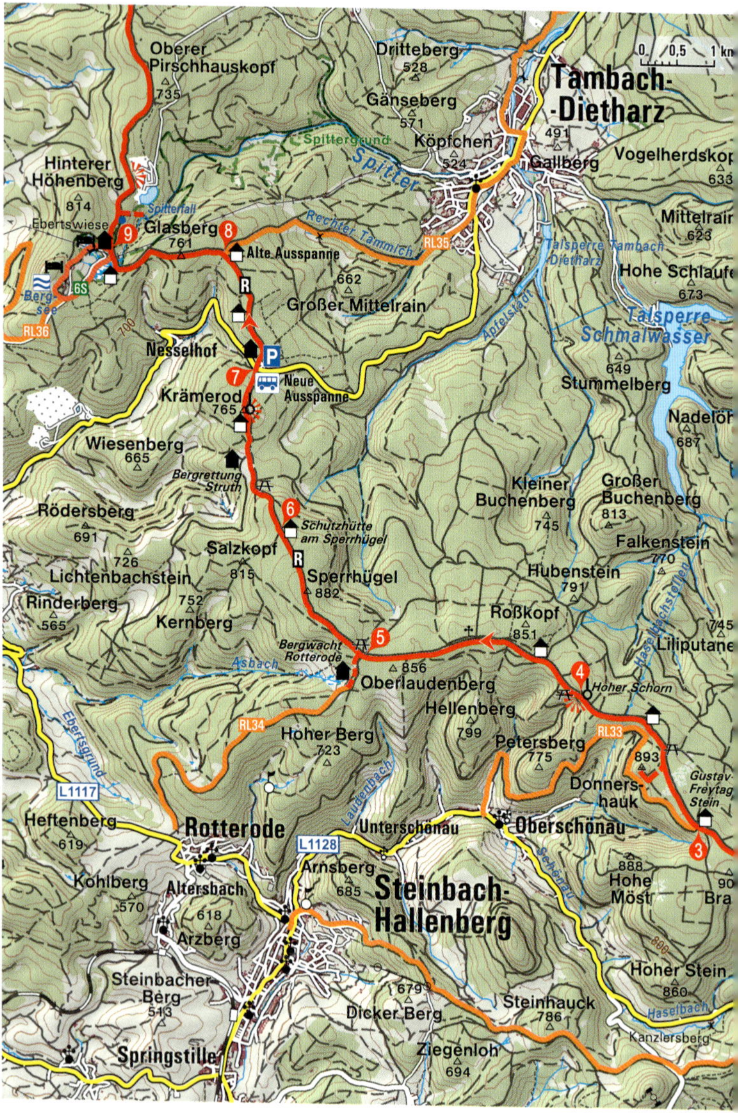
0 0,5 1 km
Oberer Pirschhauskopf
735
Dritteberg
528
Gänseberg
571
Tambach-Dietharz
Spittergrund
Köpfchen
524
491
Gallberg
Vogelherdskop
633
Spitter
Hinterer Höhenberg
814
Spitterfall
Ebertswiese
9
Glasberg
761
8
Alte Ausspanne
Rechter Tammich
RL35
Mittelrain
623
Talsperre Tambach-Dietharz
Hohe Schlaufe
673
Berg-see
6S
RL36
700
662
Großer Mittelrain
Apfelstädt
Talsperre Schmalwasser
Nesselhof
P
649
Stümmelberg
7
Neue Ausspanne
Krämerod
765
Nadelöh
687
Wiesenberg
665
Bergrettung Struth
Kleiner Buchenberg
745
Großer Buchenberg
813
Rödersberg
691
6
Schutzhütte am Sperrhügel
Falkenstein
770
Salzkopf
815
726
Lichtenbachstein
Sperrhügel
882
Hubenstein
791
Rinderberg
565
752
Kernberg
Roßkopf
851
745
Liliputane
5
Bergwacht Rotterode
Asbach
856
Oberlaudenberg
4
Hoher Schorn
Haselbachstollen
Hellenberg
799
Ebertsgrund
RL34
Hoher Berg
723
Petersberg
775
RL33
893
Gustav-Freytag-Stein
Donnershauk
L1117
Laudenbach
Heftenberg
619
Rotterode
Unterschönau
Oberschönau
3
L1128
Kohlberg
570
Altersbach
Arnsberg
685
Steinbach-Hallenberg
888
Hohe Möst
90
Bra
Schönau
618
Arzberg
800
Hoher Stein
860
Steinbacher Berg
513
679
Dicker Berg
Steinhauck
786
Haselbach
Kanzlersberg
Springstille
Ziegenloh
694

ca. 50 m zur Rechten sehen wir das Rennsteighaus Oberhof. Wir überqueren die Landstraße, um geradeaus die Seitenstraße hinaufzugehen (Schild: Wachsenrasen 6,7 km), am Spielplatz sowie einem Bratwurst-Imbiss und der Thüringer Hütte vorbei, die uns zur Einkehr einladen.

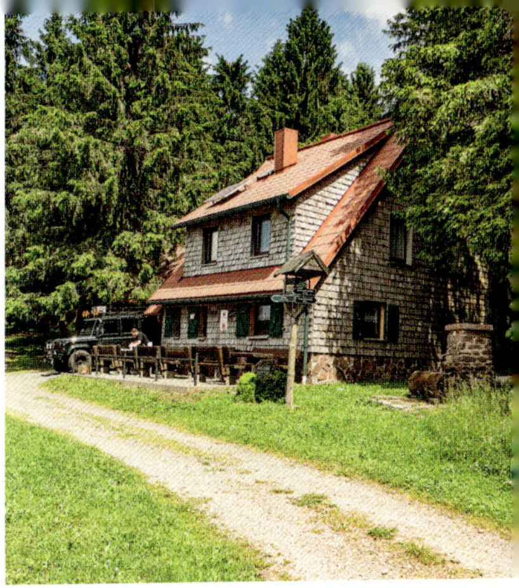

Abstecher Bergwacht an der Neuhöfer Wiese.

Bei der Schutzhütte am Grenzadler nehmen wir den Schotterweg rechts, der uns wieder in den Wald führt. Im Fichtenforst kreuzen wir eine asphaltierte Trainingsstrecke für die Wintersportler und halten uns an der nächsten Gabelung rechts (Schild: Hoher Schorn 5,5 km). Bei einer alten Buche erinnert auf der rechten Wegseite ein Gedenkstein an die Gefallenen einer 1944 über dem Thüringer Wald ausgetragenen Luftschlacht. Wir überqueren einen zweiten Trainingsasphaltweg, passieren eine überdachte Picknickbank (Schild: Hoher Schorn 5,2 km) und nach einer Weile auch einen Wegweiser auf der linken Wegseite (Schild: Hoher Schorn 4,6 km). Etwa 150 m weiter biegen wir rechts auf den Grasweg ab, um sogleich links in den markierten Pfad einzuschwenken. Er mündet schließlich in die Gabelung eines Schotterwegs und wir halten uns rechts (Schild: Hoher Schorn 4,0 km). Zum dritten Mal stoßen wir auf eine asphaltierte Trainingsstrecke. Hier steht ein kurzes Stück zur Linken die Schutzhütte Axel mit Picknickbank, aber wir gehen auf dem Asphaltweg geradeaus und, wo er nach rechts führt, geradeaus auf dem Waldweg weiter. Einige Zeit danach entdecken wir auf der rechten Wegseite eine Holzskulptur, deren ursprüngliches Aussehen durch zahlreiche, von Wanderern ergänzte Accessoires verändert wurde. Wir grüßen in Gedanken den Holz-Michel, der sie geschaffen hat. Dann erreichen wir die Kreuzung beim **Gustav-Freytag-Stein** ❸, an der die **Rennsteig-Leiter Oberschönau RL33** von links heranführt. Wir setzen unseren Weg geradeaus fort (Schild: Hoher Schorn 2,6 km), an der Schutzhütte vorbei. Nach ca. 1 km können wir links – an ei-

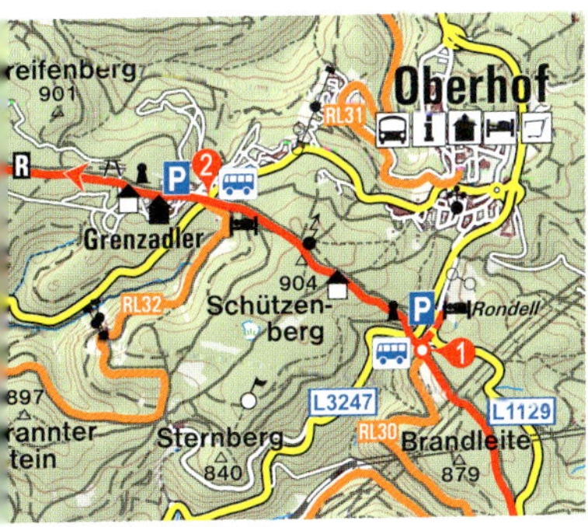

ner Schranke vorbei – einen Abstecher von ca. 500 m einfacher Strecke machen (Schild: Aussichtspunkt Donnershauk 0,5 km) oder gleich geradeaus dem Rennsteig weiter folgen. Er verläuft auf einem Forstweg durch den Fichtenwald, passiert die Picknickbank beim Wegweiser Hirtenrasen (Schild: Hoher Schorn 1,6 km) und an der Gabelung wählen wir den schmaleren Weg links. Er verengt sich zum Pfad und mündet schließlich in einen Forstweg, auf dem wir nach links gehen (Schild: Wachsenrasen 1,7 km). Auf Höhe einer Picknickbank zur Linken führt rechts ein Pfad steil hinauf zum Aussichtsturm **Hoher Schorn** ❹, auf dem uns ein weiter Blick zum Dolmar und den höchsten Bergen der Rhön erwartet. Zurück auf dem Hauptweg folgen wir der breiten Schotterpiste bergab und erreichen die große Kreuzung beim Wegweiser Wachsenrasen. Unser Weg führt geradeaus weiter (Schild: Neuhöfer Wiesen 2,6 km), aber links an der gemauerten Schutzhütte vorbei können wir zuvor noch einmal Fernblick erhaschen. Nach ca. 750 m verlassen wir den Forstweg auf den schmaleren Weg links (Schild: Krämerod 5,7 km). An seinem Ende schwenken wir wieder in den breiteren Weg ein und gelangen zur Picknickbank **Ausspanne an der Neuhöfer Wiese** ❺, wo die **Rennsteig-Leiter Rotterode RL34** von links eintrifft (demnächst wird es auch wieder eine Schutzhütte geben; zum Zeitpunkt unserer Recherchen lag das Baumaterial bereit). Hier können wir geradeaus auf dem Rennsteig weitergehen (Schild: Krämerod 3,9 km) oder zuerst links den sehr lohnenden Abstecher zur Hütte an der Neuhöfer Wiese machen (Schild: Bergwachtschutzhütte 350 m, im weiteren Verlauf als »Bergwacht Rotterode« ausge-

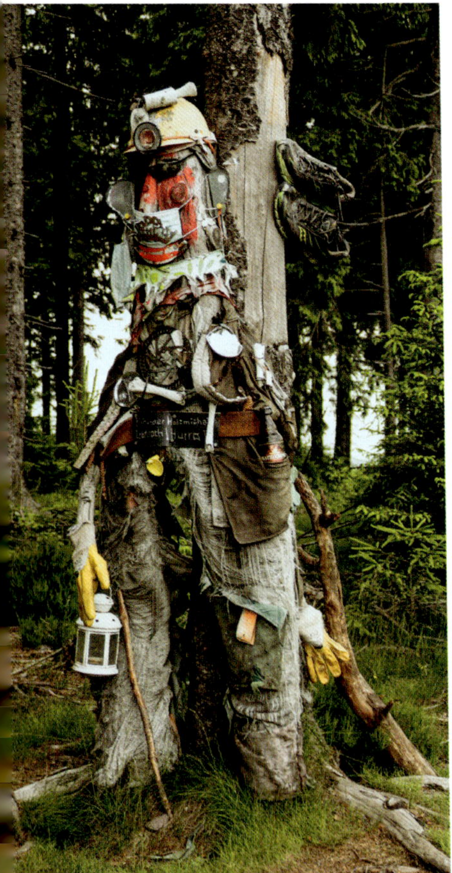

Wanderer beteiligen sich an der Ausgestaltung dieser Skulptur.

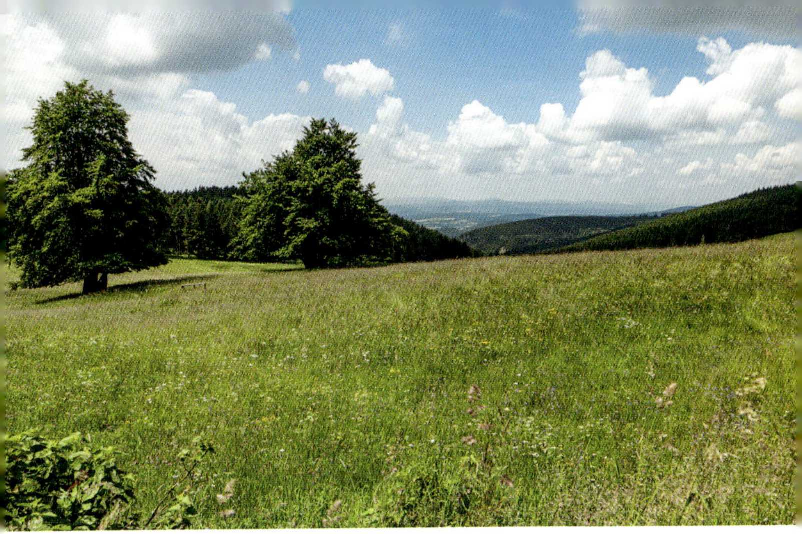

Aussicht über die Neuhöfer Wiese.

schildert; ca. 400 m einfache Strecke): Bei der Hütte mit Picknickbänken und Brunnen öffnet sich Fernblick über die blühenden Wiesen hinweg zum weißen Abraumhügel des Kaliwerks Hattorf und dem Gipfel des Baiers in der Rhön.

Auf dem Rennsteig halten wir uns an der sogleich auf die Kreuzung folgenden Gabelung geradeaus hinauf. Der Weg führt stetig bergan, bis wir die Kuppe des Sperrhügels überschritten haben. Auf dem Abstieg gehen wir geradeaus über die Kreuzung bei der Schutzhütte **Am Sperrhügel** 6 (Schild: Krämerod 1,8 km) und beim Wegweiser »Sperrhügel« folgen wir dem Wegverlauf nach rechts. Bald darauf erreichen wir den Waldrand. Vor uns breitet sich eine große Bergwiese aus und die Picknickbank Erich's Ruh lädt zum Genießen der Aussicht ein, bevor es geradeaus weitergeht. Wir kreuzen einen Querweg (Schild: Krämerod 0,6 km), der nach links einen Abstecher zur Hütte der Bergrettung Struth-Helmershof ermöglicht. Bei gehisster Fahne ist sie geöffnet. Auf dem Rennsteig gelangen wir dagegen zur Schutzhütte an der Weidensuhlwiese und wenden uns an der Gabelung nach rechts, um beim ersten Grenzstein den Pfad nach links zu nehmen (die Beschilderung »Rennsteig« kann eingewachsen sein). Nach einer Weile endet der Pfad an einem Schotterweg, der uns rechts hinauf zum Aussichtsturm auf dem Krämerod bringt. Nach Osten haben wir immer noch schöne Aussicht, während sie ansonsten bereits von nachwachsenden Bäumen verdeckt wird. Nun folgen wir dem Schotterweg weiter bergab, überqueren die Landstraße und erreichen den Kiosk und das Rennsteighaus

Neue Ausspanne ❼. Unser Weg führt halb links am Kiosk vorbei (Schild: Ebertswiese 3,4 km). Direkt beim Rennsteighaus können wir links noch einen kurzen Abstecher zu einem aufgegebenen Steinbruch machen (ohne Markierung oder Beschilderung): Der Weg gabelt sich und verläuft rechts hinauf zwischen die Felswände, aus denen einst Tuffstein gebrochen wurde. Heutzutage wirken sie wie eine natürlich entstandene Schlucht.

i Als Wanderer kann man im Thüringer Wald und Schiefergebirge zahlreiche einstige ***Steinbrüche*** *entdecken. Oft finden sie sich – mehr oder weniger überwuchert – als vermeintlich natürliche Felsformation im Wald oder beherbergen einen See wie der Diabas-Steinbruch nahe der Ebertswiese. An ihnen wird nicht nur sichtbar, aus wie vielen unterschiedlichen Gesteinen die Berge am Rennsteig bestehen, sondern auch wie vielfältig sie schon lange von Menschen genutzt wurden: Aus Schiefer fertigte man neben Dacheindeckungen auch Griffel zum Schreiben, für die sich wiederum nur besonders feinkörniger Tonschiefer eignete, der sich in prismenförmige Stücke spalten lässt. Verschiedenfarbige Tuffgesteine, die einst aus Vulkanasche entstanden, fanden z. B. für Gehwege und Bordsteine Verwendung. Am Sandberg wurde Sandstein, aber auch Sand für die Glasherstellung gewonnen und Diabas, ein harter, grünlich gefärbter Basalt, kommt im Straßenbau, aber auch als Fassaden- und Bodenplatten zum Einsatz.*

Auf dem Rennsteig wandern wir weiter durch den Fichtenwald, passieren die Schutzhütte Nesselberg (Schild: Ebertswiese 3,0 km) und gehen geradeaus über die Kreuzung bei der Schutzhütte **Alte Ausspanne** ❽ (Schild: Ebertswiese 1,6 km), an der uns eine Picknickbank zur Rast einlädt. Von rechts führt hier die **Rennsteig-Leiter Georgenthal RL35** heran. Nun überqueren wir den Glasberg, 760 m, auf dem am Wegrand Orchideen wachsen, und stoßen beim Wegweiser »Nägelstedter Girn« auf einen Querweg, dem wir nach links folgen (Schild: Ebertswiese 0,5 km). Ab und an haben wir zwischen den Bäumen bereits Blick auf die Ebertswiese und kommen bald darauf an der »Neuen Schmalkalder Hütte an der Spitterbrücke« vorbei. Dass wir dabei den noch jungen Bach überqueren, geht beim Anblick der schönen großen Bergwiese leicht unter, aber auf einem kurzen Abstecher nach links, am Ufer entlang, erweist sich die Spitter als sehr idyllisch. Der Rennsteig führt dagegen halb rechts und dann geradeaus zum Waldrand hinauf, zum ersten Wegweiser **Ebertswiese** ❾. Hier geht es auf dem von links kommenden Querweg geradeaus auf die nächste Etappe, aber links erwarten uns die Übernachtungsmöglichkeit und die **Schleife 6S** zum Bergsee.

Kurzer Abstecher zum alten Steinbruch an der Neuen Ausspanne.

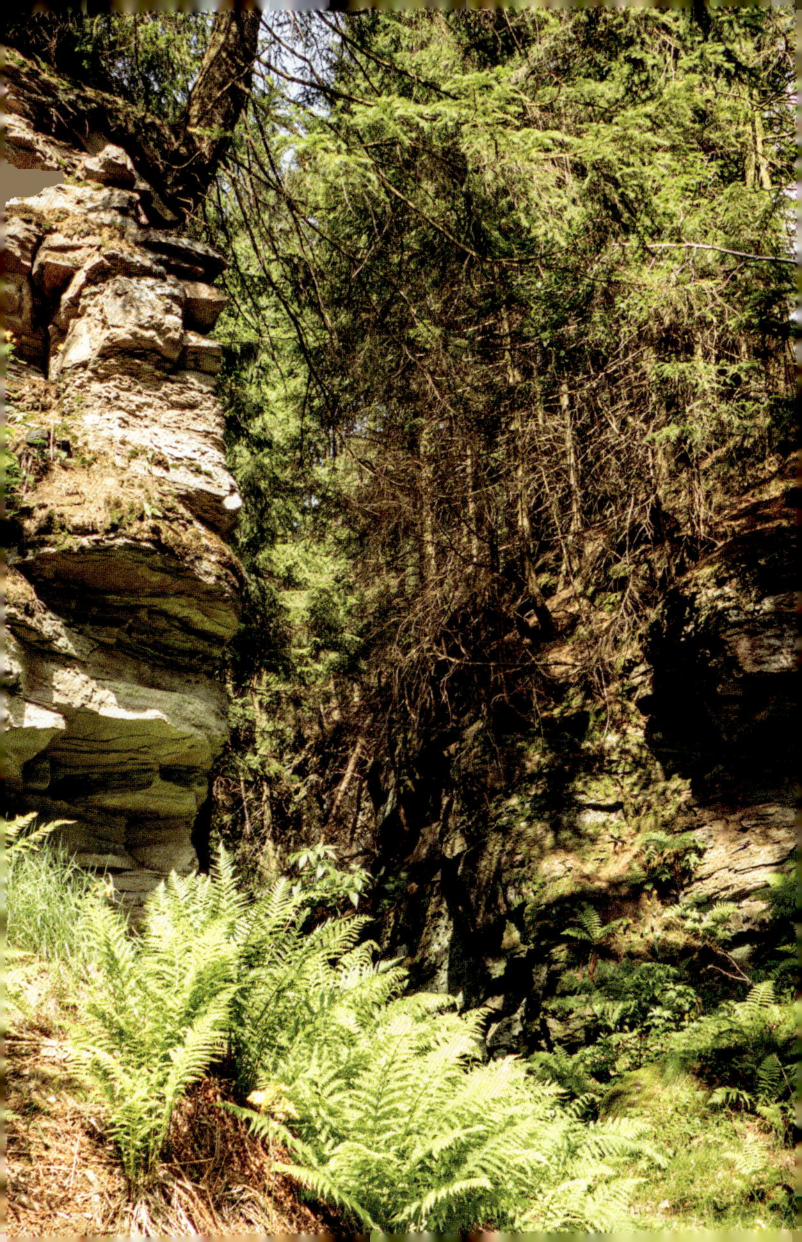

6S Schleife Ebertswiese und Bergsee

0.45 h | 2,2 km | ↗50 m | ↘50 m

Zwei der beliebtesten Fotomotive des Thüringer Walds

Dieser kurze, lohnende Umweg lässt uns die Besonderheiten der schönen Ebertswiese intensiver erleben. Die durch mehrere Quellen sehr feuchte Bergwiese steht als Flächennaturdenkmal schon seit 1936 unter Schutz, da sich hier noch Raritäten wie die Trollblume, Arnika und Frauenschuh finden. Auch seltene Vogelarten wie Braunkehlchen und Bekassine sind auf diesen Lebensraum angewiesen. Außerdem besuchen wir den malerisch von Felswänden umgebenen Bergsee, der sich in einem früheren Diabas-Steinbruch befindet.

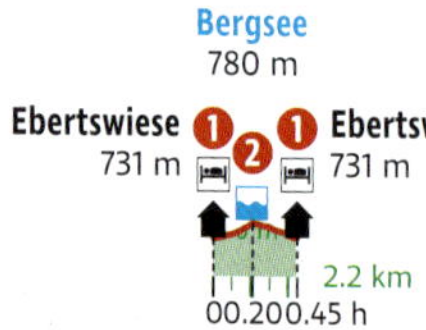

Ausgangs- und Zielpunkt: Etappe 6, Wegpunkt Ebertswiese 9, 731 m.
Anforderungen: Leicht begehbare Wege und Pfade ohne nennenswerte Steigung.
Einkehr: Kurti's Baude am Bergsee; Steinbruch Stübchen auf dem Campingplatz; **Ebertswiese:** Berghotel, www.ebertswiese.de, Tel. +49 3683 606451.
Unterkunft: **Ebertswiese:** Berghotel, www.ebertswiese.de, Tel. +49 3683 606451.
Tipp: Im Bergsee darf gebadet werden. Es gibt jedoch keinen flachen Bereich für Nichtschwimmer oder kleine Kinder.

Beim ersten Wegweiser **Ebertswiese** 1 biegen wir links ab (Schild: Bergsee 1,0 km), passieren den zweiten Wegweiser Ebertswiese und folgen dem breiten Weg geradeaus in den Wald hinein, wo wir auch über die Kreuzung geradeaus gehen (Schild: Bergsee 0,1 km). An Kurti's Baude vorbei

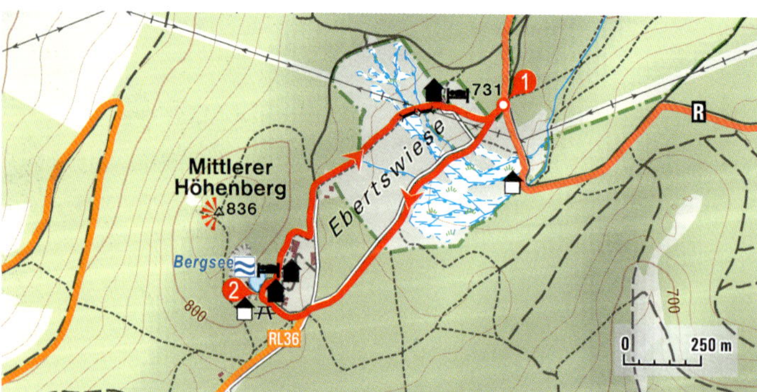

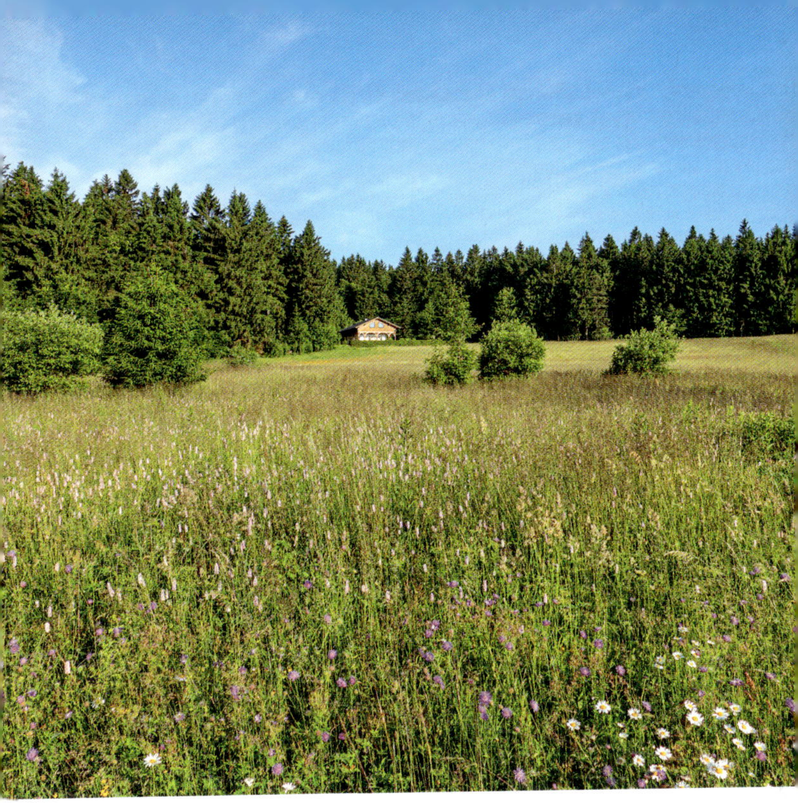

Die Ebertswiese – eines der bedeutendsten Biotope der Region.

gelangen wir zum **Bergsee** ❷, der uns mit mehreren kleinen Schutzhütten und Picknickbänken zum Rasten und Baden einlädt. Der weitere Verlauf unserer Schleife führt jedoch noch vor dem See direkt am Ufer nach rechts (Schild: Steinbruch Stübchen 100 m). Am Zaun biegen wir vor (!) dem Törchen links ab und folgen dem Pfad – immer am Zaun entlang – rechts hinunter, um uns auf dem befestigten Querweg links hinab zu halten. Wir kommen am Haus der Bergwacht vorüber und wenden uns dahinter sogleich nach rechts. Der Wiesenweg führt uns – teils auf Bohlen – über die Ebertswiese zum Berghotel hinab, wo wir den Parkplatz überqueren und den Fahrweg nach rechts nehmen, der uns zum bereits bekannten breiten Querweg bringt. Hier geht es links (Schild: Spitterfall 1,0 km) zu unserem Ausgangspunkt am Wegweiser **Ebertswiese** ❶ zurück, an dem wir links hinauf unseren Weg auf dem Rennsteig fortsetzen.

7 Von der Ebertswiese zum Großen Inselsberg

3.15 h | 11,6 km | ↗450 m | ↘280 m

Auf dem beliebtesten Berg des Thüringer Walds

Von der quellenreichen Umgebung der Ebertswiese geht es durch die nun wieder artenreicheren Wälder auf dem Gebirgskamm weiter. Vorbei am rätselhaften Possenröder Kreuz aus dem Mittelalter und einem weiteren Aussichtturm führt uns der Rennsteig über die Kuppen von Spießberg und Großem Jagdberg immer höher hinauf, bis wir auf dem Großen Inselsberg, 916 m, wieder einen herrlichen Fernblick genießen.

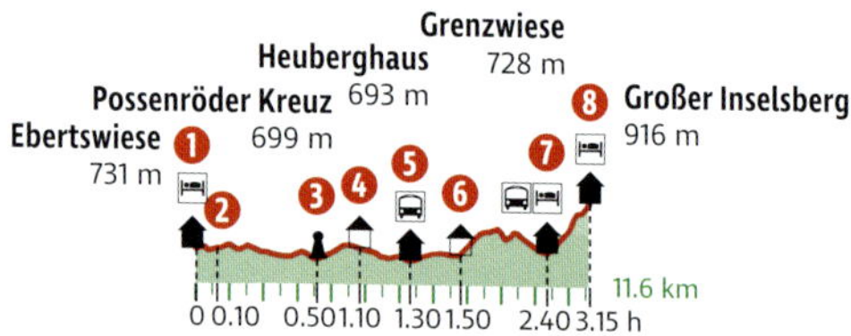

Ausgangspunkt: Wegweiser Ebertswiese am Rennsteig, 731 m; Navi: N50.78465, E10.53735.
ÖPNV: Keiner.
Zuwege: RL36 bis RL38.
Anforderungen: Ganz überwiegend leicht begehbare, oft befestigte Waldwege und -pfade, aber auch abschüssige Passagen, die mehr Aufmerksamkeit erfordern; der Pfad über die Reitsteine am Großen Inselsberg ist der anspruchsvollste Abschnitt des Rennsteigs: sehr steinig, steil und mit Wurzeln durchsetzt – wer es sich nicht zutraut, weicht auf den Asphaltweg aus.
Einkehr: Hotel und Berggasthof Spießberghaus, geöffnet nach Wetterlage, www.spiessberg.de, Tel. +49 3623 363500; Heuberghaus, nach Wetterlage, www.heuberghaus.de, Tel. +49 3623 30449; **Grenzwiese:** Imbiss Inselsberg Hütte, saisonal geöffnet; Pension und Gaststätte Haus Rose am Reitstein, Mo. bis Do. Ruhetag, Kleiner Inselsberg 2, www.haus-am-reitstein.de, Tel. +49 36840 32494; **Großer Inselsberg:** Berggasthof Stöhr, Mo. Ruhetag, www.berggasthof-stoehr.de, Tel. +49 36840 32425.
Unterkünfte: Hotel und Berggasthof Spießberghaus, www.spiessberg.de, Tel. +49 3623 363500; **Grenzwiese:** Pension und Gaststätte Haus Rose am Reitstein, Kleiner Inselsberg 2, www.haus-am-reitstein.de, Tel. +49 36840 32494; **Großer Inselsberg:** Herberge Großer Inselsberg, www.herberge-inselsberg.de, Tel. +49 36259 159870 o. +49 152 31706519.
Informationen: Brotterode-Trusetal (Inselsberg), Tel. +49 36840 3333; Bad Tabarz (Inselsberg), Tel. +49 36259 5600.
Tipps: 1. Der Abstecher zum Spitterfall ist zwar nicht lang, bedeutet aber 75 zusätzliche Höhenmeter; 2. Der Aussichtsturm Spießberg ist jederzeit frei zugänglich; 3. Im Heuberghaus kann man eventuell (meist sonntags) bei Livemusik einkehren. 4. Der Aussichtsturm auf dem Großen Inselsberg beherbergt eine Ausstellung und kostet Eintritt: 10–16 Uhr, 1. Nov. bis 31. März Di. Ruhetag.

Vom Wegweiser **Ebertswiese** ❶, an dem auch die **Rennsteig-Leiter Floh-Seligenthal RL36** in den Rennsteig mündet, folgen wir der Beschilderung »Possenröder Kreuz 3,6 km«, verlassen den Weg aber nach ca. 60 m auf den Pfad zur Linken. Immer mehr Laubbäume mischen sich unter die Fichten. Der Pfad kreuzt einen Schotterweg (Schild: Tanzbuche 7,0 km) und führt über einen Steg zu einem Waldweg, auf dem wir uns links hinab wenden, am Löwen-Born vorbei. Die Quelle wird auch Springender Löwe genannt, da hier ein Grenzstein mit dem hessischen Wappen steht, das einen Löwen zeigt. Leider wurde das Original gestohlen, sodass wir nur noch eine Kopie des Steins sehen können.

Bald darauf passieren wir einen Abzweig auf der rechten Wegseite (Schild: Spitterfall 300 m). Hier können wir einen ca. 400 m langen Abstecher (einfache Strecke) in ein idyllisches Tal hinunter machen, aber der Weg ist sehr steil und der über mehrere Stufen fließende Spitterfall führt meist wenig Wasser.

Kurz nach dem Abzweig erreichen wir den **Dreiherrenstein am Hangweg** ❷ und biegen noch vor der Picknickbank rechts ab (Schild: Spießberg 3,5 km). Etwa 300 m weiter können wir rechts einen kurzen Abstecher zu einem Aussichtspunkt hoch über dem Steinbruch Spittergrund machen (Schild: Spitterblick), wo die Sicht bei gutem Wetter bis nach Erfurt und Weimar reicht.

Dann folgen wir dem Wegverlauf für ca. 2,5 km, passieren einen Findling und haben später Aussicht auf den Inselsberg mit seinen markanten Türmen.

Es geht weiter talwärts, bis wir die große Kreuzung beim Wegweiser **Possenröder Kreuz** ❸ erreichen. Der Rennsteig kreuzt hier eine Hohe Straße, wie man im Mittelalter die Fernwege auf den Höhenzügen nannte, und führt uns geradeaus

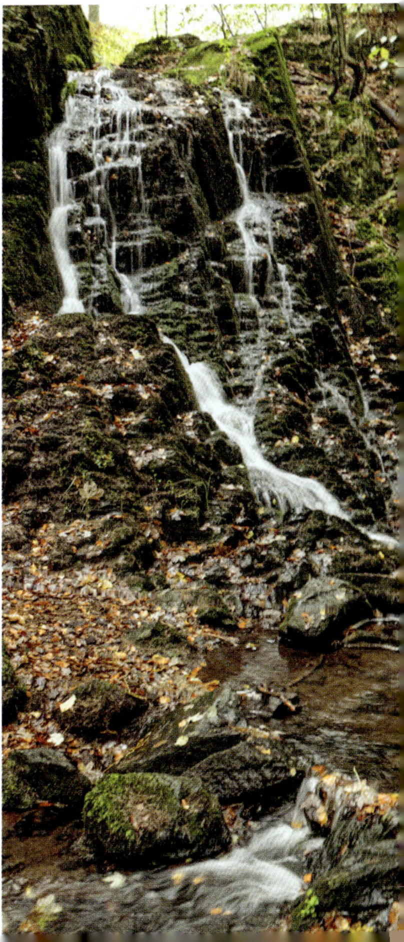

Abstecher zum Spitterfall.

weiter (Schild: Spießberg 0,5 km), nachdem wir zur Linken das etwas hinter der Schutzhütte versteckte namensgebende Kreuz besichtigt haben.

i **Possenröder Kreuz**: *Es gibt selbst Experten bis heute Rätsel auf. Unbestritten stammt es jedoch aus dem Mittelalter und wird aufgrund des gotischen Stils in das 14./15. Jahrhundert eingeordnet. Erstmalig in einer Urkunde erwähnt wurde es 1522. Aber wer hat es aufgestellt? Und wozu? Die übliche Erklärung als Sühnekreuz für einen Mord überzeugt hier nicht, denn die Inschrift »Possenrod« deutet nicht auf ein Verbrechen hin, sondern auf einen Ortsnamen, der bereits 1039 auftaucht. Zuletzt wird ein Vorwerk Bosserode 1616 genannt. Vermutlich wurde der Ort im Dreißigjährigen Krieg zerstört. In Schriftstücken wird das Kreuz nun als Postenröder oder auch Postreuter Kreuz bezeichnet, woraus sich wohl die Sage entwickelte, dass hier ein Postreiter erschlagen wurde. Einen schriftlichen Beleg für einen solchen Vorfall gibt es jedenfalls nicht. Viel wahrscheinlicher ist es, dass das Kreuz ein Zeugnis der Rivalität zwischen den Benediktinern in Reinhardsbrunn und dem Zisterzienserkloster Georgenthal darstellt. Denn »Bussenrot« wurde bereits 1144 von Graf Ludwig dem Jüngeren an Reinhardsbrunn verkauft und grenzte später direkt an die Besitzungen der Georgenthaler Mönche. Das über die Jahrhunderte bereits stark verwitterte Denkmal aus Kalkstein wurde 1962 durch Vandalismus fast gänzlich zerstört. Nur noch der Fuß mit den untersten Buchstaben war erhalten, aber 1975 ließen engagierte Bürger das Kreuz originalgetreu restaurieren.*

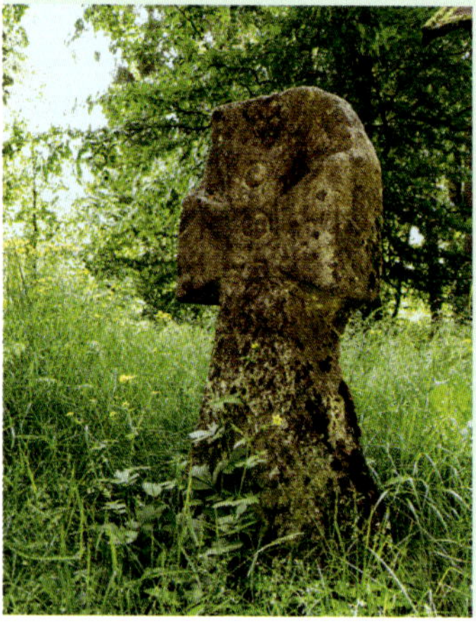

Nach ca. 500 m kommen wir am Aussichtsturm Spießberg vorüber, der mit einem schönen Fernblick auf die Hohe Geba, den höchsten Berg der thüringischen Rhön, und darüber hinaus aufwartet. Anschließend verläuft der Rennsteig durch Buchenwald über den Spießberg, 749 m, und geradeaus über die Kreuzung beim Wegweiser **Tauber Rasen** 4 (Schild: Heuberghaus 1,7 km), an einer Schutzhütte vorbei. Wer im Spießberghaus übernachten möchte, biegt hier rechts ab (ca. 400 m einfache Strecke).
Unser Weg wird steiler und endet bei einer überdachten Picknickbank an einer Kreuzung, an der wir uns für den Pfad halb links entscheiden (Schild:

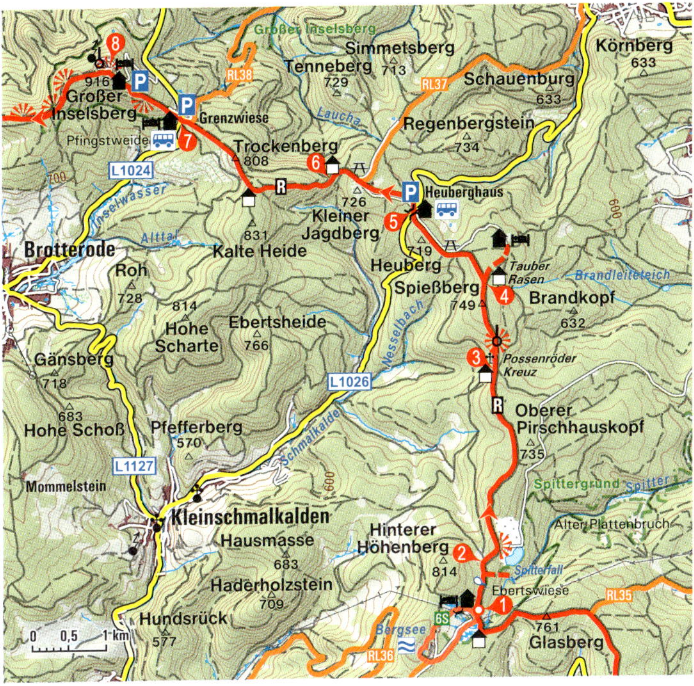

Heuberghaus 1,0 km). Zunächst kreuzt er einen Querweg, der rechts zu einem Asphaltweg führt, dann mündet er schließlich selbst in den Asphaltweg, dem wir links hinab folgen. Wir passieren die Einkehrmöglichkeit **Heuberghaus** 5 und überqueren eine Landstraße, um geradeaus die schmalere Straße hinaufzugehen (Schild: Grenzwiese 4,0 km), am Parkplatz vorüber. Ein kurzes Stück dahinter führt der Rennsteig auf dem Pfad halb rechts, parallel zur Straße weiter. Beim Prinz-Andreas-Eck, wo von rechts die **Rennsteig-Leiter Friedrichroda RL37** eintrifft, endet der Pfad an einer Betonplattenstraße, der wir geradeaus folgen (Schild: Grenzwiese 3,1 km). Zuvor können wir die überdachte Picknickbank am Prinz-Andreas-Eck nutzen und den ersten schönen Wappenstein seit Langem entdecken. Die Betonplatten werden von Schotter abgelöst. Auch hier gedeihen Orchideen wie das Knabenkraut am Wegrand. Wir kommen an der **Schutzhütte Am Jagdberg** 6 mit überdachter Picknickbank vorbei und gehen geradeaus stramm bergan (Schild: Grenzweg 2,5 km). Auf dem Großen Jagdberg, 814 m, wenden wir uns am Querweg bei der Schutzhütte nach rechts *i* ***Jagd am Rennsteig:*** *Der Große und der Kleine Jagdberg tragen ihre Namen nicht ohne Grund: Rund um den Rennsteig wurden vom Adel stets große Jagden abgehalten. So berichtet z. B. ein Landgraf von Hessen im 16. Jahrhundert von fünf erlegten Bären und zahlreichen Hirschen. Greifbarer ist der Jagdstein an der Tanzbuche, an dem vier Tafeln an die letzte große Hofjagd im Jahr 1845 erinnern. Herzog Ernst II. von Sachsen-Coburg und Gotha veranstaltete sie zu Ehren der anwesenden englischen Königin Victoria, die mit seinem Bruder Albert verheiratet war. Aus heutiger Sicht handelte es sich jedoch um alles andere als ein romantisches oder heroisches Ereignis. Die erlauchten Schützen saßen bequem in einem Pavillon und schossen – untermalt von Musik – auf das Wild, das ihre Bediensteten aus den umgebenden Wäldern auf die eingezäunte Wiese trieben. So wurden 66 Hirsche und Rehe förmlich niedergemäht, was in England zu empörten Zeitungsartikeln führte. Denn dort war es üblich, dem Wild nachzustellen und ihm so die Möglichkeit zur Flucht zu geben.*

(Schild: Grenzwiese 1,5 km) und sogleich wieder rechts, auf den Pfad, der uns steil bergab führt. Wir steigen die Stufen hinab und schwenken unten beim Wegweiser Gabelwiese in den Querweg halb rechts hinauf ein (Schild: Rennsteig). Erneut geht es kräftig bergauf, an der geschlossenen Waltershäuser Hütte des Alpenvereins vorbei auf den Trockenberg, 808 m, und wieder hinab (Schild: Grenzwiese 0,9 km). Unten mündet der Weg in eine Asphaltstraße, auf der wir nach links an einem großen Parkplatz entlang

i *Der* ***Große Inselsberg*** *ist mit 916 m der vierthöchste Berg im Thüringer Wald und mit den beiden Türmen und der 126 m hohen Sendeantenne eine weithin sichtbare Landmarke. Schon 1649 wurde ein turmartiges Oktagon auf dem Inselsberg eingeweiht und 1774 folgte ein Observatorium. Die heutigen Türme entstanden jedoch erst im 20. Jahrhundert: Im 1939 erbauten, runden Turm werden bis heute Sendeanlagen betrieben, während der 21 m hohe, eckige Turm 1957 als Richtfunkturm für die SED und später auch die Nationale Volksarmee errichtet wurde. Nach 1990 stand er leer, bis die Gemeinde Tabarz ihn kaufen und zu einem Aussichtsturm umgestalten konnte. Die älteste Einkehr ist die 1810 gegründete Hessische Herberge, die seit 1899 Berggasthof Stöhr heißt. Da sie sich auf hessischem Terrain befand, wurde auf der zu Sachsen-Coburg-Gotha gehörenden Seite des Gipfels 1852 der herzogliche Gasthof Hotel Gotha errichtet und 1914 mit einigem Aufwand erweitert: Auf einer Felsklippe nordwestlich der Wartburg soll ein Fachwerkhaus zerlegt und auf 200 Fuhrwerken zum Inselsberg transportiert worden sein, um den Gasthof zu vergrößern. Seit den 1960er Jahren gibt es zwischen den beiden Gaststätten auch noch eine Jugendherberge.*

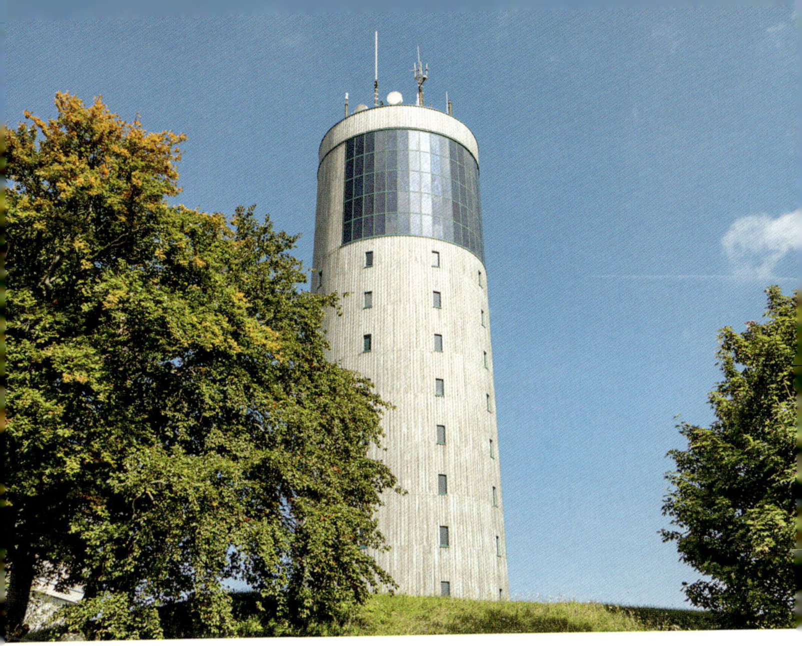

Sendeturm auf dem Großen Inselsberg.

gehen, wo auch die **Rennsteig-Leiter Tabarz RL38** endet. Wir erreichen eine Landstraße, die wir beim Wegweiser **Grenzwiese** 7 überqueren, um geradeaus dem Asphaltweg bergan zu folgen, am Gasthaus Kleiner Inselsberg vorüber (Schild: Großer Inselsberg 1,3 km). Der Name »Kleiner Inselsberg«, der heute oft für den gesamten Bergsattel verwendet wird, bezog sich ursprünglich nur auf die Gaststätte, denn der eigentliche Kleine Inselsberg befindet sich nicht am Rennsteig, sondern nördlich des größeren Bruders.

Nach ca. 600 m verlassen wir den Asphaltweg auf den Pfad zur Linken (Schild: Großer Inselsberg 0,7 km), der uns an den Reitsteinen vorbei zum Gipfel des Inselsbergs bringt. Wer den schönen, aber steilen, etwas unwegsamen Pfad umgehen möchte, lässt die Reitsteine aus und geht einfach auf der schmalen Straße weiter. Von den Reitsteine genannten Felsformationen haben wir weiten Blick über die bewaldeten Hügel und den halb im Tal versteckten Ort Brotterode. Wir folgen dem Pfad weiter bergan und überqueren einen Parkplatz, um am anderen Ende die Treppen hinaufzusteigen. Oben stehen wir auf der Panoramaterrasse des Berggasthofs Stöhr, wo wir einkehren können, und haben den Gipfelbereich des **Großen Inselsbergs** 8, 916 m, erreicht.

8 Vom Großen Inselsberg nach Ascherbrück

3.30 h | 14,0 km | ↗180 m | ↘530 m

Durch weite Wälder zu Quellen und Granitformationen

Als ob sie uns den Abschied vom Gipfel leichter machen wollten, bieten uns auf dem Abstieg vom Großen Inselsberg gleich drei Aussichtspunkte nochmals Fernblick in unterschiedliche Richtungen. Einen Kontrast dazu bilden die Beerberggrotte und der sprudelnde Schierlingsborn. Auf dem Gerberstein und am Glöckner erwartet uns erneut eine schöne Aussicht – dieses Mal über das Werratal hinweg zur Rhön –, während wir an Fredi's Quell nach Fröschen Ausschau halten können.

Ausgangspunkt: Herberge auf dem Großen Inselsberg, 908 m; Navi: N50.8506, E10.4676.
ÖPNV: Keiner.
Zuwege: RL39 bis RL41.
Anforderungen: Ganz überwiegend leicht begehbare, oftmals befestigte Waldwege und Pfade, die gelegentlich steinig, steil oder abschüssig sind und mehr Aufmerksamkeit erfordern.
Einkehr: Waldschänke Dreiherrnstein, Do. Ruhetag, Mo. bis Mi. nach Wetterlage, www.dreiherrnstein.de, Tel. +49 36840 31011 oder +49 172 7672008; Waldhotel Rennsteighof, Di. und Mi. Ruhetag, Liebensteiner Str. 108, www.rennsteighof.de, Tel. +49 36929 6020; **Schillerbuche:** Imbiss Zur Wallfahrt, Mo. Ruhetag; **Ascherbrück:** Waldgasthof und Hotel Hubertushaus, Dezember bis März Mo. u. Di. Ruhetag, Ascherbrück 1, www.hubertushaus-ruhla.de, Tel. +49 036929 746580 o. Tel. +49 162 2870796.
Unterkünfte: Waldhotel Rennsteighof, Liebensteiner Str. 108, www.rennsteighof.de, Tel. +49 36929 6020; **Ascherbrück:** Waldgasthof und Hotel Hubertushaus, Ascherbrück 1, www.hubertushaus-ruhla.de, Tel. +49 036929 746580 oder +49 162 2870796.
Informationen: Ruhla Tel. +49 36929 89013.
Tipp: Die Beerberggrotte befindet sich auf der Rückseite des Beerbergsteins.

Rennsteig parallel zum Forstweg.

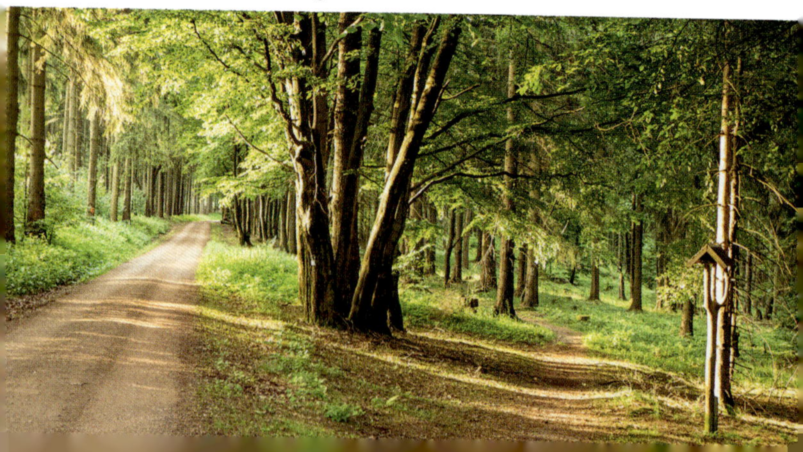

Von der Aussichtsterrasse auf dem **Großen Inselsberg** ❶ gehen wir zum 23 m hohen Aussichtsturm (Schild: Ruhla 11,0 km) und dann links am eingezäunten Gelände des Sendemasts vorbei. Zuvor können wir von der verglasten Plattform des Turms aus in alle Richtungen eine fantastische Aussicht über den Thüringer Wald, das Thüringer Becken und das Werratal bis in die Rhön hinein genießen. Dann folgen wir dem Rennsteig in den Wald und können nach ca. 500 m rechts einen Abstecher zu einem weiteren Aussichtspunkt machen (Schild: Wartburgblick 0,1 km), von dem wir noch einmal Fernblick haben. Anschließend geht es steil talwärts und am **Venetianerstein** ❷, 830 m, samt Schutzhütte vorbei (Schild: Schillerbuche 6,4 km). Auch von diesem Felsen aus können wir Richtung Hörselberge und Hainich in die Ferne spähen.

i ***Venetianerstein:*** *Der Name leitet sich von den Sagen über die Venetianer oder Venediger ab, die auch Walen oder Welsche genannt wurden, was einfach »Ausländer« bedeutet. In ganz Mitteleuropa erzählten sich die Menschen Geschichten über diese Fremden, die als klein und dunkelhaarig beschrieben werden und stets als Schatz- bzw. Erzsucher unterwegs sind. Mal besitzen sie Macht über Drachen und andere Ungeheuer, die die Kostbarkeiten in den Bergen bewachen, mal haben sie magische Fähigkeiten und können ihre Fundstellen wieder verschließen, sodass die Einheimischen nichts finden. Vor allem aber wissen sie auf geheimnisvolle Weise, wo Schätze zu finden sind, obwohl die Einheimischen dort nur Sand und Steine sehen. Sie reisen allein oder in kleinen Gruppen und bitten manchmal um Hilfe. Wer ihnen Freundlichkeit erweist, erhält meist eine – manchmal auch große – Belohnung, aber ihr Wissen behalten sie stets für sich. Diese Sagen gehen auf verschwiegene Experten zurück, die vor allem im Mittelalter in die entlegensten Winkel zogen, um seltene Zutaten für die Herstellung wertvoller Waren zu suchen (z. B. Alaun, das zur Tuchfärbung benötigt wurde, Wismut für die Produktion von kobaltblauem Glas oder Braunstein, ohne den man kein farbloses Glas fertigen kann). Da die Einheimischen nicht verstanden (und auch nicht erfahren durften), warum die Fremden so unscheinbare Fundstücke sammelten und später zu Reichtum kamen, vermuteten sie, dass dabei Zauberei im Spiel war.*

Bald darauf erreichen wir den Oberen Beerberg, 841 m, wo wir geradeaus an den Picknickbänken vorbeigehen (Schild: Schillerbuche 5,8 km). Vom Felsen aus haben wir hier wieder Aussicht, die jedoch allmählich von den Fichten eingeschränkt wird. Erneut wird der Rennsteig etwas abschüssiger und wir können links einen Abstecher von ca. 100 m (einfache Strecke) zur Beerberggrotte machen (Schild: Beerberggrotte 0,2 km). Sie befindet sich auf der Rückseite des Beerbergsteins, eines typisch rötlichen Porphyrfelsens im Wald. Der Sage nach wurden die geheimnisvollen Venetianer dabei beobachtet, wie sie Gold aus dieser Höhle brachten. Zurück auf dem Rennsteig wenden wir uns kurz darauf an der Schierlingshalde links hinab (Schild: Schillerbuche 5,1 km), können aber rechts dem Schierlingsborn einen Besuch abstatten, um unsere Wasserflaschen an der Quelle aufzufüllen. Kurz darauf passieren wir die Schutzhütte **Brotteroder Hütte** 3 (Schild: Schillerbuche 4,8 km), wo von links die **Rennsteig-Leiter Brotterode RL39** heraufkommt, bevor einige der ältesten Grenzsteine den Kammweg säumen. Sie stammen aus den Jahren 1516 und 1522/23 und tragen auf ihrer Südseite ein H, das gleichermaßen für Hessen und Henneberg steht, denn zu jener Zeit regierten die Henneberger gemeinsam mit den hessischen Landgrafen, bei denen sie sich verschuldet hatten. Steil führt der Weg über den Zigeunerkopf, bevor wir an der Strohbörl-Wiese, einer kleinen Lichtung, geradeaus vorbei (Schild: Schillerbuche 3,5 km) und wieder stramm bergauf gehen. Beim **Dreiherrenstein am Großen Weißenberg** 4 folgen wir dem breiten Querweg nach rechts (Schild: Schillerbuche 2,6 km), während uns links nicht nur eine Schutzhütte und überdachte Picknickbänke zur Rast einladen, sondern auch die Waldschänke Dreiherrnstein. Auch die **Rennsteig-Leiter Trusetal RL40** stößt hier von links auf den Rennsteig. Der Stein selbst befindet sich vor uns am Wegrand.

i ***Breitunger Rennsteig:*** *Beim Dreiherrenstein am Großen Weißenberg mündet vom Werratal her der sogenannte Brücknersche- oder Breitunger Rennsteig in den heutigen Rennsteigverlauf. Er ist ca. 16,5 km lang und beginnt in Breitungen an der Werra, beim Breitunger Schloss. Er geht auf den Meininger Landeskundler Georg Brückner (1800–1881) zurück, der ihn 1853 erstmals beschrieb. Brückner gab ihm den Namen Ur-Rennsteig, da er ihn als Sprach- und Territoriumsgrenze zwischen Franken, Hessen und Thüringen betrachtete und deshalb für den »wahren« Rennsteigverlauf hielt. Tatsächlich finden sich auf alten Karten und in einer Urkunde aus dem Jahr 1589 für Teilstücke dieser Strecke die Namen Rennweg und Rinnsteig, doch Rennsteige/Rennwege gibt es in Deutschland rund 200 und die wenigsten Rennsteigforscher sind Brückners Argumentation gefolgt. So blieb es beim Verlauf auf dem Kamm des Gebirges.*

Den breiten Schotterweg verlassen wir bereits nach ca. 100 m, indem wir rechts hinunter abbiegen (Schild: Rennsteig/Lutherweg). Nach einer Weile erhaschen wir zur Rechten Blicke auf die Hirschbalzwiese, dann umgibt uns wieder dichter Nadelwald und wir kommen an einer Schutzhütte vorbei (Schild: Schillerbuche 1,9 km) sowie an Grenzsteinen aus den Jahren 1763/65. Die eingemeißelten Initialen SG und SM verweisen auf die Herzogtümer Sachsen-Gotha und Sachsen-Meiningen, die der Rennsteig hier trennte.

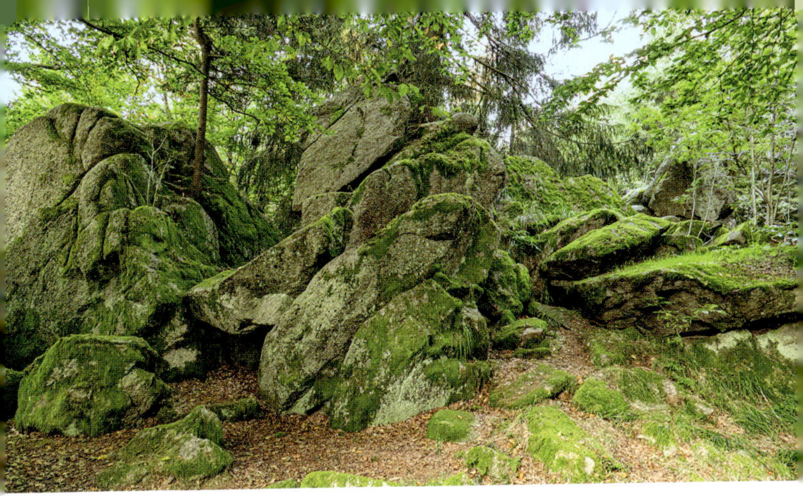

Granitfelsen am Gerberstein.

Wo der Rennsteig nach links schwenkt (Schild: Schillerbuche 1,6 km), gehen wir geradeaus weiter (Schild: Gerberstein 1,1 km), denn der Rennsteig verläuft bis zur Schillerbuche ereignislos parallel zur Landstraße. Auch wer im Waldhotel Rennsteighof übernachten möchte, geht hier geradeaus, hält sich aber schon nach wenigen Metern rechts (Schild: Ruhlaer Skihütte), geht an der Schutzhütte geradeaus und durch den nachwachsenden Jungwald zu einer Landstraße, um schräg gegenüber hinter der Skihütte das Hotel zu erreichen.
Wir dagegen folgen dem Wegverlauf, bis er von Gras überwuchert ist und wir den Abzweig nach links nehmen (Schild: Gerberstein). Er verengt sich zum Pfad und passiert eine erste, moosbewachsene Felsformation. Hier kann man am Wegrand den seltenen Schwalbenwurzenzian entdecken. Den Abzweig nach links ignorieren wir, kommen an weiteren, verwunschen wirkenden Felsen vorbei, und erreichen die von Buchenwald umgebene, größte der Granitformationen, den **Gerberstein** 5, 729 m. Über ein paar Stufen können wir zur Aussichtsbank hinaufsteigen oder unserem Pfad sogleich nach links weiterfolgen. Zunächst geht es über Wurzeln und Steine hinab, die Buchen weichen wieder den Fichten, dann wird der Weg bequemer. Bei einer Schutzhütte gelangen wir zur Landstraße, die wir vorsichtig überqueren. Auf der anderen Straßenseite stoßen wir auf den Rennsteig, in den wir sogleich nach rechts einschwenken (Schild: Schillerbuche 0,2 km). Oder wir machen hier zuerst einen kurzen Abstecher geradeaus zu den Resten der Glasbachkapelle aus dem 12. Jahrhundert: nach 70 m bei der Bank auf dem unscheinbaren Pfad nach links. Es sind nur noch Reste der Grundmauern vorhanden, aber der von alten Laubbäumen umstandene

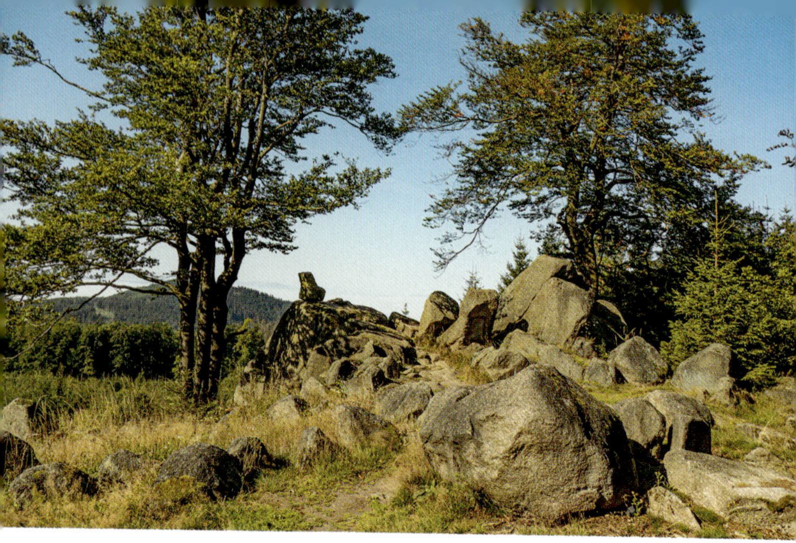

Abstecher zum Aussichtspunkt Glöckner nicht verpassen!

Ort strahlt Frieden aus. Entlang der Landstraße erreichen wir den Park- und Rastplatz **Schillerbuche** 6, an dem der Rennsteig geradeaus vorbei- und die **Rennsteig-Leiter Bad Liebenstein RL41** von links heranführt. Bevor wir unseren Weg fortsetzen, können wir uns an den Picknickbänken oder am Bratwurstgrill stärken und auf der anderen Straßenseite dem verbliebenen Baumstamm der leider abgestorbenen Schillerbuche einen Besuch abstatten. Ob der Dichter selbst jemals hier war, ist nicht bekannt; alt genug wäre der Baum jedoch gewesen.

Kurz darauf stößt der Rennsteig auf eine Querstraße, die wir bei der Verkehrsinsel überqueren, um geradeaus weiterzugehen (Schild: Ascherbrück 5,9 km). Nach Borkenkäferschäden wurde der einstige Nadelwald hier auf beiden Seiten gerodet. Der Weg führt nun stetig aufwärts und wir kommen an »Fredi's-Quell« vorbei, einer Quelle rechts oberhalb des Wegs, in

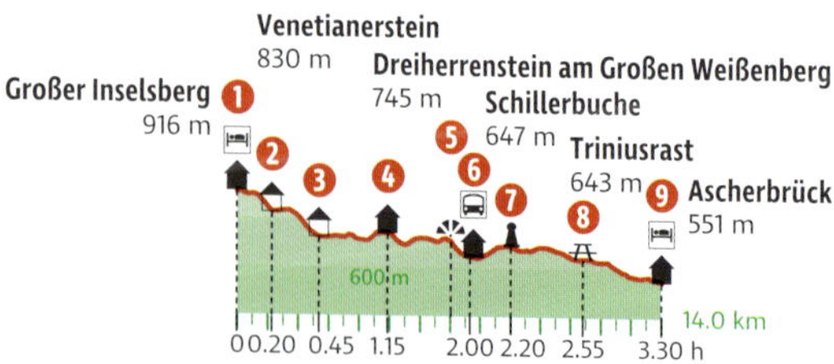

deren Quellteich Frösche leben. Eine kleine Picknickbank lädt dort zum Verweilen ein. Auf 690 m passieren wir eine komfortable Schutzhütte mit Aussichtsfenster, das bereits den schönen Blick vom nahen Glöcknerfelsen erahnen lässt. Kurz darauf biegen wir links auf einen Pfad ab (Schild: Ehrenmal Glöckner 0,2 km), der uns an Felsen aus Ruhlaer Granit und an einer Picknickbank vorbei zum Aussichtsfelsen **Glöckner 7**, 692 m, bringt, wo die Sicht über das Werratal bis zur Vorderrhön reicht. Wer sich genauer umsieht, wird außerdem mehrere Gedenkinschriften auf den Felsen entdecken. Von hier führt der Pfad nach rechts auf den Rennsteig zurück, in den wir nach links einschwenken (Schild: Hörschel 24,0 km). Bald erreichen wir die Kreuzung Große Meilerstätte, wo uns eine Schutzhütte und eine Picknickbank erwarten. Sie verdankt ihren Namen den Holzkohlemeilern, die hier betrieben wurden, als noch Buchenwald vorherrschend war. Wir wählen den Pfad halb links – zwischen Picknickbank und Wegweiser – in den Fichtenwald (Schild: Ruhlaer Häuschen 2,4 km), aber rechts des parallel verlaufenden Forstwegs können wir auch Buchen entdecken. Nach einer Weile kreuzt der Pfad einen Querweg und dahinter kann der Einstieg durch Holzreste von Rodungsmaßnahmen schwierig zu erkennen sein. Er führt

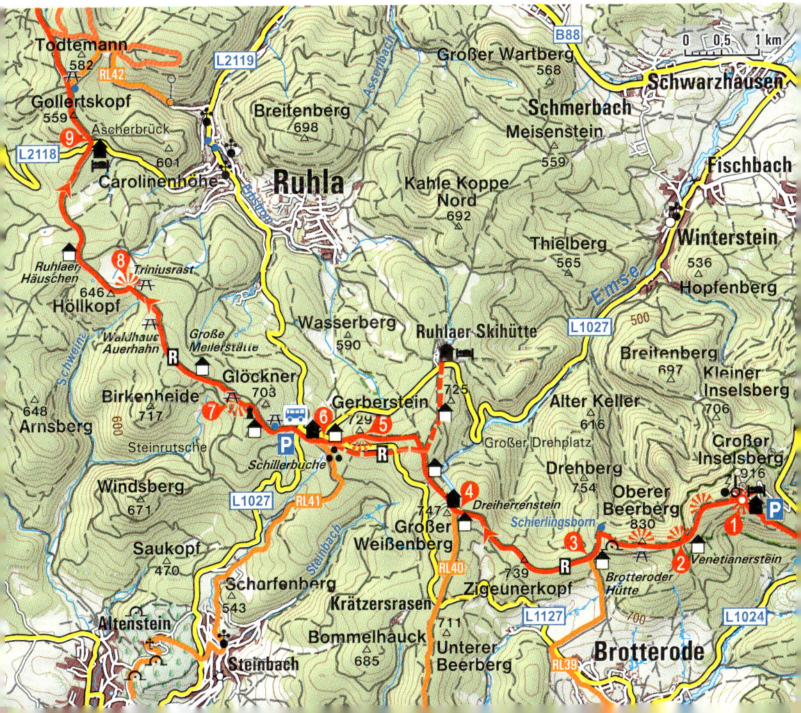

jedoch geradeaus weiter und quert sogleich, an der kleinen Info-Tafel zum Forstort Vogelheide, einen zweiten Weg. Wir gehen an einer eingezäunten Anpflanzung von Jungbäumen vorbei und am Ende des Zauns auf dem Querweg ein paar Meter nach links, um die Fortsetzung unseres Pfads zu finden (Markierung kann eingewachsen sein). Kurz bevor der Pfad an einem Querweg endet, können wir auf dem abzweigenden Pfad links einen Abstecher zur Bergwachtstation Waldhaus Auerhahn machen, die nur am Wochenende besetzt ist, aber immer Picknickbänke bietet.
Am Querweg wenden wir uns nach links und folgen dem Rennsteig weiter. Nach ca. 200 m verlässt er den Forstweg auf den parallelen Pfad zur Linken. Da wir noch eine Menge geschotterten Wegs vor uns haben, freuen wir uns über die Abwechslung, bis der Pfad wieder in den Forstweg mündet, auf dem wir uns links hinab und geradeaus über die nächste Kreuzung halten (Schild: Ruhlaer Häuschen 0,9 km). Nun steigt der Weg wieder an und nach ca. 100 m finden wir zur Rechten einen kurzen abzweigenden Pfad (ohne Markierung oder Beschilderung) zur Picknickbank **Triniusrast** 8. Hier können wir den Blick über eine schöne große Wiese und den Wald in die Ferne schweifen lassen. Im weiteren Wegverlauf haben wir noch einmal Blick über die Schlauchentalwiesen, bevor wir in den Fichtenwald eintauchen und die große Kreuzung beim historischen Wegweiserstein aus dem Jahr 1890 erreichen. Zur Linken steht die Schutzhütte Ruhlaer Häuschen, aber unser Weg führt geradeaus (Schild: Hohe Sonne 6,4 km). Bis 1769 stand hier tatsächlich ein Jagdhaus, das für den stündlichen Ruf einer Kuckucksuhr bekannt war. Ein Stück weiter passieren wir einen großen symbolischen Schlüssel, der auf der rechten Wegseite oben am Stamm einer Buche hängt, weil hier einst in einer Baumhöhle der Schlüssel zum Ruhlaer Häuschen versteckt gewesen sein soll. Ein Stück weiter talwärts mündet beim Wegweiser Neue Wiese von links der Pummpälzweg auf den Rennsteig und ver-

Die Triniusrast liegt etwas versteckt rechts unter Bäumen.

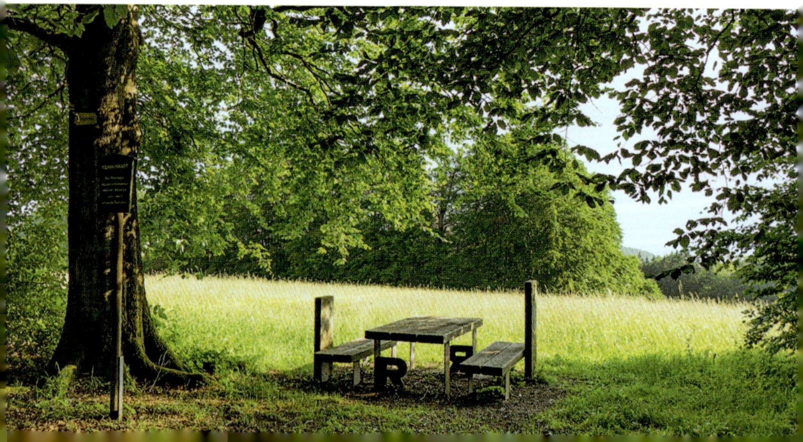

*Der 28 km lange **Pummpälzweg** führt von der Ruine Frankenstein bei Bad Salzungen zur Wartburg und verläuft dabei ca. von Ascherbrück bis zur Wilden Sau auf dem Rennsteig. Seinen Namen erhielt er 2001 im Palas der Wartburg. 2002 wurde er eröffnet und im gleichen Jahr der Verein Pummpälzweg e. V. gegründet, der sich um Pflege und Erhalt des Weges kümmert. Seitdem finden jährlich das Pummpälzfest und zahlreiche Sportveranstaltungen wie z. B. Volks-, Staffel- und Marathonläufe statt. Eigentlich ist der Pummpälz jedoch der Sage nach ein rauhaariger Kobold, der Menschen in den Nacken springt, um sie zu ohrfeigen, wenn sie im Umgang mit anderen leichtfertig sind und das Finstere suchen. »Thüringens sagenhafter Holzskulpturenweg« ist mit ca. 30 Werken aus der Schnitzschule Empfertshausen geschmückt, die Szenen und Gestalten der Thüringer Sagenwelt darstellen. Es lohnt sich, am Wegrand nach ihnen Ausschau zu halten.*

läuft nun bis zum Steinkreuz Wilde Sau auf gleicher Strecke. Hier lohnt es sich, kurz abzubiegen, um die Tafeln mit den ausgestellten Holzreliefen zu betrachten.

Anschließend setzen wir unseren Weg geradeaus fort. Er führt immer weiter abwärts und schließlich kommen wir am Wegweiser **Ascherbrück** 9 beim Rennsteighotel Hubertushaus an.

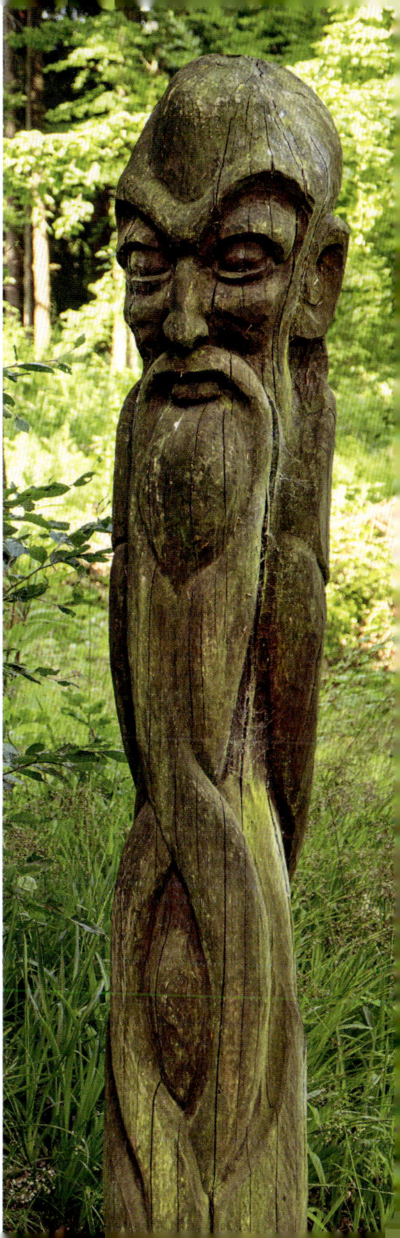

Figur am Pummpälzweg.

9 Von Ascherbrück nach Hörschel

5.00 h | 19,3 km
↗ 290 m | ↘ 640 m

Durch Laubwald und Wiesen aussichtsreich zur Werra hinab

Auf der letzten Etappe passieren wir den schönen Aussichtspunkt Hirschstein, bevor wir an der Hohen Sonne erstmals Blick auf die nahe Wartburg haben. Der Wald ändert seinen Charakter, hier dominieren oft Buchen und Eichen und immer wieder haben wir Aussicht auf die vielleicht bekannteste Burg Deutschlands. Bei Clausberg wandelt sich die Landschaft erneut und wir durchwandern ein Mosaik aus Wiesen und Wäldern. Auf dem Großen Eichelberg bietet sich uns ein letztes Mal ein Panoramablick, dann führt uns der Rennsteig nach Hörschel, ans Werraufer, hinunter.

Ausgangspunkt: Waldgasthof Hubertus in Ascherbrück, 551 m; Navi: Ascherbrück 1, 99842 Ruhla.
ÖPNV: Keiner.
Zuwege: RL42 bis RL44.
Anforderungen: Überwiegend einfach zu begehende, oft auch befestigte Wald-, Wiesen- und Feldwege sowie Pfade, die etwas mehr Aufmerksamkeit erfordern.
Einkehr: Hohe Sonne: Grill-Imbiss, Mo. Ruhetag, November Betriebsferien, Tel. +49 3691 732903; **Hörschel:** Gasthaus und Pension Tor zum Rennsteig; Di. Ruhetag, Unterstr. 2–4, www.rennsteig-beginn.de, Tel. +49 36928 90605.
Unterkunft: Hörschel: Gasthaus und Pension Tor zum Rennsteig, Unterstr. 2–4, www.rennsteig-beginn.de, Tel. +49 36928 92699 o. +49 175 4824387.
Informationen: Eisenach, Tel. +49 3691 79230.
Tipps: 1. Auf der Schleife 9Sa Wachstein und Carl-Alexander-Turm können wir noch einmal rundum Panoramablick genießen; 2. Mit der wildromantischen Landgrafen- und der berühmten Drachenschlucht hat die gleichnamige Schleife 9Sb zwei Highlights des Thüringer Waldes zu bieten. Da die Etappe ohnehin schon sehr lang ist, bietet sich die Kombination mit einer Übernachtung in Eisenach an.

Beim Wegweiser **Ascherbrück** ❶ kreuzen wir die schmale Landstraße und folgen dem breiten Forstweg (Schild: Hohe Sonne 4,7 km). Auch über die gleich folgende Kreuzung »Ascherbrück 553 m« gehen wir geradeaus. Bald säumen immer mehr Laubbäume den Weg, darunter etliche beeindruckend hohe, alte Bergahornbäume. So manches Mal verdecken sie gnädig die Sicht auf abgestorbene Fichten. Wir kommen an einer Quelle vorbei zur Kreuzung Am Jubelhain mit Picknickbank. Hier mündet von rechts die **Rennsteig-Leiter Ruhla RL42** in den Rennsteig, und wir folgen dem Schotterweg weiter geradeaus. Er verläuft über eine kleine Anhöhe und dann sehr lange – teils durch Buchenwald – bergab, wobei wir geradeaus über die Kreuzung bei der **Schutzhütte Zollstock** ❷ gehen (Schild: Hohe Sonne 3,1 km) oder rechts abbiegen, um die **Schleife 9Sa Wachstein und Carl-Alexander-Turm** zu erkunden. Die Schleife führt uns am Ende wieder zu dieser Schutzhütte zurück, die ihren Namen nicht etwa einem Längenmaß, sondern den Absperrungen verdankt, mit denen hier Viehschmug-

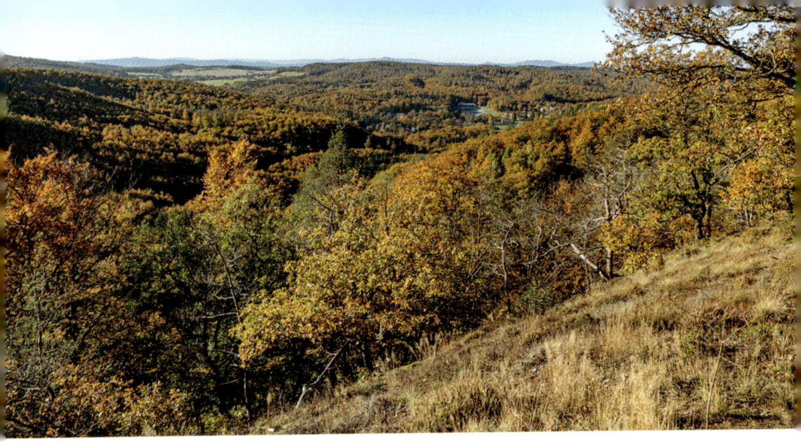

Ausblick vom Hirschstein im Herbst.

gel verhindert werden sollte. Bald darauf zweigt zur Rechten ein breiter Weg vom Rennsteig ab. Hier können wir einen Abstecher von ca. 100 m einfache Strecke machen (Schild: Rennsteiggrotte), bevor wir dem Rennsteig weiter folgen: Um zur Grotte zu gelangen, müssen wir schon nach ca. 50 m auf den Pfad links hinunter abbiegen, aber die Beschilderung kann eingewachsen sein. Uns erwartet eine Picknickbank unter einem großen Felsüberhang, der wohl schon vor Jahrhunderten den Hirten und Reisenden Schutz vor schlechtem Wetter bot. Zurück auf dem Rennsteig passieren wir eine Picknickbank bei einer Info-Tafel zum Orkan Kyrill, der 2007 auf diesen Hügeln großflächigen Windbruch hinterlassen hatte. Es geht weiter abwärts und unten – am Ende einer Kastanienbaumreihe – zweigt links ein Weg ab. Hier verlässt der Rennsteig den Forstweg auf den Pfad halb links. Der Pfad kreuzt einen Schotterweg (Schild: Hohe Sonne 1,6 km), dann einen etwas unscheinbareren Weg und mündet schließlich bei einer Picknickbank wieder in den Forstweg, dem wir nach links folgen. Zur Linken sprudelt ein Brunnen, aus dem wir unsere Flaschen auffüllen können, ein Kneipp-Becken lädt uns ein, unsere Füße zu erfrischen, und auch eine Schutzhütte steht bereit. Dann führt von links die **Rennsteig-Leiter Wilhelmsthal RL43** heran und beim Wegweiser **Hoher Bruch** 3 folgen wir der Markierung auf den Pfad zur Linken (Schild: Hohe Sonne 1,0 km). Er vereint sich schließlich wieder mit dem Forstweg, in den wir nach links einschwenken. Etwa 150 m, nachdem wir an der Picknickbank samt Info-Tafel Pummpälzweg Mosbach vorbeigekommen sind, machen wir einen Umweg nach links (Schild: Hirschstein 0,3 km). Der Pfad führt zwar steil bergan, aber es lohnt sich. Er endet an einem Querweg, auf dem wir links zum Aussichtspunkt Hirschstein, 463 m, mit überdachter Picknickbank und herrlichem Fernblick bis in die Rhön gelangen und rechts zurück zum Rennsteig

(Schild: Rennsteig 0,3 km). Bei einer Skulptur des Pummpälzwegs stoßen wir auf den breiten Forstweg und folgen ihm links zur Landstraße hinab. Nun müssen wir uns entscheiden, ob wir den Weg nach rechts nehmen und die **Schleife 9Sb Landgrafen- und Drachenschlucht** erwandern oder vorsichtig die Straße überqueren, um vor dem Parkplatz links abzubiegen und sogleich das einstige Schlosshotel **Hohe Sonne** ❹ zu erreichen, wo uns auch der gleichnamige Imbiss samt Biergarten erwartet.

i Dieser Pass, auf dem mehrere Wege den Rennsteig kreuzen, wurde früher Hohes Kreuz genannt. Um seiner Jagdleidenschaft nachzugehen, ließ der Herzog von Sachsen-Eisenach zunächst einen Tiergarten anlegen, der sich vom Rennsteig bis nach Wilhelmsthal erstreckte. An der heutigen ***Hohen Sonne*** *befanden sich damals ein Eingang zum Jagdgehege nebst einem »Jägerhaus«, das später unter dem Namen »Zur goldenen Füchsin« das Schankrecht erhielt. Herzog Ernst August I. befahl, am Hohen Kreuz ein Jagdschloss zu errichten, das 1747 fertig war und auch Stallungen, ein Küchenhaus und zwei Pavillons in einem Terrassengarten umfasste. Am kleinen Turm war eine vergoldete Sonne weithin zu sehen, sogar von der Wartburg aus, in deren Richtung man eine Schneise rodete, um Blick auf die geschichtsträchtige Burg zu haben. Doch bereits nach wenigen Jahren zeigten sich Schäden am wohl zu hastig erbauten Schloss. Am Ende blieben nur noch das Jagdhaus und eine Remise übrig. Heute sehen wir einen 1899 erstellten Nachbau des Schlosses, der als Hotel und beliebtes Ausflugslokal diente. 1985 musste er wegen Baufälligkeit geschlossen werden. Als Einkehr gibt es seitdem nur noch eine Imbissbude, aber mit der Restauration des historischen Ensembles wurde begonnen. Zunächst soll ein neues Lokal mit Herberge entstehen. Bis das Schlosshotel selbst seine Pforten wieder öffnen kann, wird es etwas länger dauern.*

Der Rennsteig führt uns zwischen dem Schlosshotel zur Linken und einer Picknickbank zur Rechten hindurch. Über die Picknickbank hinweg haben wir erstmals Blick auf die Wartburg. Hier kommen auch die **Rennsteig-Leiter Eisenach RL44** und die **Schleife 9Sb aus der Drachenschlucht** herauf. Wir folgen dem Rennsteig geradeaus (Schild: Vachaer Stein 6,3 km) in den Wald. Kurz darauf halten wir uns an der Gabelung links, wo es rechts nach Eisenach geht, und auch an der nächsten Gabelung verläuft der Rennsteig nach links. Wir passieren einen ersten Abzweig zur Luisengrotte und gehen kurz darauf geradeaus über die Kreuzung (Schild: Vachaer Stein 5,4 km) oder machen dort links den Abstecher **Luisengrotte** ❺ (ca. 400 m einfache Strecke; Markierung: »4«), zu einem großen Felsüberhang in idyllischer Umgebung.

Auf dem Rennsteig durchqueren wir die Laubwälder des Naturschutzgebiets Wartburg – Hohe Sonne. Es geht auf und ab, ein Mal berührt unser

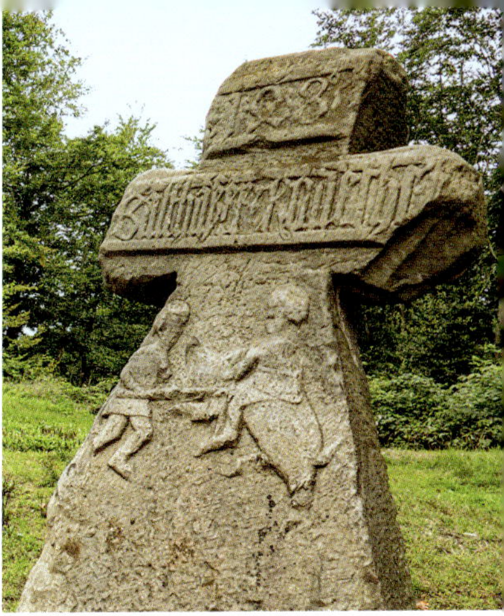

Sühnekreuz Wilde Sau.

Wanderweg bereits den rechterhand parallel verlaufenden Rennsteig-Radweg, überwindet jedoch eine weitere Anhöhe, bevor er schließlich in den breiteren Weg mündet, dem wir geradeaus folgen. Wir kommen an einer kleinen Lichtung mit Picknickbank vorbei, dann am Wegweiser »Am Wallbachtal« (Schild: Vachaer Stein 4,2 km) und schließlich am zugewachsenen Aussichtspunkt Kisselblick, bevor wir zur Kreuzung bei der Schutzhütte Krumme Kahre gelangen. Ein Gedenkstein erinnert an den Schriftsteller Otto Ludwig, der ein Standardwerk über Geschichte, Landschaft und Kultur am Rennsteig geschrieben hat. Hier halten wir uns geradeaus (Schild: Vachaer Stein 3,8 km), um hinter der Schutzhütte auf den Pfad zur Rechten zu wechseln. Er mündet bald wieder in den Schotterweg, auf dem wir in gleicher Richtung weitergehen. Den Abzweig nach links ignorieren wir und wenden uns erst an der folgenden Gabelung nach links (Schild: Wilde Sau 0,2 km), um ca. 50 m weiter den Pfad rechts hinauf zu nehmen. Oben erreichen wir die Kreuzung **Wilde Sau** 6, an der wir mit schönem Blick auf die Wartburg picknicken können, bevor wir links abbiegen und den Pfad am mittelalterlichen Steinkreuz und der Schutzhütte vorbei talwärts nehmen (Schild: Vachaer Stein 3,2 km).

i *Der Name **Wilde Sau** ist von dem Steinkreuz aus dem Jahr 1483 abgeleitet, das unter dem Schriftzug Balthasar Rodechr eine Jagdszene zeigt. Es handelt sich um den ältesten datierten Stein am Rennsteig. 1557 taucht er erstmals als »Sew Creutz« in einer Forstakte auf. Was aussieht, als ob jemand das Wildschwein reitet, soll vermutlich darstellen, dass der Keiler diesen Mann umgerannt und damit in den Saufeder genannten Spieß des anderen Jägers gerissen hat, der gerade zustechen wollte. In einer Chronik aus dem Jahr 1720 wird für 1483 tatsächlich ein entsprechender Jagdunfall vermerkt: »... ein weimarischer Bedienter ... bey Eisenach auf dem Wald auf der Jagd mit einem fangspieß erstochen ward von s. diener ...«. Dazu passt, dass im Mittelalter derjenige, der einen Menschen unabsichtlich tötete, als Sühne ein Gedenkkreuz aufstellen lassen musste. Der Seele des plötzlich, also ohne Sterbesakramente, Verstorbenen wäre sonst der Himmel verschlossen geblieben.*

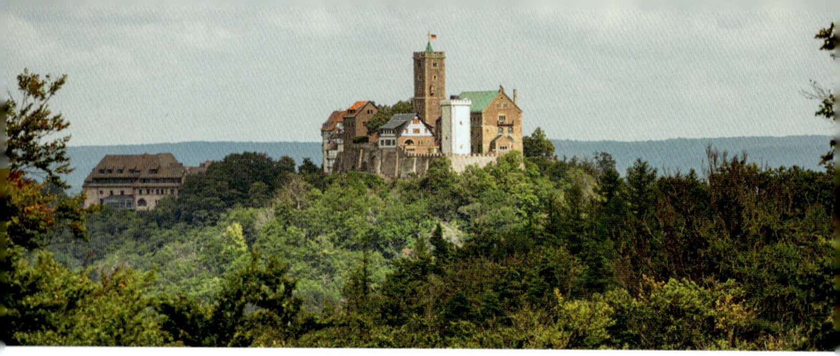

Wartburgblick von der Wilden Sau.

Er führt uns zu einer Kreuzung hinab, wo wir auf dem breiten Schotterweg geradeaus gehen (Schild: Vachaer Stein 3,1 km), und an der nächsten Kreuzung halten wir uns halb rechts hinauf (Schild: Lutherweg 1521). Durch aufgelichteten Buchenwald verläuft der Rennsteig nun eine Weile auf und ab, an einer Picknickbank vorbei, und schließlich mündet der Weg in einen etwas breiteren, dem wir geradeaus folgen. Auch über die nächste Kreuzung gehen wir geradeaus (Schild: Vachaer Stein 2,2 km) und kommen an der **Hofmannlinde** 7 samt überdachter Picknickbank vorbei. Dann passieren wir den Abzweig zur Mädeiche und bald darauf die Info-Tafel »Tunnelkopf«, die auf einen kurzen Abstecher nach rechts zu einem Aussichtspunkt hinweist. Vom Förthaer Eisenbahntunnel, einem der ältesten Deutschlands, der den Rennsteig hier seit 1858 unterquert, ist jedoch ebenso wenig zu sehen wie von der Bahnlinie selbst. Wir wandern daher lieber zum nächsten kurzen Abstecher weiter: dem Aussichtspunkt Hainichblick, an dem uns eine überdachte Picknickbank und Sicht auf den Hainichwald erwarten. Nur ein kurzes Stück weiter zweigt links ein Weg vom Rennsteig ab und direkt dahinter führt ein Pfad links in den Wald hinauf. Dieser eventuell etwas eingewachsene Pfad ist der offizielle Rennsteigverlauf, aber wir können auch auf dem Schotterweg geradeaus weitergehen, da beide Routen bald wieder zusammentreffen. Am Ende des Pfads führt erneut ein abzweigender Weg nach links, doch wir folgen dem Schotterweg geradeaus. Nach ca. 100 m führt uns der Rennsteig auf dem schmaleren Weg geradeaus hinauf und durch artenreichen Laubwald über den Ruppertskopf, während der breite Weg nach rechts schwenkt und eine weitere Aussicht auf die Wartburg bereithält (Schild: Wartburgblick 0,3 km). Dahinter mündet der Rennsteig wieder in den breiteren Weg, der uns links hinab zum Park- und Rastplatz **Vachaer Stein** 8 bringt. Bei der Schutzhütte überqueren wir vorsichtig die vielbefahrene Bundesstraße zur Bushaltestelle hinüber, wo uns der Rennsteig als Pfad bergan führt. Der namensgebende Stein – ein als Wegweiser dienender, kleiner Obelisk – befindet sich ca. 25 m zur Rechten, oberhalb der Böschung am Straßenrand. Der Rennsteig kreuzt sogleich eine schmalere Straße und führt als Waldpfad weiter. Wir queren einen Forstweg, passieren eine Aussichtsbank und stoßen am Waldrand auf eine weitere Bank, bei der sich die parallel verlaufende Landstraße gabelt. Hier erstreckt sich rechterhand eine große Wiese und wir folgen dem Pfad unter Kastanienbäumen an der Straße entlang. Am Ortsrand von Clausberg endet der Pfad und wir wechseln auf die Straße, der wir bis zum **Wegweiser Clausberg 383 m ü NN** ❾ am Löschteich folgen. Hier biegen wir links ab (Schild: Hörschel 6,4 km). Die Asphaltdecke geht bald in Schotter über und wir haben weiten Blick über das Tal mit den großen Pferdeweiden. Wo die Aussicht besonders gut ist, kommen wir an einer Picknickbank vorüber, dann an einer weiteren und bald darauf führt der Weg am Waldrand entlang. An einer Gabelung erwartet uns eine überdachte Picknickbank und wir halten uns rechts (Schild: Hörschel 5,2 km), um uns sogleich beim großen Schild »Rangenhof« noch einmal nach rechts zu wenden, in den Wald hinein. Wir stoßen auf einen befestigten Querweg, folgen ihm nach links und nehmen nach ca. 50 m den nach links abzweigenden, etwas schmaleren Weg. Er wird zum Pfad, macht eine Rechtskurve und mündet als breiter Schotterweg auf die Kreuzung **Weggabel Eisentor** ❿, wo zu DDR-Zeiten ein Tor in die Sperrzone entlang der Grenze stand.

i ***Sperrzone:*** *Überall, wo der Rennsteig der einstigen innerdeutschen Grenze zu nah kam, verlief er ab 1952 auf der Seite der DDR durch ein fünf Kilometer breites Sperrgebiet. Dieses umfasste auch etliche Ortschaften, deren Bewohner in zwei Gruppen aufgeteilt wurden: politisch genehme und »unzuverlässige«. Letztere mussten ihre Heimat verlassen und wurden in zwei Wellen (1952 und 1961) zwangsumgesiedelt. Etliche ihrer Häuser und Gehöfte machte man anschließend dem Erdboden gleich oder stellte sie Grenztruppen und Geheimdienst zur Verfügung. Die verbliebenen Bewohner erhielten einen Vermerk im Personalausweis, da das Sperrgebiet nur noch mit Passierschein betreten werden durfte. Noch näher an der Grenze verliefen ein 500 m breiter »Schutzstreifen«, für den noch stärkere Einschränkungen galten, und der zehn Meter breite Kontrollstreifen, der auch Todesstreifen genannt wird, weil es u. a. Minen und Selbstschussanlagen gab. Durch diese Maßnahmen waren einige Abschnitte des Rennsteigs jahrzehntelang nicht für Wanderer zugänglich.*

Der Rennsteig verläuft hier nach links (Schild: Hörschel 4,4 km), aber es lohnt sich, zunächst geradeaus einen Abstecher von ca. 250 m zu machen (Schild: Wartburgblick 0,3 km). Dort erwarten uns eine Schutzhütte und eine große Picknickbank mit schöner Aussicht auf die Wartburg. Zurück auf dem Rennsteig säumen Tollkirsche, Kardendistel, Franzosenkraut und Weidenröschen den Weg. Wir passieren die Schutzhütte Flüchtiger Hirsch, die sogar einen abgeteilten Raum zum Übernachten bietet, und gehen

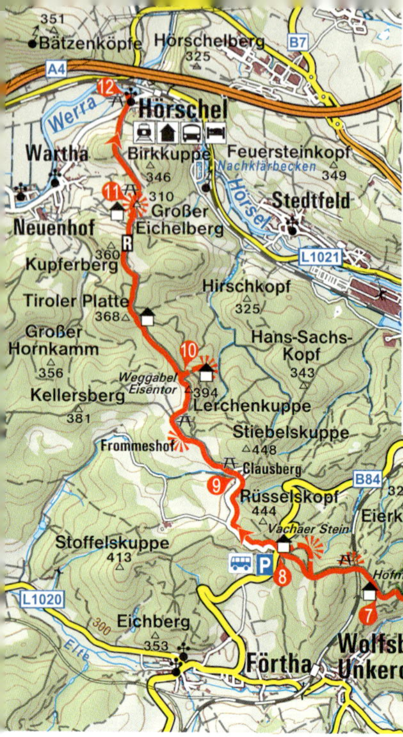

abwärts zur Kreuzung Tiroler Platte weiter, die wir geradeaus überqueren (Schild: Hörschel 3,2 km). Auch an der Kreuzung Siebertswiese halten wir uns geradeaus hinauf (Schild: Hörschel 2,9 km). Oben erreichen wir eine große Wiese und biegen links ab. Beim Wegweiser »Hohes Rod« führt der Rennsteig geradeaus in den Wald (Schild: Hörschel 2,5 km). Zur Linken können wir einen kurzen Abstecher auf den Franzosenfelsen machen, ein Zechsteinkliff, an dem Napoleon 1813

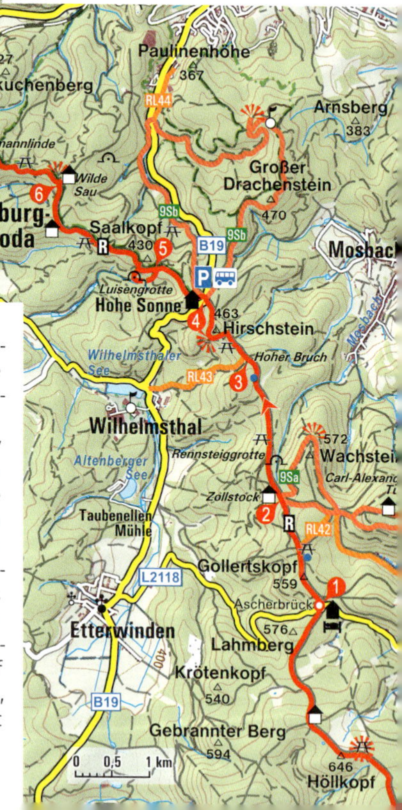

nach der Völkerschlacht bei Leipzig vorbeigekommen sein soll (die Aussicht von der Felskanzel ist allerdings zugewachsen).

Nach rechts wandern wir alternativ zum offiziellen Verlauf weiter am Waldrand entlang, da der schöne Wiesenweg schon kurz darauf in den Rennsteig mündet. Der Rennsteig führt uns zur Gabelung an der Gerichtskiefer hinab, wo wir uns rechts halten (Schild: Hörschel 1,9 km) und gleich danach links in den Wiesenweg einschwenken. Wir steigen auf den **Großen Eichelberg** ⑪, 310 m, auf dem uns eine Schutzhütte nebst

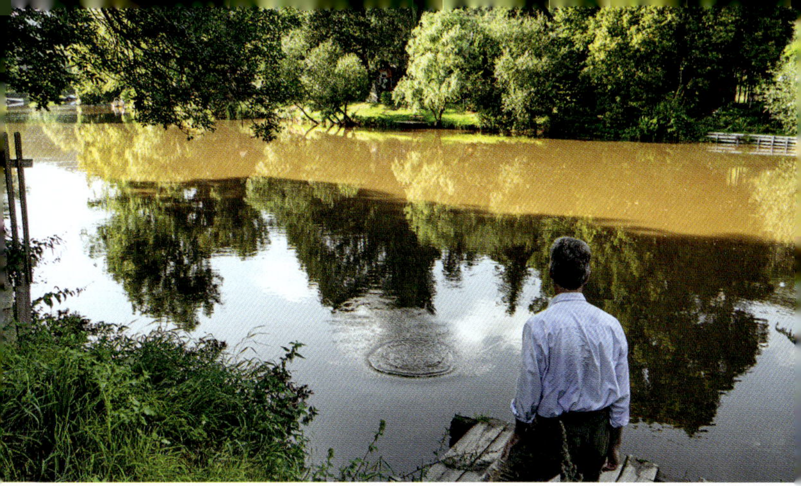

Am Ende werfen wir den Stein aus der Selbitz in die Werra.

Picknickbank zu einer letzten Rast mit Blick auf die Wartburg einlädt, bevor wir dem Weg weiter folgen (Schild: Hörschel 1,7 km). Nun geht es talwärts, kurz durch Wald, dann an einer Picknickbank vorbei zur Gabelung Gonnermannseck, an der wir links abbiegen (Schild: Hörschel 1,4 km). Wir halten uns immer geradeaus an Weiden entlang und kommen an einer Bank mit Blick auf Neuenhof im Werratal vorbei, bevor wir durch urigen Wald ins Werratal absteigen. Unten am Waldrand behalten wir unsere Richtung bei und erreichen bald die ersten Häuser. Der Feldweg geht in eine gepflasterte Straße über und stößt auf eine gepflasterte Querstraße, der wir halb rechts Richtung Kirche folgen (Schild: Werraufer 0,3 km). Hinter der Kirche wenden wir uns nach links und erreichen über den Hof der Gaststätte »Tor zum Rennsteig« einen gepflasterten Weg, der an einer großen Linde vorbei zur Werra und zum Ende des Rennsteigs führt. Hier können wir unseren Stein aus der Selbitz in die Werra werfen und uns etwas wünschen. Eine überdachte Picknickbank lädt dazu ein, unsere Wanderung hier in **Hörschel** 12 in Ruhe ausklingen zu lassen.

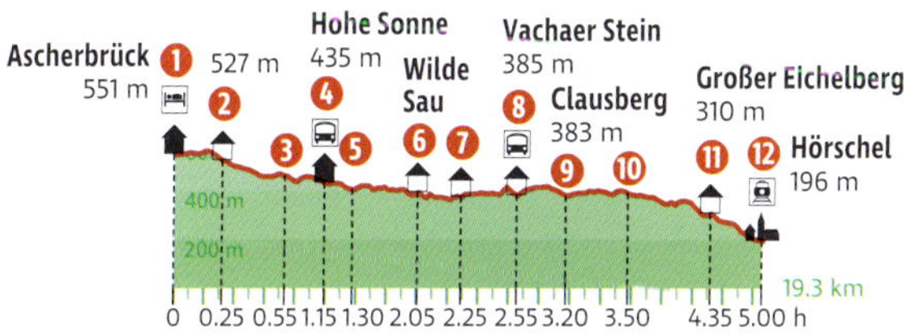

9Sa Schleife Wachstein und Carl-Alexander-Turm

1.30 h | 5,0 km
↗140 m | ↘140 m

Waldpfade, Aussichtsfelsen und ein Turm mit Panoramablick

Diese kleine Runde führt auf den Wachstein, wo uns bereits Blick auf die Wartburg erwartet, und durch abwechslungsreichen Wald zum Carl-Alexander-Turm hinauf, der in alle Richtungen fantastischen Fernblick bietet: vom Thüringer Wald mit dem Inselsberg weiter zu den Kuppen der Vorderrhön, auf die Wartburg, die Hörselberge und dahinter den Nationalpark Hainich. Wer Glück mit dem Wetter hat, kann sogar den ca. 100 km entfernten Brocken erspähen.

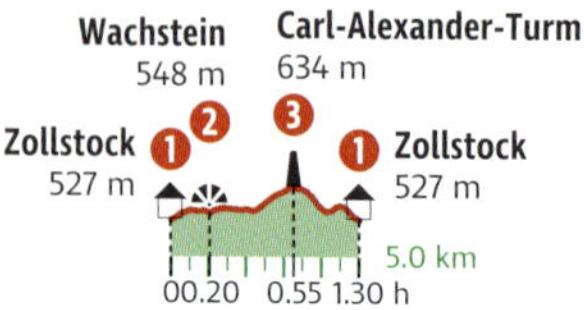

Ausgangs- und Endpunkt: Etappe 9, Wegpunkt Schutzhütte Zollstock ❷, 527 m.
Anforderungen: Überwiegend leicht begehbare Wald- und Wirtschaftswege, streckenweise jedoch auch Pfade, die etwas mehr Aufmerksamkeit erfordern.
Tipp: Die unverglaste Aussichtsplattform auf dem Alexanderturm ist rund um die Uhr zugänglich.

Bei der Schutzhütte **Zollstock** ❶ verlassen wir den Rennsteig nach rechts (gelber Punkt; Schild: Wachstein Geotop 1,8 km), um uns an der gleich folgenden Gabelung links zu halten (die Beschilderung »Wachstein« befindet sich erst einige Meter weiter am Weg). Es geht stetig bergan, an einer ersten Aussichtsbank zur Linken und am Gedenkstein für Landesforstmeister Schmid-Burgk vorbei. Den Abzweig rechts hinauf ignorieren wir und erreichen kurz darauf eine überdachte Picknickbank, hinter der wir links zu den Felsen gelangen. Aus DDR-Zeiten steht hier auf dem **Wachstein** ❷ noch ein Bunker, der zu einer Aussichtsplattform umgewidmet wurde. Oben haben wir zur Linken schönen Blick auf die »Hangsteine« genannte Felswand, wo sich die Rennsteiggrotte befindet, und auf die bewaldeten Hügel um Eisenach, die von der Wartburg überragt werden. Rechterhand liegen der Ort Mosbach und dahinter in der Ferne der Nationalpark Hainich.
Wenn wir von den Felsen wieder herunterkommen, halten wir uns links und biegen sogleich auf dem Wendeplatz links ab. Der Pfad verläuft zunächst am steilen Hang entlang, an der Aussichtsbank vor dem Grebestein vorbei, und dann durch Buchenwald zu einer großen Kreuzung, an der wir in den breiten Weg

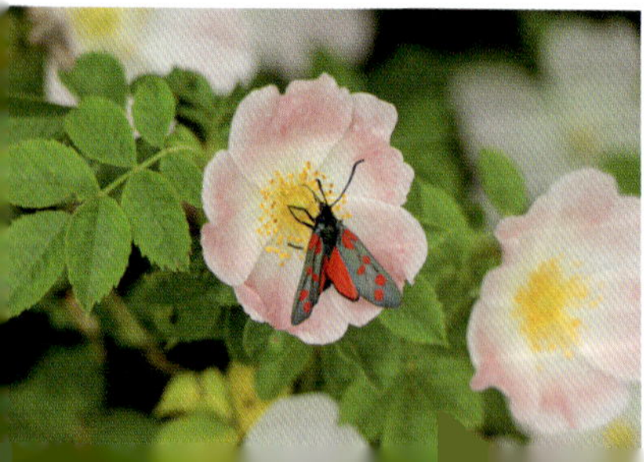

Widderchen auf Wildrose.

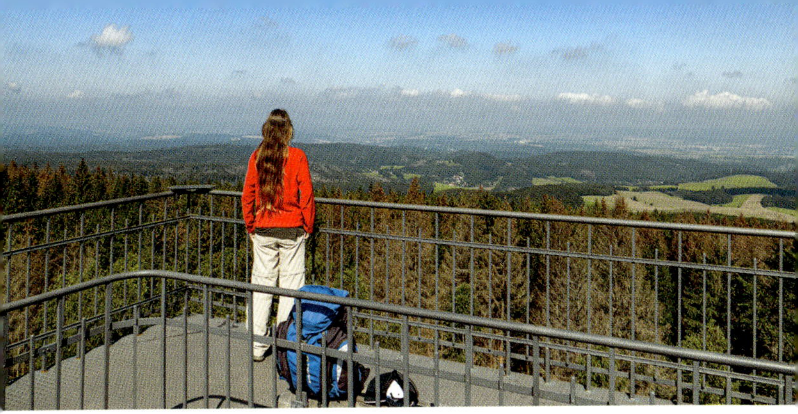

360°-Panorama auf dem Carl-Alexander-Turm.

nach links einschwenken (gelber Punkt; Schild: Ruhla). Wo sich einst das bewirtschaftete Forsthaus Hubertushaus befand, steht nur noch eine kleine Schutzhütte am Wegrand. Über die nächste Kreuzung gehen wir geradeaus hinauf (Schild: Alexanderturm Steilaufstieg 500 m), wenden uns jedoch bei erster Gelegenheit nach rechts (Schild: Alexanderturm Bequemer Aufstieg), um sofort den Pfad nach links hinauf zu nehmen. Er führt uns über gerodete Flächen zu einem Querweg, den wir kreuzen, um dem Pfad ein Stück nach rechts versetzt weiter zu folgen. Der **Carl-Alexander-Turm** ❸, der 1897 errichtet und nach Großherzog Carl Alexander von Sachsen-Weimar-Eisenach benannt wurde, kommt bereits in Sicht und am Ende des Pfads müssen wir nur wenige Schritte nach links gehen, um die 111 Stufen zur Aussichtsplattform hinaufsteigen zu können. Nachdem wir den 360°-Fernblick genossen haben, folgen wir dem Weg weiter an der Schutzhütte vorbei. Es geht über alle Kreuzungen immer geradeaus direkt zu unserem Ausgangspunkt **Zollstock** ❶ am Rennsteig zurück.

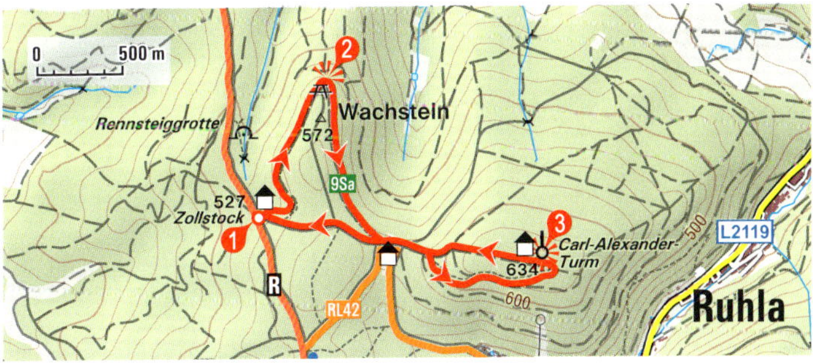

9Sb Schleife Landgrafen- und Drachenschlucht

2.30 h | 9,7 km
↗260 m | ↘260 m

Zwei Highlights, die man nicht verpassen darf, auf einer Tour

Diese beiden Schluchten gehören zum Spannendsten und Schönsten, das der Thüringer Wald zu bieten hat, und durch unsere Wegführung verpassen wir dabei nichts vom Rennsteig. Während die Landgrafenschlucht durch Größe bzw. Tiefe besticht, rücken die bemoosten Steilwände der Drachenschlucht bis auf 69 cm zusammen, und vom Großen Drachenstein können wir auf den Gebirgskamm mit dem Inselsberg zurückblicken, über den uns der Rennsteig hergeführt hat.

Ausgangs- und Endpunkt: Etappe 9, Wegpunkt Hohe Sonne ❹, 435 m.
Anforderungen: Überwiegend leicht begehbare Waldwege und -pfade, streckenweise jedoch auch feuchte oder steinige Passagen, die etwas Aufmerksamkeit erfordern; in der Landgrafenschlucht ein Stück ausgesetzter Steig, der aber Stahlseile zum Festhalten bietet.
Tipp: Wer in Eisenach übernachtet, kann die Schleife aufteilen: durch die Landgrafenschlucht zur Bushaltestelle Mariental mit guter Anbindung in die Stadt und am Morgen von der Haltestelle durch die Drachenschlucht zurück zum Rennsteig.

Wir kommen auf dem Rennsteig zur Landstraße beim Park- und Rastplatz **Hohe Sonne** ❶ und biegen entweder am Straßenrand rechts ab und nehmen sogleich den Weg, der nach wenigen Schritten wieder von der Straße wegführt (EA1; Schild: Kleiner Drachenstein 0,8 km), oder stärken uns zunächst beim Imbiss auf der anderen Straßenseite (am Parkplatz auch öffentliche Toiletten).

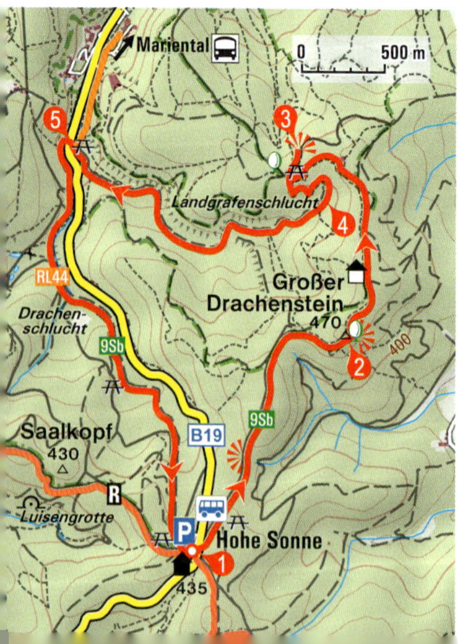

Auf dem Weg zum Drachenstein passieren wir bald eine Picknickbank. Bei einer großen, knorrigen Eiche zur Linken kommen wir rechterhand an einer Aussichtsbank vorbei und schließlich erreichen wir den Aussichtspunkt Marienblick, an dem wir gute Sicht auf die Wartburg haben, bevor wir geradeaus weitergehen (Schild: Großer Drachenstein 0,6 km). An der nächsten Gabelung halten wir uns rechts hinauf (Schild: Drachenstein), ignorieren abzweigende Pfade und gelangen auf den Gipfel des

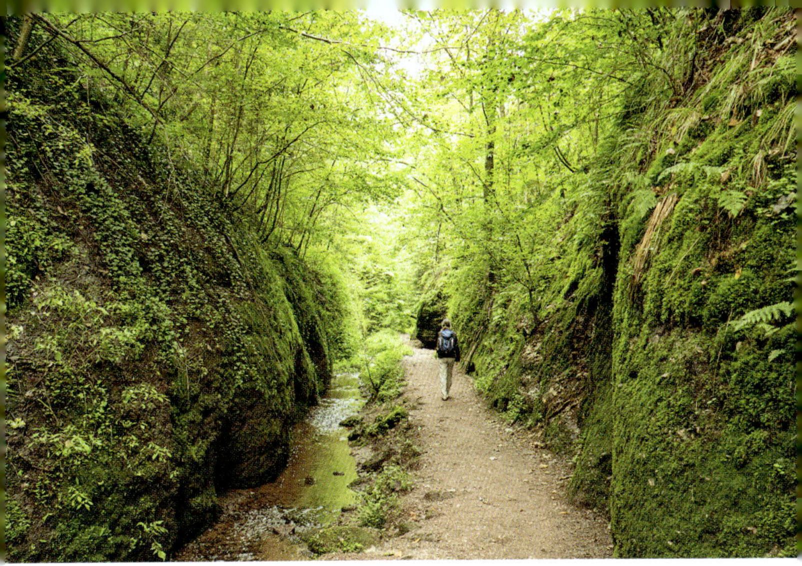

Zu Beginn der Drachenschlucht sind die Felswände noch weit auseinander.

Großen Drachensteins 2, 470 m. Hier erwarten uns eine besonders dicke, alte Eiche und herrlicher Blick auf den Großen Hörselberg und den Höhenkamm des Thüringer Walds. Wir folgen dem Pfad weiter zur nächsten Kreuzung hinab, wo wir bei der Schutzhütte die Markierung EA1 verlassen und rechts abbiegen (Schild: Mosbach), um nach ca. 70 m in den Pfad nach links einzuschwenken. Beim nächsten Abzweig zur Linken machen wir einen kurzen Abstecher zu einer Aussichtsbank mit Fernblick auf die Kuppen der Vorderrhön, dann führt uns der Hauptpfad zu einem Schotterweg. Auf diesem gehen wir nur wenige Schritte geradeaus, dann wechseln wir auf den Pfad nach links, der sich sogleich wieder gabelt. Wir halten uns links (Schild: Landgrafenschlucht) und folgen dem schönen Waldpfad zur Kreuzung an der imposanten Herzogeiche, wo uns eine Picknickbank zur Rast einlädt. Unsere Tour führt hier scharf links (Schild: Landgrafenschlucht), aber zuvor machen wir rechts einen Abstecher von ca. 150 m (einfache Strecke):

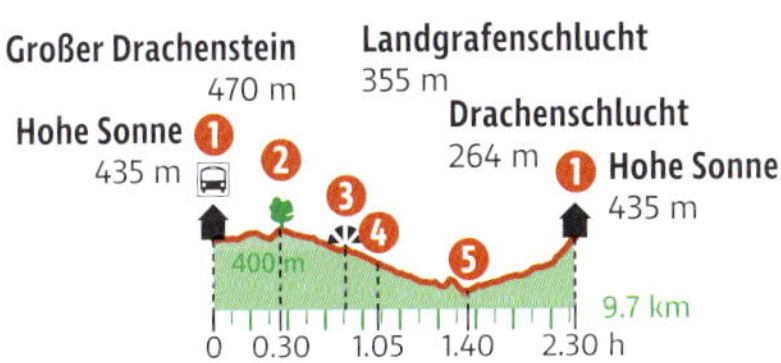

Nach ca. 100 m nehmen wir den Pfad halb rechts zum **Carolinenblick** ❸ hinauf, wo wir noch einmal schöne Sicht auf die näher gerückte Wartburg haben. Der Weg von der Herzogeiche zur Schlucht hinab endet bei einer Bank an einem Querweg, in den wir nach rechts einschwenken (EA1; Schild: Landgrafenschlucht–Mariental). Unten geht es um eine 180°-Kurve, dann folgen wir der **Landgrafenschlucht** ❹ bachabwärts über mehrere Stege, stetig tiefer in das sich verengende Tal, bevor der Weg zum Pfad wird und in der Steilwand an Höhe gewinnt. Gegen Ende der Klamm führt er wieder zum rauschenden Bach hinab. Zu beiden Seiten weichen die Felsen zurück und türmen sich zugleich immer höher. Schließlich weitet sich die Schlucht deutlich und über einen Steg zweigt links ein Pfad bergan ab.
Wer im Tal bleiben möchte, geht einfach geradeaus weiter und gelangt direkt zu einem Rastplatz bei zwei Teichen, von dem aus die Tour links über einen Steg weiterführt (Schild: Drachenschlucht 0,3 km) oder geradeaus an der Landstraße entlang zur Bushaltestelle Mariental.
Alle anderen wenden sich mit uns nach links und steigen über Stufen hinauf, an einer Grotte vorbei. Oberhalb der Stufen halten wir uns geradeaus (Schild: Königstein) und an der Kreuzung rechts. Durch den lichten Wald auf dem Höhenrücken erreichen wir den Aussichtsfelsen Königstein; die Sicht ist jedoch weitgehend von Baumkronen verdeckt. Ein abschüssiger Pfad führt hinab und unten müssen wir wählen: Wir können hier links abbiegen und die Tour sogleich fortsetzen oder geradeaus über den Steg zwischen den Teichen zum Rastplatz und dort links zum Parkstreifen an der Landstraße gehen, an der entlang wir zur Bushaltestelle Richtung Eisenach gelangen.
Wenn wir uns für die Fortsetzung nach links entscheiden (wer vom Rastplatz her kommt, hält sich hinter dem Steg also rechts), führt uns der Weg parallel zur stark befahrenen Landstraße zu dem in den Leitplanken vorgesehenen Übergang (EA1; Schild: Drachenschlucht 0,2 km). Dort kreuzen wir vorsichtig die Straße, wenden uns nach links, biegen beim Teich rechts ab und gleich hinter dem Teich links (Markierung: EA1; Schild: Drachenschlucht 0,1 km). Durch ein geschnitztes Portal betreten wir die **Drachenschlucht** ❺ und bestaunen die immer dichter zusammenrückenden, oft mit Moos überzogenen Felsen, zwischen denen wir dem Bach durch mehrere Engstellen folgen. Manchmal müssen wir seitlich gehen, um die Wände nicht mit den Schultern zu berühren. Der Weg führt auch an Picknickbänken und schmalen Wasserfällen vorbei, dann verlassen wir die Schlucht über mehrere Stufen. Am oberen Ende halten wir uns über die Kreuzung geradeaus hinauf (Markierung: EA1) und erreichen oben eine Picknickbank am Rennsteig. Vor uns steht das einstige Schlosshotel **Hohe Sonne** ❶, hinter uns grüßt durch eine Schneise die Wartburg, und auf dem Rennsteig geht es rechts weiter (Schild: Vachaer Stein 6,3 km).

Rechts: kleiner Wasserfall in der Drachenschlucht.

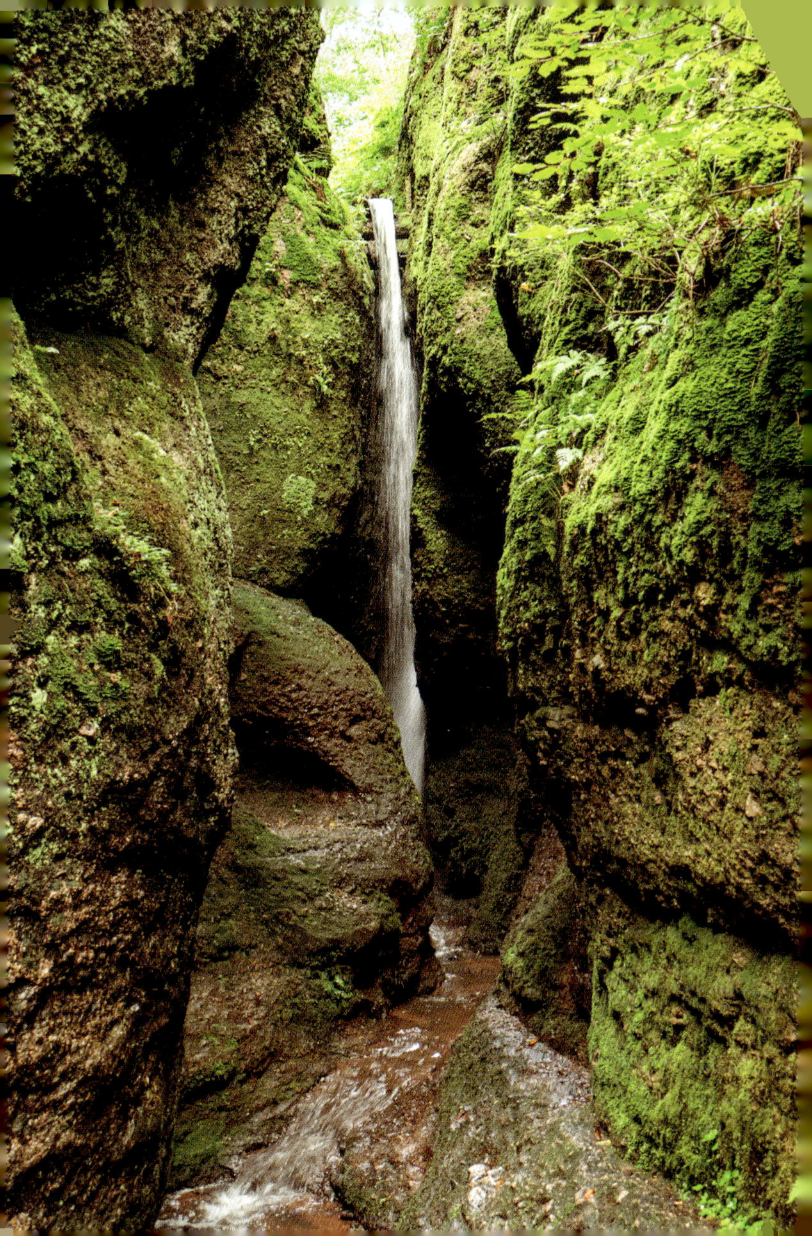

STICHWORTVERZEICHNIS

chlagbild: Schöne Aussicht am Glöckner, Etappe 8.

Bild im Innentitel: Typischer Rennsteig-Abschnitt auf Etappe 4.

Alle Fotos von den Autoren.

Kartografie:
19 Wanderkärtchen im Maßstab 1.25.000, 1:50.000, 1:75.000 und 1:100.000
Geodaten © OpenStreetMap und Mitwirkende,
kartografisches Design: Freytag & Berndt Prag, www.freytagberndt.cz
sowie 2 Übersichtskärtchen im Maßstab 1:500.000 und 1:1.000.000
© Freytag & Berndt, Wien

1. Auflage 2022

ISBN 978-3-7633-4599-1

FSC www.fsc.org
MIX
Papier aus verantwortungsvollen Quellen
FSC® C021956

Wir freuen uns über jeden Korrekturhinweis zu diesem Wanderführer!
Bitte per E-Mail an: **leserzuschrift@rother.de**

ROTHER BERGVERLAG · Keltenring 17 · D-82041 Oberhaching
Tel. +49 89 608669-0 · www.rother.de